国家社科基金
GUOJIA SHEKE JIJIN HOUQI ZIZHU XIANGMU
后期资助项目

不作为犯中的先前行为

Prior Conduct in Crimes of Omission

姚诗 著

U0360269

清华大学出版社
北京

图书在版编目（CIP）数据

不作为犯中的先前行为/姚诗著 . —北京：清华大学出版社，2024.5
ISBN 978-7-302-64630-3

Ⅰ．①不⋯ Ⅱ．①姚⋯ Ⅲ．①犯罪学—研究 Ⅳ．①D917

中国国家版本馆 CIP 数据核字（2023）第 177825 号

责任编辑：朱玉霞
封面设计：傅瑞学
责任校对：王凤芝
责任印制：刘海龙

出版发行：清华大学出版社
　　　　　网　　址：https：//www.tup.com.cn，https：//www.wqxuetang.com
　　　　　地　　址：北京清华大学学研大厦 A 座　　邮　　编：100084
　　　　　社 总 机：010-83470000　　邮　　购：010-62786544
　　　　　投稿与读者服务：010-62776969，c-service@tup.tsinghua.edu.cn
　　　　　质量反馈：010-62772015，zhiliang@tup.tsinghua.edu.cn
印 装 者：三河市东方印刷有限公司
经　　销：全国新华书店
开　　本：165mm×238mm　　**印　　张**：13.25　　**插　　页**：1　　**字　　数**：224 千字
版　　次：2024 年 5 月第 1 版　　　　　　　　**印　　次**：2024 年 5 月第 1 次印刷
定　　价：89.00 元

产品编号：069930-01

序

　　行为人制造了某种法益侵害的危险,但不阻断该危险的进一步发展,导致侵害结果发生的,刑法能否对行为人进行处罚、在何种条件下处罚以及如何处罚,统称为刑法中的先前行为问题。常见的讨论如:甲向林中的野兽射击而误伤乙,虽然可以立即将乙送往医院实施救助,但甲仓皇逃离,乙因失血过多而死亡,甲是否成立不作为的故意杀人罪? 若上例中甲以伤害或者杀人的故意向乙射击,甲不救助乙的行为又该如何进行评价? 甲与乙共同对丙实施暴力欲进行抢劫,在压制了丙的反抗之后,乙又对丙实施强奸,甲不阻止乙的行为是否成立强奸罪的共犯? 甲公司生产的汽车有安全隐患,但公司董事会隐瞒该信息,做出不召回售出汽车的决定,进而导致交通事故的,董事会中各人应否以及如何承担刑事责任? 上述案例本身并不新颖,学界早已翻来覆去地讨论,但达成的共识并不多。

　　我在攻读博士期间,即在导师张明楷教授的建议下针对这样一个经典的刑法理论问题进行研究,并完成了以《先前行为问题研究》为题的博士论文。毕业后,我对这一主题始终意犹未尽,因此申请了国家后期资助项目,打算以此为契机进行更深入的思考,并试图回答一直存在脑中的两个疑问:第一,从先前行为的理论根据到体系建构,每一个细枝末节都被德日刑法学者讨论过,而且是长时间地、接力赛似的讨论过,任一具体问题都有无数种理论“解法”。越是研究,越觉得它们已经穷尽了所有答案。作为后进研究者,我们对这些理论应当采取什么态度? 第二,法学这门科学重视体系内断言的融贯性,因此,关于先前行为的各种研究结论理应符合刑法教义学这样一个公理体系,但单靠这一点,容易将研究做成纯粹的演绎推论,坠入李斯特鸿沟。那么,还可能采用什么研究方法? 如何适用这些方法?

　　简言之,要做好先前行为问题的理论研究,必须调和两个关系,一是它和外国刑法理论的关系,二是它和中国司法实践的关系。向外看,将重点放在对外国刑法基础立场和具体理论抽丝剥茧地分析、理解,并沿这条路径演绎性地展开研究,既能够快速缩短研究历程,也能够确保理论内部的融贯。但是,这一路径无法保证理论本身被我国司法实践接受。向内看,将重点放在中国司法实践,通过锚定我国的实践需求和价值取向来展开研究也面临不小的困难，皆因我国裁判文书几无"释法说理"，研究者难以效仿国外通过理论和实务的互动推进理论发展的做法。显然，上述问题不仅仅是先前行为研究中面临的问题，更是关于法学研究本身的问题。

懵懵懂懂之际，迎来了转机。偶然读到林毅夫先生的《论经济学方法》，他引用《道德经》里的一句话来诠释对待理论的态度，即"常无，欲以观其妙；常有，欲以观其徼"，这让我真正体悟到研究者不应困缚于理论，不仅要走得进去也要走得出来。只是这"常无""常有"的态度应如何践行需要摸索。后来，和几个做社会科学研究的朋友们一起交流，他们对社会科学研究的理解，以及基于该理解对法学研究的疑问，促使我阅读非刑法学甚至非法学的书籍，令我对运用新视角去研究经典刑法理论问题有了想象空间。每一个司法辖区都在为解决先前行为问题进行"自然实验"，故可将类实证的方法引入法学研究语境中。例如，可通过功能主义的比较方法，整体性地比较不同法域的司法判决，以确定不同法域对"先前行为"所持的立法和理论主张作用于司法实践后所展现的不同治理效果。再如，可将不同法域的理论本身视为客观的资料，对其进行有效描述并从中提炼元理论，即韦伯所谓的"理想模型"，研究者目光不断往返于模型中的各种因素和我国的司法判决之间，对模型不断重塑，最终建立既符合体系融贯性，又能被中国司法实践所接受的新理论。本书的部分章节对此作出了尝试。

本书的出版，绝非在先前行为问题上成功调和了中国刑法理论研究与外国刑法理论、中国司法实践的关系，但它无疑是我用自己的方式所做的一种努力。根据计划，本书应在 3 年内完成，但各种波折大大延长了这一过程。生活的考验远甚于研究的艰辛。好在，许多人帮助我渡过了难关。感谢张明楷老师悉心教导，他向我描绘了蔚为大观的刑法画卷，他对待学问的态度更是可遇不可求的"内功心法"，让我终身获益；感谢黎宏老师授业解惑，他一直鼓励我，教诲我"功不唐捐"。因为有老师们，我才能以研究为业。感谢我的先生徐莹，他在我最困难的时期坚定地支持我，他与我进行的跨学科交流让我产生许多宝贵的疑问；感谢我的父母，他们培养了我的习惯、心性，给予了我家庭生活中的帮助。因为有家人，我才能以研究为趣。感谢学界的各位师友，我在写作过程中与许多朋友进行过沟通，他们的真知灼见给了我极大启发。本书的部分观点和内容发表于《法学研究》《清华法学》《法学家》《中外法学》等期刊，编辑部老师们和外审专家为观点的完善提出了宝贵意见，深表谢意。最后，感谢我的可爱的学生们，你们让我体会到作为一名老师的快乐。

目　　录

第一编

先前行为问题的教义学定位

导读：本书的题目是"不作为犯中的先前行为"，意味着本书将先前行为纳入不作为犯研究领域之中。[1] 在英美法系国家，这一点没有任何争议，先前行为(creation of peril)被毫无疑问地视为义务来源之一，行为人实施了先前行为之后不阻止侵害结果发生的，成立不作为犯。但是在大陆法系，先前行为问题的教义学定位却并非不言自明。学界探讨的先前行为是指，行为人的行为导致某类法益侵害结果发生(即行为和结果之间有条件关系)；行为人在实施该行为时并非希望或者放任该结果发生(行为时不存在故意)；行为完成之后、法益侵害不可逆转地发生之前，行为人对结果至少产生认识可能性(行为后产生过失或者故意)。[2] 据此，先前行为问题反映了法益保护主义和责任主义两大原则的冲突：根据法益保护原则，原本可以避免的法益侵害结果应当通过刑罚来加以控制，但责任主义中的行为责任同时存在原则(Schuld-Tatzeit-Koinzidenz Grundsatz)强调"行为人只对其行为时所认识到或者所能够认识到的外部事实承担责任"，[3] 行为人在实施足以导致法益侵害的客观行为时缺乏主观认识，在行为完成后产生了故意或者过失的，不应当成立犯罪。

理论界基本上都站在法益保护需求的立场上，对行为责任同时存在原则进行解释或者予以规避，以求化解该矛盾。在传统的不真正不作为犯模式之外，还出现了三种归责模式。本部分将通过讨论这些归责模式的利弊，分析先前行为问题的教义学定位。

---

〔1〕 关于本书的用语需要作两点说明。一是本书在同一意义上使用保证人地位与作为义务这两个用语。在强调不真正不作为犯是身份犯或者义务犯、保证人地位是身份要素时会更多使用"保证人地位"一语。二是本书在同一意义上使用不作为犯和不真正不作为犯这两个用语。除非特别使用"真正不作为犯"概念，本书中的"不作为犯"均特指不真正不作为犯。

〔2〕 此处包括行为时不具备责任能力，而行为后具备责任能力的情形。

〔3〕 黎宏：《"客观处罚条件"的中国理解》，2009年《中日刑事法研讨会论文集》，第35页。

第一章 先前行为的三种归责模式

第一节 三种归责模式介绍

一、结果加重犯模式

结果加重犯模式由我国台湾学者许玉秀提出。其基本构想是:从自然因果流程来看,法益侵害结果事实上是由先前行为造成的,因此先前行为才是归责的关键。许玉秀教授将先前行为的范围明确限定于违法的故意或过失的作为,并将先前行为及之后的不作为组成以下八种样态[1]:

表 1-1 先前行为与拟制的不作为的八种排列组合样态

编号	前行为	后行为	所侵犯的法益	举例	认定路径
1	故意作为	故意不作为	不同法益(公共安全、生命)	放火后发现建筑物内有人而不救助,被害人死亡	结果加重犯或想象竞合
2	故意作为	过失不作为	不同法益(身体、生命)	使人服下毒药后因忘记而未给解药,被害人死亡	结果加重犯
3	故意作为	故意不作为	相同法益(生命)	砍杀人的过程中,被害人掉入水池,不救助而离开,被害人死亡	前一行为的既遂犯罪
4	故意作为	过失不作为	相同法益(人身自由)	故意拘禁他人,之后忘记被害人被拘禁的事实	前一行为的既遂犯罪
5	过失作为	故意不作为	不同法益(公共安全、生命)	过失引燃垃圾桶,发现幼儿正走向垃圾桶,不加阻止离开,幼儿被烧死	过失加故意的结果加重犯
6	过失作为	过失不作为	不同法益(公共安全、生命)	过失引燃垃圾桶,发现幼儿正走向垃圾桶,以为火会熄灭而未加阻止,幼儿被烧死	非真正的结果加重犯

---

[1] 参见许玉秀:《当代刑法思潮》,中国民主法制出版社 2005 年版,第 673—674 页。本书根据其中论述作表。

（续表）

编号	前行为	后行为	所侵犯的法益	举例	认定路径
7	过失作为	故意不作为	相同法益（人身自由）	过失将人锁在房间内，发现后为了教训被害人而决定多关半天	前一行为的既遂犯罪
8	过失作为	过失不作为	相同法益（生命）	不小心将人推入水池，误认被害人为熟悉水性的人，未予救助而离开，被害人死亡	非真正的结果加重犯

许玉秀教授认为，法益侵害结果不应归责给先前行为后的不作为，只能归责给先前行为本身。理由是：

第一，先前行为产生结果回避义务的观点对行为进行了重复评价。前行为和不作为指向同一法益的场合，赋予前行为人结果回避义务，相当于给任何作为犯附加了一个不作为犯；前行为和不作为指向不同法益的场合，若为了追求"充分"的违法评价而认可前行为人的结果回避义务，就不得不从已评价的自然因果流程中抽出一段再评价一次，显然不妥。

第二，否定先前行为人的作为义务，在大多数情况下都无疏于法益保护之虞。从上表中可以看到，除了第5、7两种情形之外，其余6种即使不认定不作为犯也能得到很好的处理。具体有两种方法供选择：一是将最终的法益侵害结果直接归责给先前作为，根据先前行为成立既遂犯罪，不讨论后一不作为的归责意义。像表中第3、4项就可直接论以故意的作为犯罪。二是以上表第1、2项情形为代表的，通过结果加重犯或利用竞合理论来处理即可，无须拟制不作为来归责。此外，许玉秀认为，上表第6、8项，理论上被称为非真正的结果加重犯，也无须按照不作为犯来处理。

第三，上表第5、7项应当通过立法来周全保护法益。具体而言，第5项的特点是，前行为是过失，后行为是故意，并且侵犯同一法益（或有位阶关系的法益），此时在刑事政策视角下，宜增设过失中止犯，以鼓励先前行为人积极回避结果发生。许玉秀主张，认定先前的过失行为对法益侵害结果负责完全合理，对过失结果犯的处罚即已充足非价，在因果流程中"行为人对结果有意外惊喜，也属于犯罪后的态度，属于量刑要素，而不是架构犯罪形态、决定不法内涵的构成要件要素或者罪责要素"。[2] 诚然，制裁不阻止的行为在刑事政策上利于防止行为人"将错就错"，但设立过失中止犯属于"正

---

〔2〕 许玉秀：《当代刑法思潮》，中国民主法制出版社2005年版，第694页。

面的原宥"，既有利于加强保护法益，也有助于培养公民的守法意识。[3]

第 7 项的特点是，前行为是过失的作为，后行为是故意不作为，并且两个行为指向不同法益。此时，最终的法益侵害结果无法仅归给前一过失行为，一个过失犯罪难以充分保护法益。但若对第 7 项其以不作为犯处理，又实属对事后故意的处罚，故此仍需要在想象竞合或者结果加重犯两种方法中择一。许玉秀认为，采取想象竞合理论对上述情形从一重处断，或无重复评价之质疑，却有评价不足之担忧，因此有必要在刑法中规定过失加故意的结果加重犯来处理。虽然各国刑法都没有这样的立法例，但是事实上过失犯确可造成更重的侵害或扩大法益侵害范围，故该设想在理论上应可成立。[4]

二、真正不作为犯模式

西班牙学者雅科布(Jacobo)详细讨论了这一模式。他认为，法益侵害结果应当归责给先前行为，可能存在的违法评价漏洞应通过刑事立法明文规定为真正不作为犯来处理。也就是说，不救助的行为本身是违法的重点，而非法益侵害结果。

雅科布同意德国学者雅各布斯(Jakobs)的义务犯体系，他认为没有必要区分作为和不作为，行为人侵犯的义务类型对于犯罪的成立来说更有意义。义务包括两种，分别为组织管辖和体制管辖产生的义务。所谓"组织管辖"建立在"自治领域"概念上，每个人的身体、所控制的工具、手段，构成了"自治领域"，对于所有其他人而言，每个人的自治领域都是"黑匣子(black box)"，刑法不会去管黑匣子内部怎样运作(指刑法不会指导人们怎么行为)，只重视这个黑匣子向外输出什么样的结果(只评价行为人的行为是否制造了不好的结果)，也就是说，人们怎样组织自己的生活来确保遵守法律，这是每个人自己的选择。组织管辖可分三种情形，一是行为人的安全往来义务，确保不向组织外输出坏的结果。一般的作为犯属于这一类，也包括以不作为的方式实施。二是行为人探入他人的组织领域，故而承担保护他人的义务，比如保姆进入父母的组织领域，承担照顾小孩的义务。三是当行为人在自己的组织领域内实施行为，可能向外溢出法益侵害的危险时，有义务立即中断这种风险，即指先前行为。[5]

---

〔3〕　许玉秀:《当代刑法思潮》,中国民主法制出版社 2005 年版,第 694 页。

〔4〕　许玉秀:《当代刑法思潮》,中国民主法制出版社 2005 年版,第 700 页。

〔5〕　See Jakobo Dopico Gómez-Aller, Criminal Omissions: A European Pespective, New Criminal Law Review, Vol. Ⅱ, Number 3, 2008, pp. 441–443.

雅科布认为,先前行为事实上可能有三种类型,第一,若行为人在其组织领域内制造风险,则必须控制该风险,例如,拧开水龙头后,如果不适时关上,则可能淹没邻居的庭院,故行为人必须履行关水龙头的义务。第二,先前行为剥夺他人的能力或者自由,其实质是使他人无法管理自己的组织圈,具体又包括两类,一是控制他人的危险源,如盗走他人的恶犬者必对该恶犬有支配,二是剥夺他人自我保护可能性,如绑架他人后,他人就无法靠自己获得食物或医疗。第三,行为人制造了某类事故后,因未切断危险源,风险不断上升,最终造成严重的法益侵害。雅科布认为,第一、第二种情形中先前行为宜产生作为义务,但第三种情形已不属于对组织领域内的危险源控制,因为行为人对恶犬和车的控制无法由其他人来实施,但先前行为产生的危险并非只有自己才可控制;相反,此时任何人都可以中断该危险,应以真正不作为犯处理。[6]

雅科布认为,交通肇事后不救助被害人致其身亡时,交通肇事行为导致了被害人死亡的结果,故其本质是过失致人死亡;事故发生后行为人不救助被害人也是违法的,但只有当刑法明确规定行为人制造危险后不救助的行为属于犯罪时,才可以处罚该行为。实际上,西班牙刑法的确做出了这样的规定,根据西刑第九集不作为援助义务罪第195条第3项的规定,因为不作为而不提供必要的援助致使被害人发生意外事故的,处6个月以上1年以下监禁,并处6个月至12个月罚金。因过失发生事故的,处6个月以上2年以下监禁,并处6个月至24个月罚金。这一规定后半段即规定了过失引发危险后的救助义务。因此,交通肇事者不救助致被害人死亡的,应对肇事者论以过失致人死亡罪(1—4年有期徒刑)与不作为援助义务罪,两罪并罚。以并罚后的刑罚与西班牙刑法规定的故意杀人罪之刑罚(10—15年有期徒刑)相比较可知,西班牙立法者认为过失制造危险后故意不避免法益侵害发生的,远未达到需要用故意杀人罪来评价的程度。[7]

雅科布还论道,这一模式比不真正不作为犯模式更为优越。和德国刑法(以下简称德刑)第13条相比,西班牙刑法的规定能够更好地解决先前行为问题。不真正不作为犯的成立需两个关键,一是确定某类不作

---

〔6〕　See Jakobo Dopico Gómez-Aller, Criminal Omissions: A European Pespective, New Criminal Law Review, Vol. Ⅱ, Number 3, 2008, p.441.

〔7〕　See Jakobo Dopico Gómez-Aller, Criminal Omissions: A European Pespective, New Criminal Law Review, Vol. Ⅱ, Number 3, 2008, p.449.

为行为的刑事可罚性,将三种不作为[包括可罚和不可罚的不作为、好撒玛利亚人(Good Samaritan)法处罚的不作为]区分开来,[8]其实质是确定行为人是否具有保证人地位。二是确定该不作为能够匹配哪一具体法条,假若找不到具体的法条,那么即使有刑事可罚性也不能对其予以处罚,其实质是解释刑法具体条文。雅科布认为,德国学者总是把上述两个重点混同起来一并判断,并且常常以存在相似的社会危害程度为理由对行为人定罪处罚,将交通肇事者不救助的情形认定为故意杀人罪就是其示例。

雅科布认为,交通肇事者不救助伤者的,需经过立法肯定行为人的义务。[9]这种义务程度高于好撒玛利亚人法义务,低于不真正不作为犯的义务。它不像好撒玛利亚人法义务那样,属于针对所有人的义务,也不像不真正不作为犯中的义务那样,仅针对特定人群。所以,它被称为"中等程度的不作为""对特殊义务的纯正不作为"。[10]实际上,不少德国学者也认识到这一点,他们要求解释德刑第13条,并降低先前行为型不作为犯的刑罚幅度,像罗克辛(Roxin)就认为德刑第13条是对等条款(correspondence Clause)而不是相等条款(equivalence Clause),"对等"不仅指与作为的违法等价、无须减轻处罚的不作为,还应当包括先前行为这种中度违法、应减轻刑罚的不作为。[11]这说明,德国学者对于先前行为型不作为违法程度的感知上,与西班牙立法者大体相同,这也在侧面支持了雅科布的论述。

雅科布进一步指出,德刑第13条的弊端是赋予法官过大解释权,无法避免法官造法的嫌疑。而且,即使以德国学者们的解释来看,对先前行为型不作为犯的处罚程度最终可能和西班牙刑法将过失犯罪和不作为援助

---

〔8〕 根据好撒玛利亚人法,路过者对于危难之人有救助义务,两者之间无须存在特定关系,与德刑323c类同。See Peter M. Agulnick and Heidi V. Rivkin, Criminal Liability for Failure to Rescue: A Brief Survey of French and American Law, Touro International Law Review, spring, 1998.

〔9〕 虽然与许玉秀的观点一样,反对成立不真正不作为犯,但两者也存在根本的不同。结果加重犯模式下"不作为"毫无实意,也不承担任何归责意义,而真正不作为犯模式明确认可不作为和结果之间的归责关联。

〔10〕 Vgl. Silva Sánchez, Zur Dreiteilung der Unterlassungsdelikte, Bernd Schünemann, Hans Achenbach, Wilfried Bottke, Berhand Haffke & Hans JoachimRudolphi eds. Festschrift für Claus Roxin zum 70. Geburtstag am 15. Mai, Berlin; New York: de Gruyter. 2001, S. 641.

〔11〕 See Jakobo Dopico Gómez-Aller, Criminal Omissions: A European Pespective, New Criminal Law Review, Vol. Ⅱ, Number 3,2008, pp. 447–449.

义务罪两罪并罚一样,但将判断过失犯罪后不救助是否成立犯罪的权力交给立法者远好过交给法官。立法者可将这类处罚限定在以生命、公共安全为代表的重大法益上(如西刑第 195 条第 3 项),但像德刑 13 条那样将权力赋予法官,极有可能超出重大法益的范围限制,造成过度处罚的危险。雅科布为此举了两个例子:X 在公路上驾车撞到牛,因没有救助该头牛,导致牛流血过多死亡;Y 在一场民事官司中作为证人,在开庭结束后突然意识到自己的证词存在疑问,然而 Y 没有就此向法官报告。根据西班牙刑法的规定和雅科布的观点,X 的不作为不构成故意毁坏财物或虐待动物罪,Y 也不成立伪证罪。但是,根据德刑第 13 条仍有可能对上述两个案件做出有罪判决。[12]

三、作为犯模式

德国学者布哈姆森(Brammsen)主张,过失实施先前行为后故意不阻止侵害结果发生的,本质上属于故意的作为犯。具体论证步骤如下:

第一,先前行为并非作为义务来源。布哈姆森从其主张的实质法义务理论出发,认为刑法中作为义务的本质是社会的行为期待(Erwartungsprinzip),它立基于行为人的"社会地位"(soziale Position),只要行为人具备某种社会地位,就被期待履行相关义务来避免法益侵害结果发生。先前行为中的"义务"完全与此不同。每个人都可能成为前行为人,前行为人并不具备特定的社会地位,当然也不会像其他义务主体那样,与其他个体产生互相期待的关系,[13]因此,法社会不应当要求这样的个人承担回避结果的任务。实际上,先前行为人所谓的"结果回避义务",与作为犯中要求每个人不侵害法益的义务是一样的。[14]

第二,构成要件前的行为理论存在疑问。布哈姆森跟从奥托(Otto)的观点,认为构成要件前的行为理论,如因果行为论、社会行为论、目的行为论等,不仅毫无用处,更是在不真正不作为犯的问题上制造了不少障碍。实际上,不仅仅是行为人控制身体实施的举动属于行为,这种举动产生的

---

〔12〕 See Jakobo Dopico Gómez-Aller: Criminal Omissions: A European Pespective, New Criminal Law Review, Vol. Ⅱ, Number 3, 2008, pp. 449 – 451.

〔13〕 与罗克辛等学者主张的义务犯体系所强调的一样,布哈姆森也明确借用义务理论来佐证其"社会期待理论"。但他认识到,"社会地位""社会角色"和先前行为有着根本的矛盾。

〔14〕 Vgl. Joerg Brammsen, Die Entstehungsvoraussetzungen der Garantenpflichten, Berlin: Duncker&Humblot GmbH, 1986, SS. 385 – 392.

影响过程同样是行为的一部分。举例而言,用刀捅入他人身体的行为无疑属于故意杀人的行为,这一行为造成的他人受伤流血的过程也属于杀人行为。[15]

第三,"对事件的控制可能性"是重要的归责原则。布哈姆森认为,客观结果归责的基本原则应当有两个,一是人人皆知的危险制造和升高原则。行为人制造或者升高了法益侵害风险,就应将结果归责于他。刑法期待危险制造者采取措施,避免由其引导的事件流程产生法益侵害结果。这一原则是结果回避义务的产生基础。二是布哈姆森强调的控制可能性原则(Steuerbarkeitsprinzip),即行为人必须具有影响和控制因果流程的可能性。行为人通过向因果流程投入能量,影响事态向此或者向彼方向发展,控制结果的发生或者不发生。[16] 行为人不但根据控制可能性来制造支配事件的情状,还据此实施避免结果发生的行为。

第四,行为责任同时存在原则应重新解读。布哈姆森认为,责任主义中的行为责任同时存在原则被误解太深,像威尔朴(Welp)将其解读为引发危险之行为与责任在时间上的关联,[17]就极为不妥。同时性原则不应当被狭隘地理解为犯罪行为的所有要素必须在"引发危险"这一时点同时起作用。诚然在作为犯中,积极制造危险的行为建立了对后续因果流程的控制支配以及附随的结果回避义务,但这里的归责不仅以制造危险的行为为根据。实际上,同时性原则只是强调在犯罪实施中所有的构成要素应当同时存在,什么是"犯罪实施",什么是"犯罪实施"的时间段并不清楚,以该原则去抨击"事后故意"就显得毫无道理。

由此,布哈姆森的作为犯模式呼之欲出:无须将犯罪故意和引起危险的行为绑定,只要"事后故意"产生于危险制造者可能控制事态的过程,在整个行为—结果过程中产生了故意就满足行为责任同时存在原则。[18] 于是,过失行为开启了因果流程之后故意不阻止结果发生的,成立故意的作为犯。

---

〔15〕 Vgl. Joerg Brammsen, Die Entstehungsvoraussetzungen der Garantenpflichten, Berlin: Duncker&Humblot GmbH, 1986, SS. 394 – 398.

〔16〕 Vgl. Joerg Brammsen, Die Entstehungsvoraussetzungen der Garantenpflichten, Berlin: Duncker&Humblot GmbH, 1986, S. 399f.

〔17〕 Vgl. Jürgen Welp, Vorangegangenes Tun als Grundlage einer Handlungsäquivalenz der Unterlassung, Berlin: Duncker &Humblot, 1968, S. 125.

〔18〕 Vgl. Joerg Brammsen, Die Entstehungsvoraussetzungen der Garantenpflichten, Berlin: Duncker&Humblot GmbH, 1986, SS. 406 –417.

第二节　三种归责模式的疑问

一、结果加重犯模式的疑问

许玉秀教授认识到先前行为和结果加重犯"在结构上有许多相似之处,都是不完全的双行为犯,都包含一个基本犯和加重结果",[19]在此基础上对这类双行为犯进行精细分类,提出了八种可能的情形,这对于其他学者深入细致地探索先前行为是一种很好的范式。结果加重犯模式主要的创新在于,提出应当成立过失中止犯、应当在立法中设置过失加故意类型的结果加重犯。但是,这一模式仍存在诸多疑虑。

首先,"对因果流程双重评价、损害人权保障价值"的观点确系对先前行为保证人类型的合理质疑,但还不足以据此就否定该保证人类型。因为,只要能正确运用罪数理论使犯罪人免受不公正处罚,对同一事实因果流程进行多次法律评价并非不可取。

其次,通过设置过失中止犯处理"过失作为加故意不作为、侵犯同一法益"的情形并不妥当:(1)过失犯本来就只在发生法益侵害结果时才成立,刑法纵然不设置过失中止犯,也不会对行为人过失开启风险后又自动避免侵害发生的情形论以犯罪,是故刑法明文规定过失中止犯的做法最多起到了昭示了立法者价值取向的作用,如此加强保护法益恐怕只是"隔靴搔痒"。(2)认为"正面原宥"比刑事处罚"高级",误解了刑法保护法益的方式。[20]法益侵害是只需要归责给前一过失行为,还是也必须归责给后一不作为,取决于法益是否能够得到周全保护。在行为人没有采取中止行为的场合,仅将法益侵害归责给前行为,没有达成刑法的基本任务。过失中止犯并不能在这个方向上贡献一丝力量,最多培养了公民的守法意识而已。(3)这一方案不符合我国刑事立法。我国刑法中与过失加故意的结果加重犯最为贴近的要数第133条交通肇事罪。但是根据该条的规定,肇

---

〔19〕　许玉秀:《当代刑法思潮》,中国民主法制出版社2005年版,第661页。

〔20〕　若更看重法律规范静态存在的特性,"法律对利益的保护"以"假定—效果"的规范逻辑指引人们行为的方式来进行;若站在法律制度运作的立场,"法律对利益的保护"则需要倚靠法律效果在具体个案中的实现。刑法对法益的保护正是将重点放在否定行为人采取违法行为侵犯法益的做法。或者说,刑法通过对违法行为进行否定评价,进而对行为人施加刑事处罚来保护法益。参见刘凤科:《刑法在现代法律体系中的地位与特征》,人民法院出版社2007年版,第163－167页。

事者不救助的行为显然具有归责意义。[21]

最后,以过失加故意的结果加重犯模式来处理"过失作为后故意不作为、侵犯不同法益"的情形,存在不少理论漏洞。

第一,结果加重犯的理论基础是,基本行为造成基本结果和加重结果,并且行为人在实施基本行为时至少对加重结果有预见可能性,同时还要求基本行为和加重结果之间存在直接关联性。考察先前行为问题,棘手点在于"事后故意"的安排上。由于事后故意在过失行为时并不存在,于是许玉秀教授不得不拟制"不作为"作为事后故意的依托,但又从其观点出发主张这一拟制的不作为并不具有刑事上的违法性,没有归责意义。换句话说,这一拟制的不作为没有任何实质用处。既然如此,对过失加故意的结果加重犯规定更高的法定刑就缺少依据。第二,结果加重犯要求的直接关联性要件,在过失加故意的结果加重犯中很可能并不具备。学界普遍认为,结果加重犯法定刑极高,有违反责任主义原则之嫌。要限制结果加重犯,基本行为和加重结果之间一定要具备直接关联性,即只有当基本行为本身蕴含了造成加重结果高度危险,并且由此导致了加重结果发生时,结果加重犯才能成立。在致死类型的结果加重犯中,相应地要求以基本行为中致命危险的实现之有无作为判断关键。[22] 学者们进一步认为,这种直接关联性要求实际上就是证明基本行为和加重结果之间存在"相当因果关系"。[23] 具体而言,在因果流程中,当介入被害人的行为、第三人行为或者特殊自然事实,必须通过考察基本行为导致加重结果发生的危险性大小、介入因素异常性的大小、介入因素对发生加重结果的作用大小等,作为判断基本行为与加重结果之间相当因果关系是否存在的依据。[24] 据此,行为人在一栋大楼内将被害人打伤,大楼突然发生火灾,被害人因受伤无法及时逃离而身亡。根据相当因果关系理论,火灾这一因素过于异常,火灾最终导致被害人死亡,因此打伤被害人这一基本行为和被害人被烧死这一加重结果之间不可能存在相当因果关系。此时也就无法以结果加重犯来保护法益。第三,如果行为人实施的基本行为与最终的法益侵害结果之间

---

〔21〕　参见姚诗:《先前行为归责模式述评》,《刑事法评论》2011 年第 28 卷,第 379 页。

〔22〕　参见[日]丸山雅夫:《结果加重犯的构造》,《现代刑事法》2003 年第 4 号,第 46 页,转引自张明楷:《严格限制结果加重犯的范围与刑罚》,《法学研究》2005 年第 1 期,第 92 页。在结果加重犯中要求直接关联性要件是德国的通说。

〔23〕　在德国,实务界将直接关联性解读为条件关系,但学说上则认为应采相当因果关系,现在"直接关联性"逐渐被"规范保护目的"这一标准所取代,也有学者认为两者实际上是一样的。前引许玉秀:《当代刑法思潮》,中国民主法制出版社 2005 年版,第 698-699 页。

〔24〕　参见张明楷:《严格限制结果加重犯的范围与刑罚》,《法学研究》2005 年第 1 期,第 92 页。

存在直接关联性,主观上有预见可能性,那么其本质上属于过失作为加故意不作为、侵犯相同法益的类型,无须存在过失作为加故意不作为、侵犯不同法益的假设。当存在直接关联性时,说明过失作为本身已经包含了最终的法益侵害,这与后一故意不作为实际上指向相同法益。举例来说,失火行为本身侵犯了公共安全,而且包含了损害他人生命法益的重大危险,失火行为在法律上是一个过失引起他人生命危险的行为,行为人失火之后故意不救人的,前后两个行为都针对相同法益。[25]

二、真正不作为犯模式的疑问

在立法上明确规定先前行为义务,将其从不真正不作为犯领域中剥离出来的做法,既弥补了法益保护漏洞,又避免了不真正不作为犯所受到的罪刑法定原则的质疑,还消解了先前行为保证人地位面临的实质化认定难题。但是,这一方式也存在疑问。

首先,雅科布对先前行为的界定并不合理,实际上是将所有和结果有条件关系的行为都视为先前行为,抹杀了先前行为的规范意义,混淆了先前行为和其他法义务。例如,拧水龙头的行为只是一个日常生活行为,行为时并没有淹没邻居庭院的风险。只有当这种风险存在时,开着的水龙头成为一个"危险源",此时才存在着对水龙头的控制义务。[26] 行为人偷走他人恶犬的行为本身并没有制造任何法益风险,并不是先前行为,对恶犬的支配才产生了保证人地位;行为人绑架被害人后不给其喂食、导致被害人饿死的,对脆弱法益的控制支配才产生保证人地位。也就是说,这两种情形都不应属于先前行为。此外,将第三种情形界定为过失侵犯他人利益后的不作为,也存在较大争议。若过失行为能够产生作为义务,则故意的先前行为也没有理由予以排除。

其次,以立法的方式来解决先前行为问题,或许并不合适。雅科布认为,立法的方式要好于将权力赋予法官的方式,能够更合理地把握入罪范围。但是,将任何问题交由立法解决并非一劳永逸。例如,先前行为后不作为的处罚上,究竟更靠近好撒玛利亚人法,还是更靠近不真正不作为犯,直接通过立法来规定很难与民众的价值观感相符。在司法实践中根据不同的情形累积不同的处理模式,能够避免"一刀切",处理问题或许会更为合理。

---

[25]　参见姚诗:《先前行为归责模式述评》,《刑事法评论》2011年第28卷,第380页以下。

[26]　若拧水龙头的行为将产生作为义务,还可能与雅科布将不作为犯限制在以生命、公共安全为代表的重大法益上的观点相违背。

三、作为犯模式的疑问

作为犯模式面临的最大问题是刑罚幅度的合理性。欧陆和北美国家普遍主张对先前行为型不作为犯减轻处罚。但若采取上述作为犯模式，就失去了减轻处罚的可能。不仅如此，作为犯模式颠覆传统行为理论、对事后故意重新解读，所得出的结论在法感情上很难为人们接受。例如，将肇事者不救助导致被害人死亡的行为认定为作为的故意杀人罪，与一般的故意杀人罪等而视之，这恐怕并不妥当。再如，张三在杀人故意的支配下向李四砍了一刀，李四血流不止，若不立即送医可能死亡。此时王五路过，与张三没有意思联络的情况下，也砍了李四一刀，最终导致李四死亡。按照传统的归责理论，张三的实行行为已经完成，张三是故意杀人（未遂）的实行犯，王五是故意杀人（既遂）的实行犯，张三和王五不成立承继的共犯。但是在布哈姆森的行为理论下，张三和王五将成立故意杀人（既遂）的共同正犯。人们很难接受这样的观点。[27]

第三节　本　章　小　结

先前行为人制造了危险后，未采取措施而导致进一步的法益侵害发生时，在传统的责任主义原则下必然产生处罚漏洞。为解决这一问题，在主流的不真正不作为犯模式之外，学者们提出了三种归责模式：结果加重犯、真正不作为犯、作为犯模式。其中，真正不作为犯模式虽然被西班牙刑法明确采用，但适用范围还是非常狭窄，其他模式更是停留在理论阶段，而没能真正被司法实践所接受。究其原因，一方面，三种模式都有缺陷，要么无法自圆其说，要么无法公平、合理地解决同类案件，要么缺乏操作可能性。另一方面，先前行为概念从出现起就迅速被视作作为义务的来源之一，以不真正不作为犯的归责模式来处理先前行为问题已通过不同法域数百年的认同而形成了路径依赖，除非不真正不作为犯模式自身不再适应社会发展的需要、其他模式具有不可比拟的优势，否则很难戒除这一惯例。

但是，上述三种归责模式并非没有意义，它们敏锐地看到了以不真正不作为犯处理先前行为问题存在的疑问，从各自的视角抓住了先前行为不

---

〔27〕 诚然，若认为张三实施的故意杀人行为导致其产生作为义务，那么张三不阻止王五杀人的行为，在存在作为可能性、结果回避可能性等条件下，也可能构成不作为的故意杀人罪。但是，成立该罪的难度提高了许多。

同于其他不真正不作为犯的特征:第一,其他义务类型基本上与行为人的特殊身份有关,但先前行为型不作为犯的义务由先前行为产生,行为人不具有身份上的特殊性,任何一个人都可以成为该类义务主体,不具有社会关系上的意义。第二,其他类型的不作为犯中,法益侵害结果只归责给不作为本身,但先前行为不作为犯中,法益侵害结果与前行为和不作为都有密切关联。因此,即使将先前行为纳入不真正不作为犯模式中探讨,也不能否认它的特殊性。这些特征,将有助于笔者对先前行为的法理根据以及先前行为的性质、范围等问题展开深入探索。

第二章　不真正不作为犯模式下的研究展开

第一节　问题梳理

不真正不作为犯模式可谓处理先前行为问题的通说。其思路是,拟制一个"不作为"的行为,以弥补先前行为后只有责任而无行为的缺陷。具体而言,在先前行为之后、结果发生前,行为人不避免结果发生的不作为就是实行行为,在此阶段行为人存在故意或者过失的,就符合行为责任同时存在原则。先前行为自身在这个模式中起到了提供作为义务的作用,行为人有避免危险进一步扩大的义务,没有履行该义务而导致危害结果发生的,应成立不真正不作为犯罪。采取不真正不作为犯模式,必须解决如下问题。

一、先前行为保证人地位的法理根据

讨论先前行为保证人地位的法理根据,其实质是探讨先前行为为什么能够提供刑法上的作为义务,其正当性何在。

在德国,先前行为是19世纪因果关系说的产物,鲁登(Luden)将先前行为由处罚根据问题纳入不真正不作为犯。此后,先前行为作为形式法义务的来源之一长期存在[1]从早期的形式法义务理论来看,法律法规、职业规定、合同义务、习惯条理(包含先前行为)等都是作为义务来源。20世纪下半叶进入后工业时代后,扩张处罚的需求导致不真正不作为犯的适用增加。先前行为的研究得以充分展开,司法实践中运用先前行为的范围也在逐渐扩大。著名的德国皮革喷雾剂案,就开启了以先前行为作为产品召回义务之根据的大门。[2]但在此之后,不真正不作为犯的迅速扩张带来了许多问题,人们也逐渐认识到形式法义务的缺陷,开始思考如下问题:为

---

[1]　Vgl. Welp, Vorangegangenes Tun als Grundlage einer Handlungsäquivalenz der Unterlassung, Berlin: Duncker& Humblot, 1968. S. 30f.

[2]　参见 BGHSt,37,106,115.

什么法律法规的义务、合同的义务,以及社会习惯义务可以成为刑法上的义务? 违反这些义务又发生了法益侵害结果的,就能够以刑罚处罚吗? 摆脱形式法义务,以实质法义务理论指导具体案件中作为义务之判断,是目前整个不真正不作为犯的理论研究基础。实质法义务研究认为所有作为义务都应有一个实质法理根据,从而解决这些形式法义务在刑法上的合法性问题。遗憾的是,目前关于实质法义务理论,尚无任何一种学说取得通说地位。不仅如此,基于本书第一章所提到的先前行为与其他义务来源的不同,在德日刑法学界,很多有力的实质法义务理论都把先前行为排除在作为义务来源之外。至此,虽然不真正不作为犯模式仍为解决先前行为问题的主流,但先前行为在不真正不作为犯领域中能否扎根、如何定位仍然充满疑问。

二、先前行为型不作为犯的归责疑问

讨论先前行为型不作为犯的归责疑问,是在肯定了先前行为保证人地位的正当性基础上,探讨将法益侵害结果归责给不作为可能遇到的问题。以下,结合我国司法实践的具体情况进行梳理。

第一,和其他义务来源相比,先前行为型不真正不作为犯在司法实践中的适用率极高。笔者共收集 1995 年至 2018 年的不真正不作为犯判决 119 份,[3]其中先前行为型不作为犯共 87 个,占 73.1%。这里的 87 个判决只包括先前行为是唯一义务来源的案件,如果还算上其他认定了包括先前行为在内的两个以上义务来源的案件,[4]最终判决数将达到 95 个,使得上述比例上升到 79.8%。由此产生了第一个疑问:先前行为型不作为犯在整个不作为犯中占有如此高的比例,这一现象是否正常? 造成这一现象的原因是什么? 先前行为是否存在滥用的危险? 与此对应的规范疑问是,先前行为的判断标准是什么。标准过于宽松,就可能导致先前行为型不作为犯的认定范围不恰当地扩大。

第二,87 个先前行为型不作为犯的罪名基本上集中在侵犯人身法益的犯罪中。如果考虑到危害公共安全罪的本质也是侵犯人身法益,则所有 87 个犯罪都与人身法益相关(见表 2 - 1)。可是,从现有的教义学理论上

---

〔3〕 笔者主要通过在中国裁判文书网、北大法宝以"不作为"进行全文检索,在北大法意和无讼网以"不作为"+"义务"进行全文检索后,再对搜索结果进行判断筛查,确定不作为犯的判决。其中无罪判决有 3 个。最后访问时间为 2019 年 7 月 14 日。

〔4〕 在夫妻、男女朋友间见死不救的案件中,法院基本上都会将争吵视为先前行为。在场所管理、上下级监督为主的案件中,法院也常常同时认定先前行为。

来看,没有哪一理论将先前行为限制在人身法益类犯罪上的。那么,如何解释这一现象? 这一司法实践中的分布情况说明了什么问题? 其原因是什么? 理论上来看,这样的分布是否合理? 如何对此进行说明?

表 2 - 1　不真正不作为犯罪名分布情况

罪名	数量
故意杀人罪	38
过失致人重伤罪	2
过失致人死亡罪	11
放火罪	6
破坏交通设施罪	1
危险物品肇事罪	1
非法拘禁罪	1
交通肇事罪	14
故意伤害罪	9
失火罪	1
强奸罪	1
非法侵入住宅罪	1
抢劫罪	1

第三,先前行为型不作为犯的处罚差距过大。以故意杀人罪为例,先前行为后不履行义务而认定为不作为的故意杀人罪的案件共有 48 件,各案件刑罚差距极大。以追打被害人导致其溺水或者受伤而身亡的类型为例,有部分案件在 2 ~ 6 年间处刑,[5] 但有的则判处 10 年以上有期徒刑。[6] 巨大的刑罚差异意味着同案不同判程度高,意味着司法实践对先前行为型不作为犯的违法和责任程度的认识还有待规范化。研究者应当回答,先前行为型不作为犯较作为犯而言,是否应当从轻、减轻处罚? 先前行为型不作为犯和其他类型的不真正不作为犯相比,是否存在违法和责任上的差异?

---

〔5〕　参见湖北省黄冈市红安县人民法院(2015)鄂红安刑初字第 00030 号、浙江省湖州市南浔区人民法院(2007)湖浔刑初字第 280 号、河北省邢台市临城县人民法院(2014)临刑初字第 95 号、云南省昆明市中级人民法院(2014)昆刑　初字第 23 号判决书。

〔6〕　参见湖南省娄底地区(市)中级人民法院(2015)娄中刑一终字第 11 号、浙江省高级人民法院(2014)浙刑一终字第 148 号、江苏省南通市中级人民法院(2004)通中刑一终字第 74 号、浙江省杭州市中级人民法院(2013)浙杭刑初字第 74 号判决书。

第四,先前行为型不作为犯中因果关系的认定过于模糊。在前述 87 个案件中,判决均没有提到因果关系的认定。实际上,将考察范围放至整个不真正不作为犯,也鲜少有判决提及因果关系。即使辩护人提出被告人与结果之间缺乏因果关系,法官也不作任何说明。[7] 然而从刑法教义学来看,因果关系是认定不真正不作为犯的既未遂(故意的不作为犯)或者认定其成立(过失的不作为犯)的重要因素。申言之,刑法理论和司法实践之间存在明显的冲突和矛盾。那么,究竟要不要考察因果关系,如何考察因果关系? 显然,这不仅是先前行为型不作为犯的问题,也是整个不真正不作为犯的问题。

第五,先前行为型不真正不作为犯的正共犯(主从犯)判断缺乏根据。在笔者搜集的 119 份判决中,涉及正共犯判断的共 40 份。法官在认定不作为犯构成从犯时,一般以"行为在整个过程中所起的作用较小""起辅助作用""未实施主要犯罪行为""情节较轻""履职的作为可能性不高"等作为判决理由。[8] 在认定不作为犯构成主犯时,也是以"起主要作用""地位、作用明显"等作为判决理由。[9] 但是,这样的理由缺乏明确的合理的标准,更多的是依靠"感觉",导致具体个案存在疑问。比如,在判断行为人所起的作用是否主要时,以没有直接实施犯罪行为为由予以否定,但是,不作为犯的特点就是不直接实施犯罪行为,以此来判断作用大小并不合适。[10] 再如,有判决以不作为人"主观上积极、客观上创造了条件、参与分赃"作为认定主犯的理由,[11] 但在另一判决中,类似情形又仅仅认定为从犯。[12]

不仅如此,很多判决在无法进行感觉上的判断时,只能语焉不详。例如,在兰某洋等故意伤害案中,法院先是认为不作为人和其他作为者的地位、作用相当,都起主要作用,都是主犯,继而又认为,不作为人没有实施加害行为,是作用较小的主犯。[13] 既然之前已经肯定了各人作用、地位相

---

〔7〕 如甘肃省临夏回族自治州和政县人民法院(2016)甘 2925 刑初 94 号判决书。

〔8〕 山东省青岛市黄岛区人民法院(2016)鲁 0211 刑初 193 号、上海市奉贤区人民法院(2011)奉刑初字第 879 号、河南省开封市中级人民法院(2010)汴刑终字第 60 号、广东省广州市中级人民法院(2012)穗中法刑一初字第 399 号、湖北省武汉市洪山区人民法院(2014)鄂洪山刑初字第 00279 号判决书,等等。

〔9〕 江苏省淮安市清河区人民法院(2013)河刑初字第 0388 号、广西壮族自治区河池市中级人民法院(2013)河市刑一终字第 78 号、吉林省长春市中级人民法院(2018)吉 01 刑终 69 号判决书,等等。

〔10〕 广东省深圳市中级人民法院(2010)深中刑二终字第 611 号判决书。

〔11〕 江苏省淮安市清河区人民法院(2013)河刑初字第 0388 号判决书。

〔12〕 河南省开封市中级人民法院(2010)汴刑终字第 60 号判决书。

〔13〕 广西壮族自治区河池市中级人民法院(2013)河市刑一终字第 78 号判决书。

当,又认为其作用较小,可以看出判决在这个问题上的前后矛盾。在有的判决中,更是直言"不宜区分主从犯"。[14] 先前行为型不作为犯同样面临正共犯的区分问题。而且,由于先前行为类型的特殊性,其在正共犯判断上是否应当和其他类型的不作为犯采取相同标准,还是应该基于其特殊性建构另外的标准,需要研究。

第六,先前行为型不作为犯的罪数判断混乱。在其他不作为犯类型中,罪数问题可能不突出,但在先前行为本身是犯罪行为的情况下,前后两个行为都能归责时如何认定罪数,存在较大疑问。实践中判决经常缺乏合理分析。例如,在齐少林、齐少东故意伤害案中,行为人殴打了被害人,没有对其采取防护措施,导致被害人被后车碾压致死的,法院判决成立故意伤害(致死)罪,处有期徒刑十一年。[15] 但是,该罪应按结果加重犯处理,还是以两罪并罚合适,需要辨析。再如,在相约自杀型案件中,法院对于相约自杀的一方帮助他人自杀后不救的,都认定了故意杀人罪。[16] 可是,这类案件至少涉及作为的故意杀人和不作为的故意杀人两种情形,最终应如何定罪,仍然需要予以说明。

第二节　研究定位、方法与框架

一、研究定位与研究方法

法学问题的研究定位,通常涉及内部视角和外部视角的区分。外部视角是指站在法律之外研究法律问题,这需要其他学科的专门知识,比如社会学或者经济学。并且,应当"从法律制度、学说和行为的观察者角度"进行审视。与之相对的是内部视角,即站在法律之内从事问题研究,主要运用的是法律学科的知识,以参与人的角度进行研究与审视。在内部视角中,也存在不同的区分,如法官、律师、立法者和法学研究者的定位各不相同。本书探讨的是先前行为在法律上应如何看待,如何归整到刑法教义学的知识谱系之中的问题,是一个典型的内部视角。更进一步而言,采取的是法学研究者的视角,其不局限于实践智慧,更注重采取一种"全球化和理

---

〔14〕　浙江省宁波市北仑区人民法院(2015)甬仑刑初字第 946 号判决书。

〔15〕　辽宁省沈阳市中级人民法院(2017)辽 01 刑初 121 号,类似的还有贵州省贵阳市南明区人民法院(2015)南刑初字第 847 号判决书。

〔16〕　王迪故意杀人案,吉林省辽源市中级人民法院(2016)吉 04 刑终 105 号判决书。

性主义的法律观模式"。[17]

在上述研究定位下,本书对先前行为的研究重视知识体系之内断言的融贯性,亦即对先前行为的各种研究结论必须符合既定的刑法教义学这样一个公理体系。全书都可以看出这样的努力。例如,先前行为该选取何种归责模式,不真正不作为犯和作为犯的区别何在,先前行为的保证人理论根据和其他义务类型的区别,在先前行为保证人理论下,如何把握先前行为的性质、内涵、因果关系、共犯的处理、罪数等。也就是说,不仅在先前行为问题内部形成体系化,同时也需要与刑法教义学其他相关内容相衔接。

全球化的法律观下,本书采用的另一个重要方法为比较研究。我国的刑法学研究属于后发式研究,这更要求研究者追根溯源,去寻找所研究问题在大陆法系中的背景、理论和效果。但是,对不同的融贯体系进行比较,将会受到一种限制,即只能按照各自的结构进行研究。因此,本书不仅注重结构融贯型的比较,更注重功能定位的比较。在比较的过程中,采取实证—规范性方法,将不同法域视为解决先前行为问题的不同"自然实验",将实证性视角引入法律语境之中。"法学研究的最终目的在于探究彼此冲突的规范性论据,而欲做到这点的最佳方法就是把不同的法域内出现的诸多情况进行比较"。[18] 因此本书倡导聚焦于规则,更聚焦于规则效果;聚焦于学说结构与论证,但更聚焦于事件。[19] 具体而言,由于最终体现的法律治理效果在于判决,因此,本书注重从判决出发,一方面,根据德日大相径庭的判决状况,深挖两国的学理变迁和立法差异,得出不真正不作为犯,尤其是先前行为型不作为犯在整个刑事治理中的功能定位,从这一角度反身来理解现行的各种理论学说和理论体系建构。另一方面,从我国的判决出发,有效描述我国司法现况,与德日的判决总体情况进行比较,探讨目前不真正不作为犯在我国起何种作用,批判性地确定价值选择和先前行为理论体系建构。

此外,必须提到的一个重要研究方法是案例研究。近半个世纪以来,中国社会处在急剧转型期,基层刑事司法工作人员鲜少运用舶来理论说

---

〔17〕 [英]杰弗里·塞缪尔:《比较法理论与方法概论》,苏新言译,法律出版社 2020 年版,第44 页。

〔18〕 [荷]扬·斯密茨:《法学的观念与方法》,魏磊杰、吴雅婷译,法律出版社 2017 年版,第88 页。

〔19〕 [英]杰弗里·塞缪尔:《比较法理论与方法概论》,苏新言译,法律出版社 2020 年版,第51、81 页。

理,更多的是在"一定时间和地点的社会秩序图画"里以符合社会需求、价值理念的"直觉"判案。这些"直觉"隐藏在判决中,在众多问题上,尤其是司法解释和指导案例难以涉足的、刑法学科的基础框架问题上已然形成基本立场,却一直没能用理论话语准确、恰当地呈现出来。这导致,在众所期盼的理论与实务良性对话情境中,实践的声音始终缺席,更进一步加剧理论的疏离。要开展理论与实践的对话式、交互式研究,精细的案例研究不可或缺。本书搜集了关于不作为犯的公开判决书100余份,它们显然并非全样本数据,毋宁将其视为随机样本。本书对样本的研究,并非局限于通过案件分析了解教义学的运用情况,在部分问题上还采用描述—评价的二分法,开展刑事司法实践向法教义学理论的转化研究。其中,描述的重点在于对中国经验的准确理解和呈现。针对我国判决说理缺失的问题,从现有理论中提炼判决分析维度,揭示裁判事实及结果的关联机制,并将其转化为具体理论。评价的关键在于考察理论的价值导向是否恰当。针对由实践转化的理论,运用规范法学方法,展开从理论价值导向到具体规则的规范评价,并在此基础上作出修正。

二、研究框架

综合本章第一节梳理的问题,笔者认为,对先前行为不真正不作为犯的研究宜通过以下步骤进行。

本书第二编将探讨先前行为保证人地位的法理根据。这是先前行为正当性的基础,也是对先前行为不作为犯归责问题进行研讨的出发点。保证人理论的复杂多样性和先前行为保证人类型本身的特殊性,是研究的困难所在。笔者认为,由于保证人的理论根据决定了保证人的范围,对于保证人理论的选择,不能仅从理论本身是否符合逻辑来考察,更应考虑该理论所框定的范围是否符合我国对不真正不作为犯的定位。本书第二编第三章将以德国为主,呈现不真正不作为犯在德国的扩张定位模式,分析在此定位下该国采取的先前行为法理根据;第四章以日本为主,探索不真正不作为犯在日本的限缩定位模式,考察其如何影响学界对先前行为法理根据的认识;第五章将讨论不真正不作为犯在我国的功能定位以及我国的先前行为法理根据。

在此基础上,本书展开第三编"先前行为型不作为犯的理论体系建构"的研究。第三编第六章探讨先前行为的具体判断标准,包括先前行为的基本性质应采因果关系说还是义务违反说;先前行为的内涵和范围如何,哪些行为可以成立先前行为进而产生作为义务。继而,对司法实践中先前行为适用现状进行类型化分析。第三编第七章讨论先前行为型不作为犯的因果关系,着重考察因果关系理论最近的发展变化,探讨不作为犯的因果关系应当坚持传统的认定标准还是应当迎合宽缓认定的趋势。第三编第八章研究先前行为型不作为犯的正共犯区分认定。本章将首先讨论不同阵营下不真正不作为犯的正共犯判断标准,引入实证视角对理论进行有效描述,提炼出元理论后运用于我国司法判决的整体考察,进而从中国实践中形塑能够被司法实践接受,同时又具有融贯性的理论。其次,考察先前行为型不作为犯是否适用这一标准,从先前行为的理论根据和具体内涵出发,如何运用这一标准解决具体问题。第三编第九章研究先前行为型不作为犯的罪数。本书聚焦于"先前行为针对身体法益的犯罪,不作为针对生命法益的犯罪"的场合,结合犯罪的主观要件,分别探讨"故意或过失实施先前行为,过失不作为的""故意或过失实施先前行为,故意不作为的"等几种情形。

第二编

先前行为保证人地位的法理根据

导读：先前行为是众多保证人地位来源的一种，故一般认为，讨论先前行为的法理根据，实际上就是一元地讨论所有保证人地位的法理根据。在英美国家，学界和司法实践都不关注这一问题。英美法系的刑法和侵权法很难清楚界分，刑法脱胎于侵权法，侵权法中承认的义务类型在刑法中也承认。实际上，不仅仅是侵权法，只要是在成文法中或者判例法中规定了的义务，都属于不作为犯中的法律义务（legal duties），可以直接适用于刑法。在笔者所看到的英美法国家的判决或者论文、教科书中，法官或者学者在适用这些义务时，从未考察这些保证人地位的法理根据，即使在个别争议案件中，法官陈述了诸多理由来肯定或者否定义务，也没有达到大陆法系探讨"实质法义务"的程度。总言之，英美法系在义务的认定上相当广，并没有通过保证人理论来限制义务范围的必要。

由于我国目前刑法理论主要借鉴德日两国，因此，有必要描述两国对待不作为犯的不同做法，并运用恰当的研究方法分析其成因，以此指导我国的不作为犯研究，确定先前行为保证人地位的法理根据。以德国和日本为首的大陆法系国家认为，其他法律规定的义务并不必然被刑法所认可，必须寻找这些义务在刑法上的合法性。两国在不作为犯的成立范围上有着较大差异，在先前行为型不作为犯上更是如此。相较而言，德国广泛地适用不真正不作为犯，日本则更为谨慎。一方面，两国在保证人地位的认定上差异较大。例如，德国联邦法院肯定了以耻毛案为代表的场所管理者的义务类型，认为管理者对场所中的危险源有监督义务，对场所中的人有保护义务，[1]但在日本缺乏这样的判例。德国实务和学界普遍认可上级对下级的监督义务，日本则更多在过失犯领域讨论这一问题。日本对先前行为的认定更为严格，最高裁的判决从来不会仅以先前行为来赋予行为人保证人地位，[2]对于驾驶机动车撞伤他人后不救助而逃跑的，必须是将被害人抬入车内后，产生了"事实上的承担"，才能够连同之前的先前行为一起，认定行为人有作为义务。[3]但德国实务和学界则没有疑问地认为，被

---

〔1〕 耻毛案基本案情是：被告人是一家餐厅的经营者，他容忍了四名客人在餐厅内暴力地剪去一名年轻女士的头发和部分耻毛。德国联邦最高法院认定了被告人的保证人地位。近来，虽然德国法院在场所管理人义务认定上一直在收缩，但是仍然保持该类判决。学理上的分析具体参见 Christoph Landscheidt, Zur Problematik der Garantenpflichten aus verantwortlicher Stellung in Bestimmten Raumlichkeiten. Berlin: Duncker&Humblot, 1985.

〔2〕 参见[日]山口厚：《从新判例看刑法》(2版)，付立庆、刘隽译，中国人民大学出版社2009年版，第33页。

〔3〕 参见[日]前田雅英：《刑法总论讲义》，东京大学出版会2003年版，第140页。

告人因先前的撞人行为已经产生保证人地位，其不救助被害人的，在有杀人的故意时即可成立故意杀人罪。[4] 此外，在"保护功能的接管"上，对于"接管"的判断也不尽相同。虽然两国都认为，必须是事实上接管了保护功能才可以成立保证人地位，但在德国判例中，电话口头答应了救助病患的，即使没有在场接管病人，也是病人的保证人；如系急诊医生，电话拒绝也属于对保证人义务的违反。[5] 这说明，在德国不真正不作为犯成立的门槛更低。另一方面，在不真正不作为犯涉及的罪名范围上，日本"包括检察实务在内，都采取较为谦抑的态度"，"并非在所有的犯罪中不真正不作为犯都成为问题"，只在杀人、放火、诈骗等少数几个罪中才讨论。[6] 德国对此没有明确的限制，只是有学者根据"等价性"的解读，认为在某些犯罪中规定了特别的行为方式，不作为缺少这种行为无价值，所以不能成立该类犯罪的正犯。[7] 在日本的 LEX/DB 数据库中以"作为义务"为关键词，搜索 2005 年 1 月 1 日至 2014 年 12 月 31 日的刑事判决，共得 34 件。[8] 以"§13StGB"为关键词，在德国 HRRS Datenbank 中搜索同一时期的刑事判决，共得 75 件。考虑到 LEX/DB 数据库包括了日本各级别的裁判，而 HRRS Datenbank 仅仅收录了德国联邦最高法院的判决，且德国刑法第 323 条 c 的存在还使得不真正不作为犯的成立受到影响，上述数据对比具有重

---

〔4〕　参见［德］克劳斯·罗克辛：《德国刑法学总论》第 2 卷，王世洲等译，法律出版社 2013 年版，第 594 页。

〔5〕　BGHSt 7,211,212. 各级法院和大部分学者都遵循这一立场。参见［德］克劳斯·罗克辛：《德国刑法学总论》第 2 卷，王世洲等译，法律出版社 2013 年版，第 553 页。

〔6〕　参见［日］山口厚：《刑法总论》，付立庆译，中国人民大学出版社 2018 年版，第 81 页；［日］松宫孝明：《刑法总论讲义》，钱叶六译，中国人民大学出版社 2013 年版，第 72 页。但是，关于这一判断，笔者经中南财经政法大学姚培博士辗转请教了盐见淳教授，他对此抱持怀疑，认为在日本刑法中有些犯罪规定了较为概括性的义务的场合，基于该义务作为和不作为都要处罚，比如背任罪，属于实质上的不真正不作为犯；公务员在发现银行账户里多了现金后意识到是贿赂，但没有返还，而是继续取款或者消费的，以公务员的廉洁义务为根据就足够了。此外注意义务中也包含了作为义务。从这些情况来看，都实质上认定了不真正不作为犯，范围并不小。但是，上述概括义务的场合，要么是真正不作为犯（如遗弃罪），要么是作为犯（如上述公务员的情况）；在过失犯的场合，基本从注意义务违反的角度而非保证人角度来讨论。

〔7〕　关于正犯范围存在争议。具体参见［德］克劳斯·罗克辛：《德国刑法学总论》（第 2 卷），王世洲等译，法律出版社 2013 年版，第 591 页以下。

〔8〕　以"不作为"为关键词搜索得 76 件，"不作为犯"17 件，"作为义务"34 件。之所以选择以"作为义务"搜索，是因为使用"不作为"搜索时，包括了一部分真正的不作为犯，或者只是检方或辩方提出了不作为这一概念，裁判所并不认可，或者是"不作为"中包含了一部分并非不作为犯意义上的不作为，即与不作为犯无关的判决。例如，由于没有对死刑的具体执行作出规定而被认定为立法上的不作为；中止行为中单纯的不作为；实行行为以外的不作为；行政机关的制度漏洞没有被改正的意义上的行政机关的不作为；一般的不作为义务意义上的不作为。

要意义。[9]

从功能性的视角来看,上述不作为犯在两国成立范围上的区别,背后体现的是不作为犯在两国被赋予的不同功能定位。德国对不作为犯采取的是一种扩张型定位,而日本倾向于限缩型定位。这种不同的定位显然符合不同的社会情势。因此,讨论我国先前行为的法理根据,必须先弄清楚不作为犯在我国合理的功能定位,再研究不作为犯的保证人理论及先前行为在这个问题上的特殊性。本部分将按此逻辑开展功能性比较分析,并得出如下结论:第一,德日两国在不真正不作为犯的合法性根据上产生分歧,这一分歧在各自立法和司法实践的催化下被加倍放大,导致两国对不真正不作为犯的功能定位形成扩张和限缩的对立,进而在不真正不作为犯教义学上形成差异建构,在作为和不作为的区分、保证人理论根据、因果关系、正共犯判断等方面均存在显著的区别。在保证人理论问题上,两国呈现出规范阵营和事实阵营的对立,先前行为的法理根据及其实践运用也自然受到相应影响。第二,和德日相比,我国对不真正不作为犯的研究属于"后发式"研究,学界、司法和立法三方之间缺乏长期互动探讨,这是我国不作为犯功能性定位缺失、教义学研究滞后之肇因。应对相关司法判决进行整体研究,发掘"普遍的价值取向",通过考察不真正不作为犯适用规模和法官对该类犯罪的处罚态度来"反推"我国不真正不作为犯的功能定位,并以此推导适合我国的不真正不作为犯保证人地位的法理及先前行为的理论根据。

---

[9] 需要说明的是,德国因为有关于不真正不作为犯的明文规定即§13StGB,故以此为搜索关键词;德国刑法第323条c是不予救助罪,规定了在一定的场合没有保证人地位的也需要履行救助义务,显然,在具备了这一条规定的情况下,对于保证人地位有争议的场合就倾向于运用此条处理。

第三章　不作为犯的扩张定位与
先前行为的法理根据

不作为犯的功能定位,即不作为犯在一个国家刑事治理体系中的地位。其直观表现即该国更倾向于用不作为犯来治理什么样的社会问题。显然,它并非自不作为犯产生伊始就固定下来,而是由历史的、社会的、经济的各方面各种事实因素时间性地交织形成,并且导致了持久的结构转型。[1] 但是,研究不作为犯的功能定位,并不是必须还原所有的事实因素。一个简单的方法,是去梳理该国关于不作为犯的理论和立法变迁。不论是理论还是立法对不作为犯的认识,都是社会发展不同阶段中的片影。通过串联起这些片影,就能够勾勒该国不作为犯功能定位的形成过程。

第一节　不作为犯的扩张定位

总体而言,德国对不作为犯的适用采取了扩张型功能定位,这一定位与德国对不作为犯合法性根据的认识,以及对等价性要件的态度有密切关系。

一、不作为犯的合法性根据

不真正不作为犯的研究史,从探究不真正不作为犯的合法性根据开始。1785 年威斯特法尔(Westphal)提出了所谓的"特殊义务"要件,认为不作为者只有具备特殊义务,其不避免结果的行为才能以犯罪处罚。[2]威斯特法尔并没有对"特殊义务"加以展开,但费尔巴哈(Feuerbach)与斯帕恩贝格(Spangenberg)继受威斯特法尔的想法,创造了法义务理论(Rechtspflichttheorie)。费尔巴哈认为,"一个不作为犯罪总是建立在一个

---

〔1〕 高行云:《历史社会学的逻辑:双科学视角下的理论探索》,四川人民出版社 2021 年版,第 314 页以下。

〔2〕 Vgl. Jürgen Welp, Vorangegangenes Tun als Grundlage einer Handlungsäquivalenz der Unterlassung. Berlin: Duncker &Humblot, 1968. S. 26.

特别的法基础(法律或者契约)上",凭此,不作为和作为的刑事违法性才得以相当;斯帕恩伯格继续提出了"特殊的法律关系"概念帮助阐释"特别的法基础",并特别举出如下例子:婚姻关系、亲属和监护关系、军人服从关系等。[3] 此时的法义务理论中义务类型还非常有限。[4] 但无疑开辟了不真正不作为犯的研究渠道。此后,研究逐渐深入,开始探究不真正不作为犯的合法性根据。具体讨论以下两个问题:一是以不作为实施的犯罪为何能够适用作为犯的构成要件,二是不作为在什么情况下才能适用作为犯的构成要件(即如何等置)。

　　根据对这两个问题的不同看法,有关不作为犯的研究史可大致划分为以下几个阶段。起初,人们认为不需要在与作为相对的意义上另外规定不作为。不作为在法律上应该被视为作为,属于"被伪装的作为"。[5] 由此,不作为犯的问题关键在于如何使这种被伪装的作为和通常的作为同等看待(即被同样处罚)。首先出现的观点是盛行于19世纪的因果关系说,该说源于自然主义科学方法盛行时代人们对"由无生有"的根本怀疑,认为作为和不作为的等置需要在因果力上进行探讨。当不作为也能像作为那样引发因果流程时,就可以认定二者等置。在如何说明不作为引发因果流程的问题上,论理关系说(恩吉施 Engisch)、他行为说(鲁登 Luden)、先前为说(克鲁格 Krug)等理论学说纷纷登场。例如,鲁登主张,"当行为人实施某个行为时,即使对他而言是被允许的,但该行为给那些没有被警示和通知的人们带来危险时……(不作为者)同样应该被视为结果的制造者"。克鲁格认为,先于不作为的行为对于结果的发生具有原因力,承担抚养婴儿义务的人不给婴儿喂奶的,该承担抚养行为是婴儿饿死的原因。[6]

　　李斯特(List)提出的期待说促使违法性说于19世纪末登场。该说认为因果关系说只是强调了作为和不作为在形式上(构成要件上)的等置,即二者具备构成要件同一性,而没有说明二者内在价值(即违法性)的等

　　〔3〕 Vgl. Jürgen Welp, Vorangegangenes Tun als Grundlage einer Handlungsäquivalenz der Unterlassung, Berlin: Duncker&Humblot, 1968. S. 27.

　　〔4〕 法义务理论虽然对"特殊义务"进行了一些分析,但其被后人看重的地方在于,该理论开始将不作为和作为进行比较,寻求违法性上的对等,借以将刑法没有明文规定的不作为犯合法化,为19世纪末叶以后盛兴的违法性说奠定了基础,所以费尔巴哈也被学者认为是违法性说的始倡者。参见许玉秀:《当代刑法思潮》,中国民主法制出版社2005年版,第622页。但是,应该说,费尔巴哈的法义务理论充其量只是"违法性说"思想的萌芽,更缺乏与因果关系说对垒中形成的"违法性说"之实质。

　　〔5〕 [日]松宫孝明:《刑法总论讲义》,钱叶六译,中国人民大学出版社2013年版,第64页。

　　〔6〕 Vgl. Jürgen Welp, Vorangegangenes Tun als Grundlage einer Handlungsäquivalenz der Unterlassung, Berlin: Duncker &Humblot , 1968, S. 30f.

置。具体而言,违法性说中的形式法义务论者认为,在自然科学意义上承认不作为犯的因果关系是可行的,并且这种因果关系的真实性无须质疑;但由于要解决作为和不作为的等置问题(Gleichstellungs Problematik)必须涉及价值上的判断,而因果关系说仅仅在客观上确定不作为的因果关系,并不能说明不作为犯的处罚根据。[7] 实质法义务论者主张,因果关系这个概念本来就不是现实存在,而是法律意义上的拟制,所以即使是"自然意义上什么都不做"(natürliche Nichts),也同样能存在因果关系,在构成要件层面无法区分作为和不作为;违法是刑法所要处罚的行为的实质,但法定构成要件本身有漏洞,作为和不作为都因符合构成要件而在形式上有违法性,故应以"利大于害"原则作为衡量行为实质违法与否的标准,其中"害"是指义务主体行为自由受到损害,而"利"是指行为人所拯救的法益价值,不真正不作为犯的处罚依据就是"害大于利"。[8] 可是,采取违法性说的话,构成要件的违法推定机能将受到损害,而且由于违法性阶段讨论的作为义务是从法秩序整体中引申而来的,会使该说面临"刑法外的义务直接成为刑法内的义务"的疑问。[9]

在批判违法性说的过程中成长起来的是那格勒(Nagler)的保证人说。那格勒认为,不作为和作为必须在构成要件上等置,即作为和不作为应适用同一构成要件,以避免违法性说所造成的"双重不法"。[10] 由于构成要件的本质是其内部的禁止规范和禁止规范所包含的命令规范,作为违反禁

---

〔7〕 Vgl. Jürgen Welp, Vorangegangenes Tun als Grundlage einer Handlungsäquivalenz der Unterlassung, Berlin: Duncker &Humblot, 1968, S. 61.

〔8〕 Vgl. Jürgen Welp, Vorangegangenes Tun als Grundlage einer Handlungsäquivalenz der Unterlassung, Berlin: Duncker &Humblot, 1968, S. 66f.

〔9〕 违法性说需要解决作为和不作为在违法性层面上如何等置,这取决于不作为违反的义务来源。义务的内容将会限制处罚不作为犯的范围。形式法义务说和实质法义务说在这一点上发生分歧。形式法义务说的经典表述是三分说,即法义务来源于法律、契约和先前行为。如今我们虽然否定违法性说将作为和不作为在违法性层面等置的基本观点,但形式法义务所确定的三分说影响很大,现在的教科书在讨论作为义务时也以此为基础。实质法义务代表基辛和绍尔则将义务来源分成两类,第一是先前行为。在这一类中,侵害结果总是和不作为的存在相关联的,当结果是由前行为相当地制造出来时,因为前行为已经具备实质违法,故无须考虑命令行为人作为是否会使其行为自由受到侵害。第二类是"行为人的特别的法社会中的地位",它与被侵害结果之间存在特殊的关系。参见 Vgl. Jürgen Welp, Vorangegangenes Tun als Grundlage einer Handlungsäquivalenz der Unterlassung, Berlin: Duncker &Humblot, 1968, S. 62, SS. 67 – 68.

〔10〕 看起来,保证人说在这一点上赞同因果关系说,但两者的主张实际并不相同。两说对构成要件的本质认识不同,因果关系说认为构成要件描述了以行为制造结果这样的一种过程,因此,不作为只要提供了原因力制造了结果时即满足构成要件,但保证人说显然认为,法定构成要件并不表征结果与行为之间的因果过程,构成要件的行为是一种外在的意志活动,呈现一种活动的状态。

止规范,不作为违反命令规范,所以作为和不作为都可以适用同一构成要件,[11] 在这个意义上,不作为即一种"被伪装的作为"。关于作为和不作为应如何等置,那格勒从德国刑法规定的遗弃罪得到启发,主张除了少数构成要件之外,大部分构成要件原则上都是为作为而设定的,只有作为者的积极性才能实现构成要件的行为,如要将不作为视为作为,以作为的构成要件处罚,不作为者必须是具有特别法律地位、确保构成要件结果不发生的保证人;保证结果不发生的人的不作为,就可以视为如同作为一般的实行行为。据此,保证人成为作为和不作为等置的关键。该说在赋予不作为者"保证人"名称、在体系定位上视其为主体构成要件要素方面,受到了后来的德国学者的肯定,成为今天不作为犯研究的通识部分。[12] 但是,保证人说也受到批评:若认为在构成要件中"禁止规范包含命令规范",作为和不作为在适用刑法规范上没有区别,就没有必要强调保证人地位;反之,若承认存在非明文规定的保证人地位,则禁止规范就不可能包含命令规范;[13] 保证人说以"不履行法定义务"来评价不作为犯,但却最终以作为犯来处罚,实际上是类推适用作为犯的构成要件,违反罪刑法定原则。

以上观点的主体内容虽截然不同,但它们共享一个认识前提,即不作为是"被伪装的作为",不作为和作为应适用同一构成要件。然而,"二战"以后,这一基础认识随着目的行为论的盛行发生了戏剧性的变化。阿明·考夫曼(Armin Kaufmann)主张,没有必要将不真正不作为向作为靠拢,它属于"本来的不作为":作为和不作为在存在结构上不同,是 A 和非 A 的关系;在规范结构上也不同,前者违反禁止规范,后者违反命令规范,不作为的作为义务只能由命令规范产生,不能由禁止规范产生。[14] 命令构成要件并没有规定在作为构成要件中。据此,考夫曼认为,以作为的构成要件处理不作为犯罪是典型的类推做法,既然不作为实现的是独立的不作为犯的构成要件,那么就必须针对分则的每一个作为犯罪制定相对应的不作为犯。可是,在没有立法的情况下,不处罚也不合适,应在违反命令规范的不作为与违反作为构成要件的作为在不法和责任内容上几乎相等时,对其进

---

〔11〕 参见许玉秀:《当代刑法思潮》,中国民主法制出版社 2005 年版,第 626 页。

〔12〕 诚然,早在 1847 年,费尔巴哈就提出了法义务说(保证人说的雏形)。不过该说在内容上和体系定位上都不够完善。参见[德]克劳斯·罗克辛:《德国刑法学总论》(第 2 卷),王世洲等译,法律出版社 2013 年版,第 535 页。

〔13〕 参见许玉秀:《当代刑法思潮》,中国民主法制出版社 2005 年版,第 626 页。

〔14〕 参见[日]日高义博:《不作为犯的理论》,王树平译,中国人民公安大学出版社 1992 年版,第 30 页。

行处罚。[15] 在具体适用上,考夫曼提出:第一,由于作为和不作为之间是"A 与非 A"的关系,所以,在考察不作为的主客观构成要件、因果关系等问题时,应采取"反转原则",即在实行性犯罪中适用的理论与规则,在不作为犯中就要适用其反面。第二,在保证人的确立上,根据保证人的机能将其分为两类,一类是对危险源有监督义务的保证人(监督危险源),另一类是对被害法益有保护义务的保证人(保护法益)。

考夫曼的观点对日后研究的影响很大。例如他提出的机能二分说,成为后来学者研究实质保证人理论的基础。在不作为的本质问题上,德国学界经过了长期激烈的讨论,最终认为,"既然保证人地位属于命令规范中特有,则禁止规范不可能包含命令规范"这一论据更为有力,"本来的不作为"更胜一筹。这为今天的德国将不作为犯视为独立的、平行于作为犯的做法提供了本质理据。在等置问题上,考夫曼提出的"违反命令规范的不作为与违反作为构成要件的作为在不法和责任内容上几乎相等"的所谓"等价"要件,激起了新一轮的大讨论,从立法到理论都深受波及。"等价性"的具体内容是什么,其体系地位如何等问题,成为决定德国不作为犯功能定位的重要一环。接下来,本书将展开德国对等置、等价性问题的梳理。

表 3 - 1　德国不作为犯理论的早期发展

学说/ 立法	时间/ 代表人物	"不作为" 的法律 性质	"不作为"如何适 用作为构成要件	法义务 的内容	对学说/立法 的评价
因果关系说	19 世纪初/ 鲁登	被伪装的 作为	从因果力出发,弥补作为和不作为在存在结构上的差别	重视先前行为引起的义务	仅从存在结构上把握因果关系,不符合不作为因果关系的本质
违法性说	19 世纪末 20 世纪初/ 基辛	被伪装的 作为	(属于违法性领域的)作为义务是等置的关键	形式法义务	违反了构成要件的违法推定机能
保证人说	1938 年/ 那格勒	被伪装的 作为	禁止规范包含命令规范	形式法义务与紧密的生活共同体、危险共同体	若承认保证人地位,禁止规范就不可能包含命令规范

〔15〕　参见[日]日高义博:《不作为犯的理论》,王树平译,中国人民公安大学出版社 1992 年版,第30页。

（续表）

学说/立法	时间/代表人物	"不作为"的法律性质	"不作为"如何适用作为构成要件	法义务的内容	对学说/立法的评价
新保证人说	1959 年/考夫曼	本来的不作为	不作为与作为在不法和责任内容上是否几乎相等	机能二分说	类推适用作为构成要件，与罪刑法定原则冲突
德国刑法第 13 条出台	1975 年	本来的不作为	保证人地位 +"相当于"条款	实质法义务[16]	以立法承认不真正不作为犯的类推适用

二、"等价性"的立法变迁

德国最早于 1913 年开始尝试对不作为犯进行立法，规定："负有防止因作为而发生结果之法义务的人，由于不作为而发生结果者，得处罚之。由于自己之作为而惹起发生结果之危险者，负有防止结果发生之义务。"其后，受到"等价性"理论的影响，立法明确将等价性和保证人地位并列作为不作为犯罪的成立条件。例如 1956 年德国刑法典草案第 13 条规定："依法有防止结果发生之义务，且在情势上必须保障不发生结果而未予防止者，在大部分适合于构成要件的情况下，与由于作为而招致结果之正犯或共犯视为等同。因自己之举动招致发生结果之高度可能性者，以及承担保障急迫结果之不发生者，亦负有防止结果之义务。"1959 年德国刑法典草案二稿中，仍然要求不作为和作为"等价"，即要求不作为的行为与主动的实行行为之间具有同等价值。该草案第 14 条第 2 款规定，不作为，在依据法律具备防果义务，以及根据具体情况应当承担该义务时，才能与实行性构成行为等同起来。同年，学者加拉斯（Gallas）在大刑法委员会召开的会议上，在对刑法典草案的二读时提出，"违反保证人义务的要求应当把不防止结果的出现仅仅与一种主动造成结果的情况等同起来"。其意在于，一方面，对于非单纯的结果犯，由于详细规定了某种结果的引起方式，因此很难说单纯的不作为和主动的实行行为之间具有同等价值；另一方面，在纯

---

〔16〕　这是文献上占据主流的观点，但文献中也不乏法律、契约、先前行为、紧密的生活共同体与危险共同体这四种义务来源的支持者。

粹的结果犯中,不作为和作为也不一定具有同等价值,法官还是可以根据具体案件之情节而作出不作为和作为并不等同的判断。由此,形成了一项法律提案,即在保证人义务之外,还要求不作为这一行为"符合行为构成地等同于一个作为的实行"。德国联邦司法部在1959年德国刑法典草案二稿中接受了这个建议,只是将"符合行为构成地等同"用"等价的"进行替换。

在此之后,随着学界在不作为的本质及等价性问题上的转向,立法也随之发生变动。先是1962年德国刑法典草案的立法说明中将所谓的"等价"解释为"总体评价"的要求,指出法官在确定行为人必须负责之后,还应当进行"总体评价",即倘若某个犯罪的行为构成中有对于不法存在特殊影响的行为特征,那么当不作为无法满足这种不法时,就有必要用其他提高不法程度的情节来弥补。例如,是否存在更高的义务约束力,或者是否存在"不可过分要求性"。在抢劫等有特殊的行为特征的犯罪中,由于不作为无法体现这一特征,因此必须通过提高保证人义务的程度,或者其他违法程度来加以弥补,进而认定等价。

虽然1962年德国刑法典草案的立法说明中对等价性作出"总体评价"的诠释,但这几乎无人赞同。因为,在肯定保证人地位后再以一个根本不能明确具体标准的"相当于"条款来审查不作为是否不可罚,不仅使保证人地位丧失意义,而且会引发法的不安定性。而且,立法说明中所提出的那些考察因素,也经不起推敲。例如,"不可过分要求性"主要涉及的是这样一种情形:虽然存在保证人地位,但要求该保证人履行义务强人所难。因此,在父亲虽然会游泳,但是面对湍急的河流,父亲也惧怕下河救落水的孩子的场合,应以缺乏等价性为由,认定该父亲不成立犯罪。但是,"不可过分要求性"显然是一个罪责的问题,不处罚保证人是从责任角度来考虑所得出的结论。再如,"义务约束性"的区分并没有意义。如果认为保姆和父母照看孩子的义务约束性存在区别,而借此否定保姆的刑事可罚性,这显然是一种错误结论。只要肯定存在保证人地位,就不可能再区分义务约束性的强弱了。实际上,在形式法义务时代,由于形式法义务范围过大,这种所谓的总体评价还能起到限制处罚范围的作用,但在实质法义务已经盛行的今天,保证人地位本身就能够起到将不作为和作为等置的作用,等价性的作用也就非常有限了。

到了1968年,刑法改革特别委员会以"相当于"一词取代了"等价"。特别委员会的理由很明确,以不作为实施的犯罪相较作为而言值得处罚性要低,采用"相当于"一词,就是为了避免阻碍"对不作为犯减轻处罚"。

1975 年,现行德国刑法第 13 条出台,第 13 条第 1 款被称为"相当性条款",规定:"行为人不防止属于刑法的构成要件的结果,只有当他在法律上必须保证该结果不发生,并且当该不作为与通过作为实现法律的构成要件相当时,根据本法才是可罚的"。第 13 条第 2 款则进一步明确了"相当"的含义,即不真正不作为犯的刑罚可以根据第 49 条第 1 款的规定予以轻处。也就是说,现在学者们常常谈论的等价条款就是相当性条款(Entsprechungsklausel)。据此,不作为犯无须和作为犯在违法和责任上完全等价的观点占据了上风。[17]

三、学界对"等价性"的看法

德国刑法典对不作为犯作出明确规定以来,德国司法界和学界都展开了对等价性的解读研究。首先需要解决的就是应否在不真正不作为犯的成立要件中安放这一概念。德国通说对此持否定意见。例如韦塞尔斯认为,不真正不作为犯的构成要件是:发生了构成要件性结果;在具体的危险情况中,当存在物理上—现实上的可能时,对所要求实施救助行为的不作为;不作为对结果的产生具有原因性;不作为者是具有义务阻止结果出现的保证人(Garant),即给予一定的特别地位"在法律上负有使得构成要件性结果不产生的责任",这也是用以说明不作为与作为等同的因素。[18] 可见,结果、以作为可能性为前提的不作为、因果关系和保证人地位是韦塞尔斯总结的构成要件内容。等价性并没有作为一个单独的要素。施特拉腾韦特认为,不作为犯的客观要件必须具备如下内容:可能的行为人、因果关系、违反义务的不作为、作为和不作为相当。这一观点多出了"相当",却没有"构成要件性结果"。冈特教授解释道,德国刑法第 13 条所要求的不作为与通过作为而实现法定构成要件"相当",指的是一种方式相当,对结果犯而言并无意义,结果犯中的相当性仅限于负有义务的保证人没有制止结果发生。所以在结果犯中,第四点实际上可以转化成"构成要件性结果"。从上面两个学者的观点可知,等价性要件并不像保证人地位那样不可缺少,至少在结果犯中这个要件根本不需要。[19]

---

〔17〕 Vgl. Claus Roxin, Strafrecht AT Band 2, Besondere Erscheinungsformen der Straftat, Berlin: Beck, 2003, SS. 784 – 786.

〔18〕 参见[德]约翰内斯·韦塞尔斯:《德国刑法总论》,李昌珂译,法律出版社 2008 年版,第 428 – 442 页。

〔19〕 [德]冈特·施特拉腾韦特、洛塔尔·库伦:《刑法总论 I ——犯罪论》,杨萌译,法律出版社 2006 年版,第 359 – 381 页。

等价性究竟是什么？在对案件进行等价性判断时，究竟应包括哪些内容，从哪里入手？主流观点持"形态等值"理论，认为等价性和正犯判断有关。不过，根据对正犯体系建构的不同理解，等价性的适用范围也不一样。

首先是罗克辛的观点，认为等价性在补充判断正犯的时候具有意义。罗克辛采用三元正犯论，将正犯分为支配犯、义务犯和亲手犯。伪证罪、脱逃罪或公务员犯罪等义务犯的核心在于义务违反，与行为人在犯罪事件中是否有"行为支配"无关。不真正不作为犯也是如此，行为层面是"不作为"，本来就不可能有对事件流程的安排控制这样的"行为支配"，但是行为人违反了作为义务，因此，即使是加功作为犯的场合，不作为者也必然是正犯。[20] 在确定了保证人地位后，已经具备了不作为犯的归责基础，并且原则上是正犯。只是"义务违反"尚不能完全充足正犯要求，必须考虑"等价性"，即在某个犯罪中，"不作为"是否在"负的社会意义"上与作为的形态相当。但是这种"等价"不是违法的"量"上的等价，而是"不法内涵"上的等质。例如，在故意杀人罪中，由于该罪的不法内涵在于"死了人"这样的"不法结果"，不作为和作为在这一点上没有区别，所以在该罪中不需要考虑等价性。那么，在哪些犯罪中要考虑等价性呢？

罗克辛认为，一般的具有附加特殊形态的行为构成并不需要考虑等价性。例如，诈骗类犯罪或者强制类犯罪一直被主流文献认为是具有特殊行为样态的犯罪，要求"欺骗""暴力""带着能够感觉到的恶意相威胁"等行为形态，因此，很多学者认为不作为不具备与上述实行行为的"等价"。但是，罗克辛认为这类案件中都不存在"结构性的特殊之处"，不应将作为和不作为作不同处理。[21] 罗克辛将范围限制在要求特殊的正犯要件的犯罪中，比如要求所有意图的财产犯罪、高度属人性质的犯罪以及无法益的犯罪。在财产犯罪（Zueignungsdelikt）中，"所有意图"就表明了一种取得支配力的意思，这使得该类犯罪的正犯性必须从行为支配的角度去考虑，所以管理员不阻止他人盗窃的，只成立盗窃罪的帮助犯。在高度属人性质的犯罪中，这些犯罪必须由行为人自己实施，例如，保证人不阻止证人做伪证的，由于保证人本身没有如实陈述的义务，所以不成立伪证罪的正犯。在

---

〔20〕　这一点，与主张排他支配的西田教授的观点正好相反。西田教授认为当存在"作为"时，不作为者就不可能控制支配这一流程，所以只能成立片面帮助犯。

〔21〕　［德］克劳斯·罗克辛：《德国刑法学总论》第2卷，王世洲等译，法律出版社2013年版，第591页以下。

同性恋行为犯罪等无法益犯罪中,由于没有需要被保护的法益,而不作为和作为等价是基于法益侵害之考量,即使存在保证人地位,也不可能成立不作为正犯。[22]

有的学者反对这样的正犯体系,尤其反对将义务和支配分离变成两个正犯体系,由此对"相当性"作为补充正犯要素影响的犯罪范围产生不同。例如布洛伊(Bloy)认为,义务违反和犯罪支配应该同时作为义务犯的正犯前提。所以,仅仅违反义务并不一定能充足正犯要求。义务犯可以分为纯正的义务犯和不纯正的义务犯,前者只要违反了义务就可以成立正犯,但是对于后者来说,立法者在其中既规定了特别身份,又限制性地列举了行为的实施方式,所以,除了义务违反之外,以构成要件中说明的方法和方式支配犯罪也是必要的。[23]

所以,布洛伊对不真正不作为犯中的"相当"主张"模式等价说"。[24]布洛伊认为不成立正犯的范围不仅仅包括亲手犯、财产犯罪和高度属人性质的义务犯,还包括在构成要件中规定了特定行为模式的犯罪。这一思路的出发点在于,保证人地位本身不能用以区分不法的高低内涵,所以从保证人地位无法区分正共犯,而必须考虑"行为无价值"。具体来说,保证人地位只是在结果无价值的层面上表明违法程度,但凭此并不能决定整个违法程度。根据德刑第 13 条所要求的等价要件,刑法要求不作为正犯在行为无价值的层面上与作为等价。这样一来,在规定了特殊行为样态的犯罪中(例如诈骗罪、强奸罪等),不作为就不可能和作为等价了。[25]

布洛伊的观点在德国有很多支持者。因为,若认为义务仅仅是正犯的必要前提而不是充分要件,通常会在不真正不作为犯的正犯判断上纳入"行为不法"来凸显"支配"要素。例如,耶赛克(Jescheck)教授也认为,在所有身份犯中正犯只能是义务的承担者,但这并不表示每个义务承担者一定是正犯,正犯的成立必须或拥有犯罪支配,或参加到犯罪支配中,或借助一个无身份的工具共同起作用而成立间接正犯。[26] 在不真正不作为犯的

---

〔22〕 罗克辛认为不真正不作为犯既然是义务犯,则原则上都是正犯。但是等价性要件影响了上述三种犯罪的正犯认定,除此外还有一种情形也不成立正犯,即当监督义务的保证人不阻止他人帮助犯罪时,也只能成立帮助犯。

〔23〕 何庆仁:《义务犯研究》,北京大学 2009 年博士学位论文,第 33 页。

〔24〕 模式等价说强调"行为模式",由 Gallas 提出。Vgl. Claus Roxin, Strafrecht AT Band 2, Besondere Erscheinungsformen der Straftat, Berlin:Beck, 2003, S.786.

〔25〕 Vgl. Bloy, Anstiftung durch Unterlassung? JA. 1987,SS. 493 – 494.

〔26〕 Vgl. Jescheck, Weigend, Lehrbuch des Strafrechts Allgemeier Teil, 5. Aufl, Berlin: Duncker & Humblot, 1996,S.625.

层面上,"相当性"就是对行为要素而言的,即对那些并非只要求结果发生,还需要特定的行为方式才符合构成要件的作为犯来说,单纯的不作为通常不能满足积极的行为要素。[27]

许迺曼(Schünemann)的观点又有不同。他持一元正犯体系,认为不作为既然必须和作为"相当",则作为和不作为的正犯标准应该相同,作为和不作为正犯都必须是"支配"了犯罪。具有"支配"特质的保证人才是符合不真正不作为犯主体之人,拥有保证人身份,成立不真正不作为犯。许迺曼提出了"对结果的原因有支配"(Herrschaft ueber den Grund des Erfolges)这一正犯标准,建立起一元支配犯体系。他将支配分为"对造成结果的重要原因有支配"(Herrschaft ueber eine wesentliche Erfolgsursache)以及"对被害人的无助状态有支配"(Herrschaft ueber die Anfaelligkeit des Opfers)。这两种支配都强调一个基础要素即"支配意思",这种支配意思将那种对因果流程的支配和基于社会地位而产生的领域支配区分开来。[28] 既然采用"支配"这种一元正犯体系,那么和上述多元体系就不相同,在不作为犯判断正犯的标准并非"义务"的有无,也不需要考虑所谓的"行为不法",而是和作为犯一样,要考察不作为中的支配是否达到了一定的支配程度。在结果犯中,许迺曼将罗克辛在作为犯中使用的"行为支配"理论延伸到不作为犯,即对结果原因的支配可分成两种,一种是直接导致结果,另一种是通过其他人的积极自由的行动间接导致结果。所以,对被害人的无助状态有支配(保护义务)时成立正犯,对危险源的监督有支配(安全往来义务)时成立共犯。例如,若父亲不救助落入水中的自己的儿子,则成立不作为杀人罪的正犯;但若护士不阻止其管辖范围内的毒药被用于杀人,则该护士仅成立杀人罪的不作为帮助。[29]

总的来看,由于德国刑法第13条将保证人地位和相当性条款规定在一起,引导着人们往"两者都是不真正不作为犯的成立条件"这样的方向思考。但是,这样一来就遇到了无法界定等价性的内容、等价性和保证人地位功能冲突等问题。不少学者质疑,等价条款到底有无作为一个客观构成要件要素来判断的独立价值。许玉秀教授就曾经指出,"荒谬的是,等价条款

〔27〕 [德]耶赛克,魏根特:《德国刑法教科书(总论)》,徐久生译,中国法制出版社2001年版,第759页。

〔28〕 Vgl. Schünemann, Grund und Grenzen der unechten Unterlassungsdelikte, Göttingen: Schwartz, 1971, S. 277ff.

〔29〕 Vgl. Hans-Joerg Schwab, Taeterschaft und Teilnahme bei Unterlassungen, Frankfurt: Peter Lang GmbH, 1996, S. 91.

经过二十多年来的实务验证,根本是个虚设条款,在不纯正不作为犯的认定上,一旦有了保证人地位,如无其他阻却违法或阻却罪责事由,犯罪即告成立,至今没有任何实务经验可以告诉我们,究竟哪一种构成要件类型,不作为在什么条件下可以和作为等价",正是因为如此,德国"学说则打从1975年立法之前就不断批评这个等价条款是个'空话'(Tautologie)"。[30] 也就是说,从不真正不作为犯成立的角度来看,等价性是没有意义的,只要有保证人地位就具有可罚性,等价性与不真正不作为犯的可罚性无关。但是,等价性在德国并非毫无意义。德国学者在整个正犯体系框架中安放这一概念,但不同的学者所持的正犯体系理论不同,对等价性的适用范围有不同的理解。等置的关键不在于"等价",而在于保证人地位。

四、等价性认识对不作为犯扩张定位的影响

德国理论界对等价性的看法经历了曲折变化,这在不作为犯功能定位的形成中至为关键。如前所述,等价性要件源起于考夫曼的观点。他认为,只有命令规范才能产生保证人地位,不真正不作为犯违反的是命令规范,它不包含在作为构成要件中;只有违反命令规范的不作为与违反作为构成要件的作为在不法和责任内容上几乎相等时,才能对其进行处罚。根据这一观点,不作为犯的成立范围势必较小。由于在很多情况下不作为犯罪的违法和责任都与相应的作为犯存在一定差异,这为司法实践否定不作为犯的成立提供了较大空间。相反,一旦打破这一认识,主张"等价性"概念是个空壳,不作为犯不需要与作为犯在违法和责任程度上相等,则将较大提升不作为犯的成立可能。

德国今天对"等价性"的态度,肇因于理论上对不作为犯本质的争论,最终在学界接力赛似的讨论中逐渐明朗。需要认识到,德国在不真正不作为犯方面的立法变化,不仅与理论的变迁有关,还与德国的社会发展相关。20世纪中叶以后,德国处于后工业社会起飞发展阶段。其时,企业、政府等组织体内部的职能分工极为细致,法益侵害结果一般由多个具体执行者的孤立的身体行为共同造成,这与从责任主义出发,强调行为与认知必须合一的传统刑法产生冲突,组织体中的决策者、管理者极易以"对整个侵害过程没有完整认知"为由逃避刑事制裁。换言之,"现代分工以及技术过程的复杂化,与针对特定生活范围能够单独掌控、

---

〔30〕 许玉秀:《刑法的问题与对策》,春风煦日学术基金1999年版,第94页。

并应单独负责的自主性个人,所设计出来的刑事责任的概念并不相当"[31]此时,迫切需要寻找适合的犯罪类型对这些情形进行定罪。不作为犯,通过赋予管理者保证人地位而令其承担组织体内具体执行者的刑事责任,能够避免社会分工带来的归责困难,更为有效地遏制组织犯罪,成功引起了立法者的注意。

德国刑法第13条明确了不作为犯在德国的功能定位。第13条中提到的"相当""减轻",说明不作为犯没有必要在违法和责任上与作为犯做到完全"等价",不真正不作为犯该当的实际上不是作为犯的规定,而是作为犯扩张后的构成要件,因此其成立无须过于严格。由此可以看出,立法者强调不真正不作为犯的合法性和独立性,主张它是和作为犯平行、从另一角度保护法益的犯罪,摘除了不作为的附属地位,表明了立法者将义务履行作为一种基本的刑事管控模式的态度,为法官无顾忌地扩大适用该种犯罪提供了保障,为不作为犯在后工业社会中的广泛适用定了基调。

第二节　扩张定位下的保证人理论

一、德国的保证人理论

德国对不真正不作为犯的功能性定位,反映在了德国采取的保证人理论特点上,由此也将必然决定先前行为保证人地位的认定及适用。本书对主要保证人理论进行了梳理,总结了如下两个方面的特点。

（一）规范色彩浓厚

从时间顺序梳理德国实质法义务理论的各种学说,可以看到一条规范色彩浓厚的学说发展路径。[32]德国的保证人之实质法理根据可从平面的社会群体关系说追踪溯源。该学说从社会学吸取灵感,以社会内部的人际

---

〔31〕［德］班德·许逎曼:《过失犯在现代工业社会的捉襟见肘》,单丽玫译,载许玉秀、陈志辉合编:《不移不惑献身法与正义——许逎曼教授刑事法论文选辑》,台北春风煦日学术基金2006年版,第519页。

〔32〕不真正不作为犯研究之所以被称为刑法教义学研究的黑洞,实质法义务研究难度大是最主要的原因,即使在刑法理论研究发达的德国,也是达成共识最少的课题之一。大部分学者采用无理论的折中主义,即仅仅借助形式法律义务理论和一些附加的规范要素,而不去考虑实质法义务理论;而那些勇敢提出实质法义务理论的学者,都只是"零星地受到赞同",并没有取得通说地位。不过,梳理德国实质法义务理论的发展过程,可以捕捉到整体特点和发展趋势。参见［德］许逎曼:《德国不作为犯法理的现况》,陈志辉译,载许玉秀、陈志辉合编:《不移不惑献身法与正义——许逎曼教授刑事法论文选辑》,台北春风煦日学术基金2006年版,第657页。

关系为理论基调,试图从其中抽出保证人地位的法理基础,该学说以佛格特(Vogt)的较密切的社会秩序说、安德鲁拉基斯(Androulakis)的事先存在之密切关系说、贝尔汶科(Bärwinkel)的公共福祉和社会角色说作为代表性学说。三个学说呈递进发展趋势。

较密切的社会秩序说首先对"较密切社会秩序"进行了界定,即从社会学的角度看,整个社会存在婚姻、家庭、亲近血缘关系、亲近生活团体、特别职业身份等社会关系。这些社会关系具有特别的社会连带性,构成关系人之间互负忠诚义务的基础,是整个社会生活秩序中最原始、最重要的成分,体现团体生活之脉息。因此,在这些特别社会关系中的成员,不仅不能实施有损团体秩序的行为,还应排除各种威胁这类秩序的因素。其次,该说将上述社会秩序分为持久和暂时两种关系,前者如婚姻、家庭、特殊职业身份等,后者如危险共同体、依法律行为建立的关系、依先前行为建立的关系,对于这三类关系,该说以"彼此互相倚赖""双方意思形成的事实状态""导致或者提高危险者建立了与身陷危险者的密切联系"分别进行了实质法理之说明。[33]

事先存在的密切关系说与较密切社会秩序说相似,认为"事先存在的密切关系"体现的是人与人之间的亲近状态,当与某人存在这种关系时,也就与其共同置于"较密切社会关系"之下。那么,这种关系应如何判断呢? 该说主张不能根据社会伦理秩序来判断,而应以"社会生活事实形态中的秩序内涵"为准。进一步来说,应进行三层次判断:一是"事先存在"。即密切关系并非危险发生前就存在,而是不作为之前存在,据此,先前行为所制造的与被害人的关系更加密切和直接。二是"密切关系"。关系密切与否,要根据该关系是否具备确定性来决定。如上司下属之间,表兄妹间,因与危险源、受害法益之间没有可以确定的密切关系,他们仅仅是有关系,而不是有密切关系。三是"客观评价要素"。仅有"事先存在的密切关系"还不够,还必须是具有"客观评价要素"的"事先存在的密切关系",包括亲等、不作为者支配领域内被害人的处境、防止结果发生的垄断地位等。不过,这些客观要素不是一成不变的,要根据具体情况进行具体判断。[34]

上述两种学说都是从社会学的角度出发进行实质法义务研究,他们的缺陷也很明显,即他们仅仅限于为既有的各保证人类型寻找上位的实质法

---

〔33〕　参见许玉秀:《当代刑法思潮》,中国民主法制出版社 2005 年版,第 642－644 页。

〔34〕　参见许玉秀:《当代刑法思潮》,中国民主法制出版社 2005 年版,第 645－647 页。

理基础,但并没有提供一个具体划分道德义务和法律义务的标准。贝尔汶科提出了公共福祉和社会角色说。首先,他认为不法的本质是社会伦理的非价。但社会伦理之违反,包括道德范畴和法之范畴。只有违反超越个人的特别性,涉及多数人整体的"公共福祉"的才是"不法"。但这对于达到刑事不法的程度还不够,还必须是违反对于"公共福祉"有特别急迫性的义务时,才可能构成刑事不法。通过阐释这个概念,贝尔汶科旨在克服前述两说的缺陷,在法律和道德之间划出界限。其次,他提出"公共福祉"的具体内容,也就是判断保证人地位的三要素,法益、社会角色、客观的评价要素。其中,法益是实现公共福祉的手段要素;社会角色的内涵为"社会功能关系",是实现"公共福祉"的首要问题;客观的评价要素用以决定某种义务是否"公共福祉"的急迫需要,以限制保证人地位成立范围。[35]

平面的社会群体关系说从社会学的角度,从人与人的关系出发寻找保证人地位的实质根据,这种做法更多的是对既有形式法义务从另一个角度进行深层描述和总结,难以说把握了义务实质。然而,它在德国实质法义务理论的发展中起到了奠基作用,尤其是贝尔汶科从"公共福祉"推导出社会功能概念,将寻法基础从毫无规范意义的"关系"向具有规范意义的"社会功能"推进,这使得其后陆续提出的德国实质法义务理论都带有规范色彩。

目前德国文献的主流观点考夫曼的机能二分说就是通过在前一类平面的社会群体关系学说的"具体关系"中抽象出功能地位发展出来的。他认为社会功能可以分为保护控制和安全控制两类,并将保证人类型分为对特定法益的保护类型和对危险源的监督类型。保护类型的保证人地位的发生根据向来被分为三类:规范的根据、机能的根据以及制度的任意的根据。所谓规范的根据,指法律为了阻止特定法益受到威胁,要求特定的人履行保护义务,基于亲子关系而生的抚养义务是其适例;机能的根据,指的是被害人的法益机能性地依赖于特定的法益维持行为,该作为一旦停止,法益侵害即发生;制度的任意的根据,指被害人与不作为人因合意产生的保护接受之关系,在危险共同体中亦存在这种负有保护接受的情形。监督义务的发生根据有三:一是管理危险物品、设备和系统之人,因未尽管理义务产生法益侵害危险的。如主人对恶犬的管理。二是监督者对被监督者的违法行为具有阻止义务,其不阻止时应成立犯罪。代表型义务是父母对未成年子女的监督。三是先前行为开启了危险流程时,行为人负有结果回

---

〔35〕　参见许玉秀:《当代刑法思潮》,中国民主法制出版社 2005 年版,第 649 - 654 页。

避义务。[36] 关于机能二分说,罗克辛评价道,该说与结果原因支配说相比,在结论上虽然相似,但是"太规范化了"。[37]

以机能二分说为基础,在规范化的道路上走得更远的,是雅各布斯从纯粹规范论的视角提出的管辖理论。雅各布斯认为,社会是以规范为媒介的,刑法的功能在于维护规范;处罚犯罪并不因为法益侵害(Rechtsgutverletzung),而是因为规范否认(Normdesavouierung),[38] 即因为行为人犯罪导致规范受损,所以要通过对行为人实施刑罚来维护规范的有效性。据此,应从规范意义上否定作为和不作为的区别。具体而言,刑法上所称行为,是否定规范之意志表现客观化,所以对构成要件前的行为进行讨论是无意义的,一个不法且有责的行为才是刑法上有意义的行为概念;作为和不作为在否定规范方面的效果是一样的,区分作为和不作为没有规范上的意义,因此作为犯和不作为犯的区分也是障眼法,[39] 作为和不作为在规范上都是违背期待的行为,违反"义务";如果"义务"类型不同,才可能在刑法上产生实际的意义,所以应该尝试对刑法上的义务进行区分。[40]

雅各布斯根据义务是否专属于主体,将义务分为积极义务和消极义务,以此区分组织管辖和体制管辖。[41] 组织管辖对应消极义务,即所有人都要承担的义务。雅各布斯认为人在自由社会中可以实施任何自由的行动来扩大自己的生活圈,即组织圈,但同时法律也为人在组织圈中的自由行动划了界限,这个界限即不侵害他人,这样的义务因此多是消极的注意不侵害他人的义务。[42] 体制管辖对应积极义务,即某些主体专属的义务。

---

〔36〕　许玉秀:《当代刑法思潮》,中国民主法制出版社 2005 年版,第 642 页以下。

〔37〕　Vgl. Claus Roxin, Srafrecht AT Band 2, Besondere Erscheinungsformen der Straftat, Berlin: Beck,2003,S. 718.

〔38〕　[德]雅各布斯:《行为责任刑法》,冯军译,中国政法大学出版社 1997 年版,第 2 页。

〔39〕　传统观点认为,行为人只有"不作为的义务",而没有"作为义务",如果要行为人承担作为义务,则必须存在特别的根据。换句话说,不作为犯的不法程度较作为犯要低,所以不作为犯需要特别的根据。但雅各布斯否定了这样的理解,认为作为和不作为都是打破规范,不存在违法性高低的区别。

〔40〕　德国主流观点都是从存在论的角度区分作为和不作为,雅各布斯从纯粹规范主义的立场出发,当然认为作为和不作为的区分没有实益,有意义的是行为背后隐藏的被违反的义务。

〔41〕　Vgl. Günther Jakobs, Die strafrechtliche Zurechnung von Tun und Unterlassen, Opladen: Westdeutscher, 1996. S. 29. 组织管辖和体制管辖的区分意义在于义务是否专属于主体,而不在于行为是作为还是不作为;在组织管辖和体制管辖中,都既包含了作为也包含了不作为。

〔42〕　"组织"这一概念在社会学中本来是指社会的部分体系,这些体系以达到特殊的目的为目标,拥有比较高度形式化的内部结构,并且通过超个人的规定强调出与个体的结构性区别。雅各布斯在其理论中借用这一概念,把"组织"等同于"人的塑造",即身体、道具、机器、制度、秩序等,只要可以满足自己的目的之手段,都可以说是"组织"的一部分,行为人操纵"组织"中的要素来满足自己的目的,形成自己的生活。

这里所称体制,指为维系一个社会所存在的体制,在这样的体制中被赋予角色的人,都有维护该体制的义务,这种义务通常是积极的义务。例如父母子女之间存在这种体制义务,公务员的义务也属此类。这类"作出牺牲的义务"是为了"保障团结"。[43] 雅各布斯的体制管辖,被罗克辛评价为"完全是以规范来开始的"。[44]

以上勾勒的是平面的社会群体关系说——机能二分说这条线及其衍生的学说。实际上,在德国还存在由平面的社会群体关系说发展的另一条线,主要体现为受一些著名学者支持的学说。如威尔朴(Welp)的依赖说/信赖说、鲁道夫(Rudolphi)的中心人物说和奥托(Otto)的期待说,他们也属于规范阵营。威尔朴的依赖说认为,被害人陷入脆弱的状况、必须依赖行为人的救助,是保证人地位实质法理基础,着眼于被害人和行为人之间的强弱对比关系。[45] 奥托和他的学生布哈姆森认为,保证人义务的实质法理根据是"社会团体内部的相互期望"。当保证人违反这种期望地不作为时,就会对社会生活的信任基础造成严重损害,而这种损害与通过积极作为对个别法益所造成的危害一样严重。[46] 显然,上述学说都是从人与人之间的关系中抽象出一些核心价值,并试图以"信赖""期望"这样的规范用语统领保证人地位的法理基础。

(二)融入事实化因素的新趋势

从上文对德国不作为犯的实质法义务理论进行的大致勾勒可以看到,

---

〔43〕 "义务"在雅各布斯的体系中是用以判断归责的标准。若根据雅各布斯的若干规则确定行为人违反了义务,则应成立犯罪。这些规则有:第一,容许的风险。行为人对于日常生活中容许的风险并无义务。例如,让他人雨天出门,结果被雷击中的,这种风险是日常生活的风险,行为人并没有违反交往安全义务;第二,被害人自招风险。例如驾车者撞死了为了自杀而横穿高速公路的路人,此时驾车者也没有违反安全义务;第三,超越义务的风险。这是指中立的帮助行为的情况。雅各布斯的这些规则,可以说是客观归责理论的一部分。一般认为,客观归责理论并不适用于不作为犯,但雅各布斯并不区分作为犯和不作为犯,自然没有这种限制。

〔44〕 Vgl. Claus Roxin, Strafrecht AT Band 2, Besondere Erscheinungsformen der Straftat, Berlin: Beck, 2003, S. 719.

〔45〕 Vgl. Welp, Vorangegangenes Tun als Grundlage einer Handlungsäquivalenz der Unterlassung, Berlin: Duncker &Humblot, 1968. 后来文献上又提出信赖说,进一步阐释道,被害人因为相信他人而使自己居于弱势地位,陷入危险,因此需要被救助。信赖关系或许能解释父母子女之间的保证人关系,但却难以解释除此之外的关系,例如因合同而成立保证人地位的场合,信赖是建立在合同这一法律行为之上的,以信赖来解读合同型保证人地位就本末倒置了。因此,依赖说、信赖说虽然受到不少关注和讨论,但并没有获得较多支持。此一评论参见许玉秀:《当代刑法思潮》,中国民主法制出版社 2005 年版,第 726 页。

〔46〕 Vgl. Harro Otto, Grundkurs Strafrecht, Neubearbeitete, 6. Aufl, Berlin: Walter de Gruyter, 2000; Brammsen, Die Entstehungsvoraussetzungen der Garantenpflichten, Berlin: Duncker und Humblot, 1986.

德国大多数学说都试图从规范的角度界定保证人地位的法理基础,这种表述过于抽象和模糊,根据这些理论所做的判断也就缺乏明确性,并且会带来结论上的过分扩张。[47] 这些问题,德国学界和司法界已经看到,并开始试图在实质法理问题上融入事实判断。

德国司法实践主要采取机能二分说,但是,为了避免这种规范表述带来的结论上的过分扩张,将保证人地位以"事实上接管"进行限制。[48] 例如,根据机能二分说,医生属于保护法益型保证人,但并不是说,医生一定对病人承担保证人责任。只有医生真正接手病人治疗之后,才需要承担责任。因此,在医生接到请求出诊的电话但没有答应时,由于没有事实上接管该病人,并不属于刑法上的保证人。再如,根据合同,保姆需九点至雇主家照看小孩,但保姆并没有及时赶到,小孩因无人看顾而受伤的,保姆也因为没有事实上接管而不负刑事责任。这一点,已经得到了主流肯定。

在学界,抨击纯粹规范论视角、重视从事实角度进行保证人地位理论说明的是许迺曼。按他的说法,其结果原因支配说可谓从事实和规范之间取得平衡的一个成功尝试。许迺曼根据德国刑法第 13 条的规定"行为人不防止属于刑法的构成要件结果,只有当他在法律上必须保证该结果不发生,并且该不作为与通过作为实现法律的构成要件相当时,根据本法才是可罚的"认为,本规定要求保证人和结果的关系与作为的情况必须是对等的,称为"对等原则",并且根据(自然科学上、人类学上、社会科学上可以被确定的)经验上可得掌握的实际状况(事物本质)将对等原则具体化,寻求符合立法价值判断的"存在论结构",即"作为和不作为犯都必须对造成结果的原因有支配"。具体而言,只有当不作为人针对造成法益受侵害的事实的法律地位,同作为的行为人的法律地位可以比较时,才能以作为犯的构成要件处罚不作为,这种法律地位就是"对造成结果的原因之支配"。在作为犯中,行为人通过支配自己的身体来支配整个侵害事件,是对侵害法益的重要条件(即造成结果的原因)有支配;在不作为犯中,也应存在与上述支配在强度上相当的"支配意志"和"信赖行动",即对法益侵害的重要条件之实际控制。[49]

许迺曼的学说尚未取得德国通说的地位,但已经获得了有力的支持。像许迺曼的老师罗克辛就公开表示,虽然许迺曼、雅各布斯等学者的实质

---

〔47〕 [德]克劳斯·罗克辛:《德国刑法学总论》第 2 卷,王世洲等译,法律出版社 2013 年版,第 543 页。

〔48〕 OLG Stuttgart NJW 1998, 3132.

〔49〕 [德]许迺曼:《德国不作为犯法理的现况》,陈志辉译,载许玉秀、陈志辉合编:《不移不惑献身法与正义——许迺曼教授刑事法论文选辑》,台北春风煦日学术基金 2006 年版,第 659、667 页。

法义务理论都是沿着机能二分说的方案来建构的,但许迺曼这种引入存在论视角、强调事实上支配的"解释角度最具有说服力"。[50]

二、评价

德国的实质法义务理论发展呈现出以规范概念为主,个别吸收事实化因素的趋势。学者们首先试图以社会关系作为核心概念来说明法义务的法理基础,但这个概念带有强烈的伦理色彩,容易造成道德义务和法律义务不分的情况。从较密切的社会秩序说,到事先存在的密切关系说,再到公共福祉和社会角色说,其核心都是社会关系、社会角色。比较而言,密切的社会秩序说完全依靠"社会关系"来说明实质法义务,事先存在的密切关系说在此基础上加入了一些客观评价要素,公共福祉和社会角色说更进一步引入法益概念,学说内容在不断完善,伦理色彩在不断降低,但整体来看是在为规范研究铺路。此后出现的机能二分说不再从社会关系的视角出发,而是强调社会主体的功能类型,受到了学者们的普遍赞扬。功能说之所以被广泛接受,是因为它更清晰一些。但这种清晰更好地体现在分类的作用上,而没有体现在具体法义务的判断上。学者们既可以在此基础上往事实化方向走,也可以更规范化地表达。这一点从许迺曼和雅各布斯的学说就可以得到证实。两者都是植根于机能二分说,但前者强调自己的支配理论是事实化的,而后者的管辖理论则是纯粹规范化的。需要指出的是,机能二分说本身既然是脱胎于社会关系理论,只不过从"关系"概念中进一步挖掘出了"功能"概念,再通过对功能进行类群化,将原本杂乱的关系理论透过两种功能加以整合说明,则其规范的性质自始就存在。[51] 也就是说,许迺曼的结果原因支配说虽然有事实化的倾向,但仍然有规范的本色。

第三节　扩张定位下先前行为的法理根据与典型适用

一、关于先前行为法理根据的学说

在德国学界,由于普遍采取的是更为偏向"规范"色彩的保证人理论,

---

〔50〕 ［德］克劳斯·罗克辛:《德国刑法学总论》第 2 卷,王世洲等译,法律出版社 2013 年版,第 540 页。

〔51〕 ［德］克劳斯·罗克辛:《德国刑法学总论》第 2 卷,王世洲等译,法律出版社 2013 年版,第 538 页。

因此赞同先前行为保证人地位的观点占据了绝大多数。

首先,从平面的社会群体关系说来看。较密切的社会秩序说认为,先前行为"导致或者提高危险者建立了与身陷危险者的密切联系",这种联系具有特别的社会连带性,因此先前行为人承担保证人地位;事先存在的密切关系说认为,密切关系存在于不作为之前,而不是危险发生前,相较而言,先前行为创设的行为人与被害人的关系更加密切和直接。可见,这两个学说都认为,先前行为人和由其导致的受害者之间的关联是直接的、密切的,甚至比其他义务来源更加值得刑法重视。

其次,受到学者广泛欢迎的机能二分说认可先前行为。提出机能二分说的阿明·考夫曼,将先前行为划入监督危险源义务的阵营,这也是目前的通说。具体来说,当行为人实施了一个可能造成法益侵害的行为时,就是向社会引入了某一种本不应当存在的危险,因此行为人有监督该危险使其不发展成法益侵害的义务,若行为人违反该义务而使得法益侵害结果发生,则刑法就被发动起来制裁这种违反义务的行为。但是,先前行为和另外两种监督义务明显有区别。对于管理危险物品或者监督他人的义务,危险尚未在被害人身上成为实害。但是像交通肇事这样的典型的先前行为,实害已经发生(如被害人已受重伤),此时讨论的是是否需要阻止更严重的结果发生(使被害人不会因没有获救而死亡)。所以,学界也有观点认为先前行为是保护法益的保证人类型。如林德(Lund)主张,监督义务建立在保证人和危险源的关系上,危险源对法益而言是一种外在的损害,保证人通过危险源和法益相连;保护义务则是建立在保证人的功能上,这种功能对法益而言是内在保护。监督义务型保证人必须一直支配危险源,将危险源隔离在法益之外,使该危险源不至于给法益带来损害;保护义务型保证人作为社会机制所选定的特定法益保护人,自始至终都在被保护人的领域内起作用。这样就将两种类型的保证人区隔开来,前者在"外部"活动,而后者在"内部"活动。[52] 在林德看来,当行为人实施了一个过失先前行为时确实制造了一个危险源,[53] 既然是"过失",说明行为人并不是有意识地将风险置于自己的支配中,因此在行为过程中对风险的产生或者升高不可能进行"监督"。但是,行为人没有救助那些因其行为而受危害的法益,所以行为人违反了保护法益的保证人义务。

---

〔52〕 参见许玉秀:《当代刑法思潮》,中国民主法制出版社 2005 年版,第 683 – 685 页。
〔53〕 林德将先前行为类型局限为过失加故意的组合,否定故意行为引发作为义务。

罗克辛则认为,先前行为的结果回避义务使得行为人必须消除所制造的危险,表面上属于监督危险源类型,实质是保护法益类型。[54] 罗克辛所说的"危险"和林德所指已经不一样了。后者认为危险源是法益外部而来的损害,先前行为人监督的危险是行为本身的危险。例如,就交通肇事撞伤路人事件来说,林德认为行为人向社会引入的是"驾车"的风险,所以监督危险源是监督驾车的行为本身,而罗克辛认为行为人此时引入的危险是对路人的侵害,因此行为人监督的危险则是这种侵害。这表面上是行为人在控制自己制造的危险之扩大,由于该危险已经发生在被害人领域、给被害人的法益带来影响,和法益之间有了直接联系,所以实际上是保护法益类型的义务。

以机能二分说来提供先前行为的法理根据,受到了不少质疑。从上述几位学者的观点可知,先前行为究竟是监督危险还是保护法益的保证人类型仍有争议。即使能够解决这一问题,由于机能二分说仅仅是一种分类,并不能提供先前行为义务来源的正当性。

再次,管辖理论认可先前行为。雅各布斯区分了组织管辖和体制管辖。在雅各布斯的体系中,先前行为义务是组织管辖中的一种,义务的内容是避免构成要件结果的发生,即救助义务。具体而言,行为人在自己的生活圈内实施某一行为(例如开车上马路),但行为违反了安全义务给他人造成了危险(撞伤人),此时行为人就不再拥有行动自由(不可继续开车离开);如果想恢复行动自由,就必须消除这种危险,使社会回复到安定的状态,也即必须履行救助义务。[55] 雅各布斯指出,任何人都可能对这种不安定的状态进行管辖,但是这里必须找一个最有可能管辖的人,即离该风险最接近的人。这种接近是指法律上的接近,也就是风险的惹起者。例如,交通肇事者撞伤了被害人,并且给其生命带来了危险。此时不仅肇事者,路过的其他人也有救助的可能,但肇事者是风险的惹起者,在法律上与该风险最为接近,所以应由其管辖。[56] 可是,从这样的表述来看,雅各布斯对先前行为保证人地位的肯定并非由其所坚持的管辖理论证得,而是从"必须找到一个管辖者"和"先前行为人最有管辖可能性"这两个理由而

---

〔54〕　Vgl. Claus Roxin, Strafrecht AT Band 2, Besondere Erscheinungsformen der Straftat, Berlin: Beck, 2003, S. 760.

〔55〕　Vgl. Günther Jakobs, Die strafrechtliche Zurechnung von Tun und Unterlassen, Opladen: Westdeutscher, 1996. S. 29.

〔56〕　转引自洪兆承:《评保证人地位法理基础之规范化》,《东吴法研论集》2006 年第 2 卷,第 270 页。

来,进一步说,以法益保护需求和责任分配这类刑事政策为根本依据。

最后,修正的结果原因支配说赞同先前行为这一义务来源。罗克辛支持自己的弟子许迺曼所提出的结果原因支配说,但进行了一定的修正。他将"对结果的原因的控制"标准中"控制"的边界在规范上加以扩大,认为不仅在引发法益侵害的开始,在侵害继续升高、发展的过程中,人们也应当有义务阻止。据此,他不像许迺曼那样将先前行为排除出义务来源,而是予以了肯定。他认为先前行为型作为义务是来自刑法本身的要求。具体来说,从先前行为开启危险的因果流程到法益侵害最终发生的过程中,刑法规范并没有失效,而是持续对行为人起作用。既然刑法要求每一个人不能给他人法益带来风险,刑法也同样会要求每一个人在危险向构成要件结果发展的整个阶段避免该风险的实现。换言之,刑法要求行为人承担制造危险的责任,也就会要求行为人承担危险扩大和升高的责任。[57]但是,这只强调了认定先前行为的必要性,并不能说明先前行为符合"支配"的界定。将控制的边界规范化地扩展,会稀释结果原因支配说中"支配"的内涵,因为行为人对先前行为后危险升高过程的支配,既无法达到作为者对自己的手的支配程度,也缺乏基于社会关联而形成的支配意志。[58]

正是由于上述观点在解释先前行为法理根据的过程中都存在疑问,[59]德国也存在反对先前行为的观点。最有力的反对者当属德国学者许迺曼。他认为,对结果原因的支配是成立保证人地位的根据。其中,支配是指在法益侵害的因果流程开启前就已经存在的控制支配,即事先的常态的支配。例如,恶犬主人对于恶犬、车主对于汽车存在控制支配,不阻止恶犬伤人,或未确保汽车处于适合驾驶状态,都可能承担不作为责任。然而,前行为人对侵害来源或者脆弱法益不存在这种事先的控制支配,不存在支配意愿和信赖行为;先前行为人对于法益侵害结果而言只有一种纯粹的避免可能性,但是这种避免可能性对于成立与作为相当的犯罪来说还远远

---

〔57〕 Vgl. Claus Roxin, Strafrecht AT Band 2, Besondere Erscheinungsformen der Straftat, Berlin: Beck, 2003, S. 762 - 763.

〔58〕 毋宁说,该观点想表达的是,先前行为作为义务的根据源于刑法规范本身,即法规范不仅反对引起危险的行为,而且反对在引起危险后任由侵害进一步发展。这难以和支配建立任何关联。

〔59〕 德国其他的保证人理论也大多赞同先前行为。例如鲁道夫的中心人物理论,以对危险来源的支配和保护支配作为支撑点,该说与下文将介绍的许迺曼的结果原因支配理论基本相当,唯一重大的区别即在于前者承认严格限制意义上的先前行为保证人类型。威尔朴的信赖理论也完全认可先前行为义务类型,诉诸信赖这一规范用语将先前行为和被害人之间建立起联系。

不够。所以,从解释论的角度来看,先前行为不符合德刑第13条第1款所要求的"相当原则",只满足德刑第323c条的要求,行为人制造危险之后不阻止法益侵害结果发生的,根据现行德国刑法只能论以不予救助罪。

许迺曼对德国联邦最高法院以刑事政策上的需求为根据多次肯定先前行为型保证人地位的做法进行了批判,认为这是"不彻底深入研究特殊刑法学理问题"的表现。他以产品回收义务为例认为,如果仅仅依据刑事政策上的理由扩张不真正不作为犯的范围,而不仔细判断是否存在德刑第13条所要求的"对等性",则是违反了罪刑法定原则。不过,从立法论的角度来看,实施了先前行为的人应承担的义务似应不同于德刑第323c条中针对所有人的一般性救助义务,故最好的办法应该是在德国刑法中接受西班牙刑法第195条第3项的立法例,该条规定了不为救助罪的纯正作为犯,并将"行为人造成危险"作为该罪的加重情节。[60]

二、先前行为的典型适用

先前行为在德国的适用相当广,这里仅略述下列几种代表性的或者有争议的类型。

第一,交通肇事与先前行为。对于"被告人过失开车撞了人,为了不被人发现,就在肇事后逃逸"这一类单纯逃逸的案件,德国法院没有疑问地认为,这里存在一个因先前行为而产生的保证人地位。"在被撞人死于车祸时,被告人就应当在自己的故意与一种防止结果出现可能性的条件下"因不作为杀人受处罚。[61] 只是,德国学者更进一步讨论,被告人是否构成不作为的谋杀罪。他们认为,谋杀罪所要求的"为了掩盖罪行"的条件,在这里并不具备。只有"掩盖"才是谋杀,"不予揭露"并不是谋杀。这里缺乏不作为与实行行为之间的等同性。[62]

第二,虚假陈述与先前行为。因为自己的虚假陈述导致对证人的法庭调查,在证人做伪誓时并不阻止的,是否成立伪誓罪的不作为帮助,在德国刑法中得到了热烈的讨论。有观点认为,自己的虚假陈述这一先前行为引发对证人的法庭询问,因此产生了确保证人如实陈述的义务。这种观点明

---

〔60〕 参见〔德〕许迺曼:《德国不作为犯法理的现况》,陈志辉译,载许玉秀、陈志辉合编:《不移不惑献身法与正义——许迺曼教授刑事法论文选辑》,台北春风煦日学术基金2006年版,第655页。

〔61〕 德国《联邦最高法院刑事判例集》第7卷,第287页。

〔62〕 〔德〕克劳斯·罗克辛:《德国刑法学总论》第2卷,王世洲等译,法律出版社2013年版,第594页。

显是对先前行为的理解过于宽泛,现在理论和实践都对这个问题持比较谨慎的态度。以奸夫案为例:在一起离婚诉讼中,被告人 H 否认自己存在婚外性关系,导致了丈夫作为对方当事人请求法庭对 S 进行证人调查。S 在法庭上作为证人虚假宣誓,对与被告人 H 有婚外性关系这一点违反事实地予以了否定。被告人 H 开庭时虽然在场,但没有阻止证人的伪誓。对于这一问题,曾有观点(《联邦最高法院刑事判案集》第 3 卷第 18 页以下)认为,诉讼一方当事人通过违反事实地否认指控,使得对方当事人提出对证人进行调查的,即使没有其他情节,也已经因为他在法庭证据调查过程中没有通过承认事实来阻止证人故意违背誓言而成为伪誓罪的帮助犯。

但是,联邦最高法院合议庭现在认为,被告人 H 在离婚诉讼中否认与 S 有婚外性关系,致使作为对方当事人的丈夫请求对 S 进行证人调查,仅此还没有导致特别的危险状况,也就不能使 H 承担阻止虚假陈述和阻止伪誓的作为义务。不过,有过错的一方配偶存在特别情节,例如离婚诉讼期间还与证人继续通奸关系或者婚外性行为,并因此导致或者至少增高了证人虚假陈述和伪誓的危险,则可能产生作为义务。

对此,学者评价道,证人有真实作证的义务,他必须为自己的陈述答责。只有当他积极地参加到虚假陈述者的犯罪行为中时,共同答责才有可能。同样,即使继续保持通奸关系的场合,也不能改变证人的自我答责性。只有在以下的情况中,才可能存在作为义务问题。即若被告人 H 教唆 S 进行未经宣誓的虚假陈述,而 S 出乎意料地宣誓后作伪誓时不予阻止的,由于人们总是可以预见到证人宣誓情形的发生,这种教唆行为就制造了伪誓的不被允许的风险,因此其不作为可能成立对伪誓罪的不作为帮助。[63]

第三,经营行为与先前行为。经营者的问题是随着德国进入后工业社会以来人们对安全防卫需求的增高而逐渐成为热点的。经营者的法律责任,尤其是刑事责任,受到了越来越多的讨论。最有名的皮革喷雾剂案讨论的就是,经营者无过失地生产出致损产品时,是否有回收产品等阻止损害发生的义务。本书将在第六章详细讨论这一问题。这里,介绍经营者售卖酒精饮料的问题。

被告人经营一家饭馆。午夜时分,三位客人来到饭店。三人之前已经

---

[63] [德]克劳斯·罗克辛:《德国最高法院判例刑法总论》,何庆仁、蔡桂生译,中国人民大学出版社 2012 年版,第 241 页。

都喝过酒了。在被告人的饭店里,他们一起玩骰子喝了 10 到 12 轮的威士忌。凌晨 3 点,他们想开车离去。被告人见他们无法安全驾驶,就建议他们打车走,但是他们没有听从被告人的建议。驾驶者血液中酒精含量达到 2.14‰,同乘的车主则为 1.97‰。行车过程中,由于司机酒后无力驾驶,车从道路上开到田地里,并在那里翻了车。两人受伤。[64]

这个案件要讨论的问题是,饭店老板是否因为没有成功阻止三人开车离去而成立不作为的过失身体侵害罪。联邦法院认为,向顾客或者开车来的汽车司机出售酒精饮料虽然产生了危险,但是,只要顾客在法律上还是可答责的,或者是有限地答责的,饭店老板就没有避免危险发生的义务。不过,如果顾客的醉酒达到了某种程度,使其无法对自己的行为答责,或者存在某些特别情形,例如顾客显然对酒精特别过敏,则饭店老板就必须采取一切可能的和可期待的措施阻止顾客驾车离开。[67]

第四,共同犯罪与先前行为。在共同犯罪中,参与者甲实施了共同故意范围内的犯罪后,又临时起意实施其他犯罪的,参与者乙是否有阻止该结果发生的义务,这在德国司法实践中也常有讨论。一般认为,参与者乙的行为,如果对甲实施的新的犯罪有促进作用,那么乙就应当承担结果回避义务。例如,数被告人进入一昏暗的房间盗窃时点燃火柴照明,离开房间时丢弃了火柴(法院不能确定是由哪一名被告人将火柴丢弃),结果引起火灾,但被告人没有救火即迳行离去。在这个案件中,共犯行为是"盗窃","丢弃火柴引起火灾"属于某个共犯人过失超出共同谋议的实行过限行为;盗窃行为能否产生灭火义务,是追究各被告人不作为放火罪的前提。石勒苏益格(Schleswig)高等法院认为,判断本案中各共犯人是否负有救火义务的关键在于,"数被告人实施的盗窃行为是否包含引发火灾的危险,以及盗窃行为是否'直接'导致了火灾结果"。[68] 由于共同盗窃行为侵犯的是财产法益,该行为无论如何不可能侵犯公共安全法益,火灾的发生与盗窃行为无关,[69]因此共犯人没有灭火的义务。

---

〔64〕〔67〕 [德]克劳斯·罗克辛:《德国最高法院判例刑法总论》,何庆仁、蔡桂生译,中国人民大学出版社 2012 年版,第 243 页。

〔68〕 Vgl. Joerg Brammsen, Die Entstehungsvoraussetzungen der Garantenpflichten, Berlin: Duncker & Humblot, 1986, S. 325.

〔69〕 当然,丢弃火柴的共犯人基于丢弃行为而产生灭火义务。在可以查明丢弃者的情况下,灭火义务的归属没有疑问。在无法查明哪一共犯人丢弃火柴的情况下,由于丢弃火柴的行为不能视为所有盗窃犯共同的行为,全体共犯人均不能因未灭火而被归责。

第四节　本 章 小 结

德国对不真正不作为犯的基础认知是,不作为并不是"被伪装的作为",而是"本来的不作为",保证人地位这一要件要素的存在,使得不作为犯无法适用作为犯的构成要件,而应当适用不作为犯本身的构成要件。由于不真正不作为犯的合法性无法通过解释来证成,因此应通过立法来消除罪刑法定原则对不作为犯的质疑。德国刑法第 13 条"相当性"条款并不是所谓的"等价",不作为和作为无须通过"等价"来等置。再加上不作为犯的适用与后工业社会发展阶段相契合,最终导致不作为犯在德国的成立(较日本而言)更为宽松,实践中适用该类犯罪的空间也更大。

在保证人地位的法理根据问题上,学者们主张的各种学说规范色彩较为浓厚,亦有少数学者从存在论和规范论的折中视角出发来提出观点。主张规范视角的学者都认为先前行为属于不作为犯的重要义务来源之一。但存在论视角下则相反。应当说,目前学理上还难有合适的理论对先前行为保证人地位的法理根据进行说明。德国司法实践则无疑问地认可先前行为型不作为犯。

规范视角有值得借鉴之处。其强调个人在社会生活中的地位、角色,重视其他法领域的义务在刑法中的基础作用。这是因为,其他法领域和刑法领域的义务都发端于社会生活,故可以从其他法领域的义务去寻找其背后所呈现的某个社会领域中的法益关联,再从这种关系中发掘不真正不作为犯的义务。举例而言,刑法规定国家工作人员是受贿罪的主体,国家工作人员这个身份及其保持清廉的义务,作为社会事实的一部分是先刑法而存在的。刑法将其明文规定为受贿罪主体,是尊重生活事实的表现,因为该身份与受贿罪法益本来就存在密切联系。同理,保证人地位也与特定法益有事实上的关联,这种"关联"存在于刑法领域之外;保证人地位也是由社会生活中的特殊地位、特殊关系发端而来。换句话说,其他法领域的义务可以成为寻找法益保护关系的一种途径。规范视角的最大贡献即在于指明,义务主体必须是和某个构成要件所要保护的法益之间存在某种"预先"的关联,并且这种关联并不仅仅用"紧密"就可以描述。

但是,"社会地位""社会角色"这些概念不能直接加入刑法义务中进行认定。在传统的身份犯中,社会角色、社会地位等概念非常重要,因为它们是身份不法建构之前提,它们往往表现出对某一社会领域之法益的特殊影响。不过单以"社会地位""社会影响"尚不足以说明身份不法之实质。例如,医生和牧师都可根据其社会地位而知悉他人秘密,但根据德刑第 203 条,仅处罚医生损害他人秘密的行为,也就是说,不承认牧师能够成立德刑第 203 条所要求的身份不法;再如,对他人进行身体伤害,医生只在不作为的情况下才具有特殊的身份不法,成立义务犯,但公务员即使在作为的情况下也存在特别不法。不仅如此,有些社会地位反而会成为不罚或者轻罚的根据,例如财产所有人自损财产,或者丈夫强迫与妻子性交(适用德刑第 240 条恐吓罪)。所以,实际上还需要更多的事实要素进行判断,以确定某一具体的身份不法的范围和内涵。[70] 就分则各罪而言,某个犯罪是否为义务犯涉及立法者的价值选择:若某义务对于犯罪的值得处罚性有重大影响,则不必考虑行为支配对犯罪的贡献大小,迳以义务的违反与否作为确立正犯之标志。从解释论的角度来看,是一个以目的论解释构成要件的问题,这就包括诸如法益、刑事政策等多种因素。举例来说,建构正犯的"义务",在构成要件中所呈现之形态并不相同,其中大部分义务具有与行为人相关的某种特殊不法。比如职务犯罪中的公务员身份,又如第 203 条中的基于职业的沉默义务,还有背信罪中的财产管理义务。[71] 这些义务都很明显。但也有一些义务隐藏在构成要件中,表面上看起来这些条文是刑法针对每一个人的命令规范,任何人都可以成为这类犯罪的主体,并不是义务犯,实际上从刑事政策来考虑的话,这些条文中都存在旨在限制行为人范围的义务要素,像第 288 条(面临强制执行的债务人)、第 142 条(事故参与人)以及第 121 条(被监禁人)就是如此。这些区别对于适用德刑第 28 条第 1 款极有意义,[72] 表征特别不法的义务犯才适用该款规定。

　　在传统身份犯中尚且如此,在并无刑法明文规定的不真正不作为犯中,完全依赖"社会地位""社会角色"等概念来说明保证人地位就更加不

---

〔70〕　Vgl. Marco Deichmann, Grenzfälle der Sonderstraftat Zum Problem der Subjektsqualifikation durch besondere persönliche Merkmale bei den Aussage-und Verkehrsdelikten, Berlin: Dunker &Humblot GmbH, 1994, S. 36f.

〔71〕　陈志辉:《义务犯》,《月旦法学教室》2004 年第 23 期,第 36 页。

〔72〕　Vgl. Claus Roxin, Srafrecht AT Band 2, Besondere Erscheinungsformen der Straftat, Berlin: Beck2003, S. 108.

可能了,需要将其融入刑事实质法义务。[73] 本书认为至少必须考虑,该社会角色之存在对某个具体情境中的法益而言是否真的有重大影响。具体地说,当我们从刑法外义务追寻到社会生活领域,找到义务主体和法益之间的特殊关联之后,必须回到刑法的视角去检视,在某个具体情境中是否体现出义务主体对法益的那种"保护屏障"关系。

---

〔73〕 有学者指出,身份犯和义务犯有很大区别。从身份犯到义务犯并不仅仅是一个名称的变化,而是发生了质的变化。因为"身份"在刑法中的作用还仅仅是说明某些犯罪的不法,身份犯是构成要件类群(Tatbestandsgruppierung)下的概念;但"义务"已经成为一个普适性的正犯标准,义务犯属于一种犯罪形态(Erscheinungsformen)。具体而言,刑法理论中存在一些对应的概念,它们体现出了不同的不法程度。例如,作为与不作为、既遂和未遂、正犯和共犯。这类概念,可以说是以不同的标准对刑法分则中所有犯罪进行"纵向"剖析所得。刑法理论上以"犯罪形态"的概念对此加以定义,不同的犯罪形态表现出不同程度的不法。不同的犯罪形态之间并不互相影响。例如,判断某个犯罪的既未遂时,正犯和共犯的区分并不因此受影响。此外,还可以将刑法分则进行横向分类,比如亲手犯和非亲手犯,行为犯(Taetigkeitsdelikte)、危险犯(Gefaehrdungsdelikte)和结果犯(Erfolgsdelikte)。这种分类显然和前一种关于不法形态的分类不同,理论上称之为构成要件类群。构成要件类群可能对某一类犯罪形态有影响,但对其他犯罪形态而言并无意义。例如,亲手犯和非亲手犯的区分只对正犯的确定有影响,但与共犯无关;而行为犯、危险犯和结果犯的分别仅对既遂的判断有意义,但就未遂犯而言则没有用处。可见,用以标志构成要件类群的一些特征,并不具有普适性。Vgl. Marco Deichmann, Grenzfälle der Sonderstraftat Zum Problem der Subjektsqualifikation durch besondere persönliche Merkmale bei den Aussage – und Verkehrsdelikten. Berlin:Dunker&Humblot GmbH, 1994, SS. 5–7. Roxin 认为身份犯已经没有什么刑法上的意义了,应解消身份犯,而代之以"义务犯"。参见陈志辉:《身份犯的实质不法内涵》,《台湾本土法学》2006 年总第 84 期,第 121 页。

第四章　不作为犯的限缩定位与
先前行为的法理根据

第一节　不作为犯的限缩定位

日本对不作为犯的研究源自德国,但走出了与后者完全不同的道路,采取了限缩不作为犯适用的态度。要探究这一转变的原因,仍需集中在不作为犯的合法性根据和等价性要件这两个关键因素上。

一、不作为犯的合法性根据

在日本,对不真正不作为犯的研究是从德国继受而来的。19世纪末,冈田朝太郎留学德国,就将"不作为在本质上属于作为的附属,应将不作为向作为靠拢"等不真正不作为犯的基础认知介绍到日本[1]。在不真正不作为犯的处罚根据上,冈田朝太郎持准因果关系说,认为只从表面现象来看不作为自身没有原因力,但从法律上来看,不作为人违反作为义务、不回避结果之发生,故可以作为的因果关系来认定不作为的因果关系,以作为义务为媒介肯定不作为的原因力[2]。

紧接着,作为李斯特拥趸的牧野英一就开始将这个问题导向了违法性说。牧野博士认为,作为义务是违法性要件,其根据有二:一是作为义务的有无与因果关系无关,任何一个人若能够阻止结果发生而不阻止的,他的不作为都是法益侵害结果的原因力。二是从作为的情况来看,有的作为不构成犯罪,是因为该作为与结果之间的因果关系不违法。以此来看不作为也是如此,只有违反义务的人的不作为和结果之间存在违法的因果关系,其他只能以一般生活上的因果关系来对待[3]。关于作为义务的发生根

---

〔1〕[日]福田平:《德国刑法学和日本刑法学的关系:历史的考察》,樊文译,http://iolaw.cssn.cn/bwsf/201001/ t20100105_4604632. Shtml,最后访问时间2021年4月13日。

〔2〕[日]日高义博:《不作为犯的理论》,王树平译,中国人民公安大学出版社1992年版,第14页。

〔3〕[日]日高义博:《不作为犯的理论》,王树平译,中国人民公安大学出版社1992年版,第16-17页。

据,牧野博士指出,应以"公共秩序和善良风俗"作为义务产生根据的合理基础。违法性说在日本同样面临"使构成要件不再具有违法推定功能"的质疑。对此,持违法性说的木村龟二、西原春夫等学者提出了各自的辩解理由,但都站不住脚,相继遭到了多数学者的批判。

小野清一郎提出不真正不作为犯问题应在构成要件相符性上加以解决。他主张,"不作为之所以成为问题","不是由于违法性的原因。问题实际出在构成要件的充分程度上";"不真正不作为犯的问题在于,在什么条件下应以符合犯罪构成要件的实行行为来看待,这是构成要件的解释问题"。因为,犯罪理论必须始终以犯罪构成要件为出发点,"违法的作为要定为犯罪就必须符合这个罪的构成要件,同样,违法的不作为要定为犯罪也必须符合这个罪的构成要件"。[4] 此后,那格勒的保证人说被介绍到了日本,同样主张从构成要件层面解决不真正不作为犯的问题,并引入了保证思想,受到了不少日本学者的支持,原来支持违法性说的木村龟二博士甚至改变自己的观点,转而支持保证人说。[5] 总而言之,20 世纪中叶以前,德日两国在不真正不作为犯的合法性根据上一直保持同步。

第二次世界大战,日本与德国刑法学的学术联系被迫中断,直到 1952 年以后,新的德国文献才又传到日本,尤其是考夫曼的《不作为犯的学理》一书,导致六七十年代不作为犯在日本成为研究热点。考夫曼的学术观点对日本学者的影响相当深远。例如,考夫曼认为不真正不作为犯违反的是命令规范而非禁止规范,这得到了大多数日本学者的肯定。至于处罚不真正不作为犯是否违反罪刑法定原则的问题,"在日本刑法学上给予了严肃认真的讨论"。[6] 在不作为的本质上,以结果无价值为主流的日本学界更认可不作为系"被伪装的作为"之说,认为那些在刑法中看起来是作为的规定,利用文理解释就能够将不作为包括进去;"禁止惹起结果"的禁止规范也包含"在特定场合必须实施一定的行为"的命令规范。因此,不作为之所以能够与作为等置,不是不作为实现了法律规定的要求出于作为所实现的构成要件,而是不作为实现了构成要件,由此该当了处罚通过行为(作

---

〔4〕 [日]日高义博:《不作为犯的理论》,王树平译,中国人民公安大学出版社 1992 年版,第 26 页。

〔5〕 [日]日高义博:《不作为犯的理论》,王树平译,中国人民公安大学出版社 1992 年版,第 26–28 页。

〔6〕 [日]福田平:《德国刑法学和日本刑法学的关系:历史的考察》,樊文译,http://iolaw. cssn.cn/bwsf/201001/ t20100105_4604632. shtml,最后访问时间 2021 年 4 月 13 日。

为或不作为）而实现构成要件的罚则。[7]

综上所述，从 18 世纪开始直至 20 世纪 70 年代，不真正不作为犯的发展始终由学界带领和推动，问题意识集中在不真正不作为犯的合法性根据，或者说不真正不作为犯与罪刑法定原则的关系上。比较德日两国的发展历程，日本学界在战前一直维持对德国的跟随态度，但这一现象在第二次世界大战之后发生了微妙的变化，主要是对不作为的本质认识产生了不同看法，就不作为究竟是"被伪装的作为""违反包含在禁止规范之内的命令规范"，还是"本来的不作为""违反命令规范"，日本学界更倾向于前者，而德国深受后者的影响。在这一分歧之上，两国对于不作为犯的合法性根据发生了认识偏差：德国认为不真正不作为犯的合法性无法通过解释来证成，且不作为和作为无须通过"等价"来等置，而日本则持完全相反的观点。

二、学界对"等价性"的看法

当德国学者为"等价性"的含义冥思苦想之际，日本学者也在对这个概念展开讨论，研究不真正不作为犯的成立条件，以及等价性在不真正不作为犯中的定位。考夫曼所提到的等价问题，也成为很多日本学者研究不真正不作为犯的出发点。例如，学者日高义博就认为不真正不作为犯课题主要是等价问题，其实质是"不真正不作为犯和作为犯既然其存在结构不同，又为什么可以在同一犯罪构成要件下予以同等评价"。[8]　日本学者接受了"只有当作为和不作为在违法和责任程度上完全等值才能等置于同一构成要件中"的观点，等价性成为不作为和作为等置必须考虑的重点。至于何谓等价性，日本学者的研究成果明显要丰盛很多，主要有以下几种代表性的观点。

第一，等价性是作为义务之外的不真正不作为犯的成立要件。针对等价性的内容，又可分成以下几种观点。

（1）等价性应综合判断。这种观点受到的是德国学者考夫曼新保证人说的影响。因为考夫曼要求，不真正不作为犯适用作为犯的构成要件的条件在于，违反命令规范的不作为和作为构成要件中的作为在违法和责任的内容上相等，即不真正不作为犯的成立条件除了保证人地位外，还有当罚性上的

---

〔7〕　参见［日］山口厚：《刑法总论》，付立庆译，中国人民大学出版社 2018 年版，第 76 页。赞成的还有山口、西田、曾根等。也有少部分学者如松宫孝明坚持认为，在没有刑法条文明确规定的情况下，处罚不真正不作为犯违反了罪刑法定原则。

〔8〕　［日］日高义博：《不作为犯的理论》，王树平译，中国人民公安大学出版社 1992 年版，第 34 页。

等价值。平场教授和内藤谦教授是这一观点的支持者。他们认为,"不是所有违反作为义务的不作为都能认为是实行行为,只有和作为视为同价值的不作为才是实行行为"；[9]"该不作为在存在保障人的地位之外,考虑各种情况,而与以作为来实现构成要件具有同等价值。在此范围内,该不作为就作为实行行为而被类型化……在此意义上,不纯正不作为犯的成立要件,除保障地位(作为义务)之外,同时还有所谓等价值性的要件"。[10]

（2）等价性应从客观方面判断。日高义博主张,在作为义务中考虑等价值的观点不能解决等置问题,因为不真正不作为犯和作为犯最大的区别在于存在结构上的不同；有作为义务之人和无作为义务之人的不作为从表面上看都不具备原因力,作为义务本身不可能产生原因力。因此,他也支持在作为义务之外讨论等价值。但是对于前述平场教授和内藤谦教授的观点,他又认为这种综合的价值判断,判断标准不明确,最终容易导致以社会伦理判断来衡量的局面；等置问题的解决标准应在于构成要件的等价值性,并且包括三个具体内容:犯罪构成要件的特别行为要素、该行为事实,以及不作为人的原因设定。前两个标准考虑犯罪构成要件的特殊性,起到滤除不可能由不作为构成的犯罪构成要件的作用,即限定等价值的判断对象；后一个标准决定不作为和作为实现的犯罪是否具备足以被等置的价值。[11]

（3）等价性应从主观方面判断。川端博认为,不真正不作为犯的成立要件有五个,包括不作为的行为、作为的可能性和作为的等价值性、不作为与结果的因果关系、保证人地位和作为义务,以及主观上的故意和过失。至于什么是等价,他认为只有当不作为人主观方面是积极的故意时,该不作为才与作为等价。因为,未必的故意属于"消极的存在",而不作为也是"消极的存在",两者相加,消极性更加显著,不能与积极作为等价。[12] 藤木英雄也持类似见解,最早是从主观方面对形式作为义务进行限定的,形式作为义务和主观的利用意思共同作为判断依据。具体而言,存在形式作

〔9〕　[日]日高义博:《不作为犯的理论》,王树平译,中国人民公安大学出版社1992年版,第103页。

〔10〕　[日]内藤谦:《刑法修改和犯罪论》(下),有斐阁1976年版,第439页。转自林亚刚、黄鹏:《等价性在不纯正不作为犯罪中理论地位研究》,《西部法学评论》2014年第4期,第36页。

〔11〕　从日高的观点来看,作为义务本身的研究价值是比较小的,关键是等价性的问题。如他表示,"根据日本民法第八百二十条的监护、教育义务,母亲有阻止孩子盗窃行为的法定作为义务,而且也有行为的可能性。问题只是是否存在构成要件的等价值性"。这说明日高在不真正不作为犯的成立判断上,采用的是形式法义务加等价性判断的做法。参见[日]日高义博:《不作为犯的理论》,王树平译,中国人民公安大学出版社1992年版,第108－115页。

〔12〕　[日]川端博:《刑法总论讲义》,成文堂1997年版,第218－219页。转引自林亚刚、黄鹏:《等价性在不纯正不作为犯罪中理论地位研究》,《西部法学评论》2014年第4期,第36页。

为义务的情况下还不能认定不作为和作为等价,还要通过主观方面的情况来判定,即"行为人必须具有利用已经发生的事态,至少是故意放任的心理态度,而对于结果的发生仅仅具有容忍是不够的"。有名的案例是,"杀害养父事件",[13] 日本大审院根据行为人处于该房屋的占有者或者所有者的管理人地位、行为人具有隐灭罪迹的目的,判定行为人的不作为和"向自己所有的现住建筑物放火罪"要求的作为等价。[14]

第二,等价性在作为义务中考虑,具有作为义务就有等价性。这种观点明显受到了德国学者那格勒的保证人说的影响。该观点认为构成要件中既包括禁止规范,也包括命令规范,因此不作为也可以实现作为犯的构成要件。不作为能够等置于作为实施的犯罪,是因为存在保证人地位。有保证人地位(义务)也就存在不真正不作为犯与作为犯的等价值。据此,在作为义务之外再探讨等价性的做法并不妥当。福田平教授就指出,"为了能说明该不作为与作为的实行行为在构成要件方面价值相等,必须以该不作为人和被侵害法益具有特殊关系为前提,即该不作为人必须是负有防止构成要件结果发生这一法律上的义务的人"。[15] "将等价值性这种漠然的价值判断直接放入构成要件当中,则法的明确性和法的安定性无从谈起,与其将作为义务作为一个独立的要件把握,倒不如将其作为对实行行为进行类型化的一个要素来把握,或许更能维护法的安定性一些。因此,等价值性要素是作为义务内容的一部分。"[16] 以此为基础,对等价性的考虑又分为以下两种观点。

其一,等价性是为实质意义的作为义务发生根据提供基础、限制作为义务发生根据的原理。代表学者是平野龙一、福田平、西田典之。[17] 西田

---

〔13〕　大判大正71218刑录24辑1558页。甲与养父乙发生争吵,甲刺死了乙,但争吵途中乙扔向甲的带火的木材延烧点燃了住宅内的稻草,火势蔓延开来。明明很容易扑灭火势,但甲考虑到,不如这样燃烧下去(将尸体、房屋、证据物件一起烧掉),倒可以掩盖犯罪事实,于是放任火势蔓延,最终烧毁了房屋以及邻居的一间库房。[日]西田典之:《日本刑法总论》,刘明祥、王昭武译,中国人民大学出版社2013年版,第91页。

〔14〕　代表学者是藤木英雄。理由是,"尽管不作为也是因为违反作为义务而违法的,但其违法性比因为引起结果而违法的作为要弱,所以对这种客观方面的不足有必要通过主观方面来加以弥补"。这一观点与日本判例相吻合,但其无论在实践中还是理论上都不妥当。如,既然对不作为犯的处罚是按照作为犯的条款进行的,那么在作为犯中并不要求有积极利用意思的情况下,额外要求不作为犯必须有这一要件就有了矛盾;再如,过分注重主观方面,会疏忽对作为义务的判断,导致处罚范围不当扩大或者缩小。黎宏:《刑法总论问题思考》,中国人民大学出版社2007年版,第139页。

〔15〕　转引自[日]日高义博·《不作为犯的理论》,干树平译,中国人民公安大学出版社1992年版,第102页。

〔16〕　[日]福田平,大塚仁:《对谈刑法总论(上)》,有斐阁1986年版,第134-135页。

〔17〕　张明楷:《外国刑法纲要》,清华大学出版社2007年版,第102页。

教授认为实质作为义务之判断就是等价性判断,"如果认为作为是指向结果的因果设定,不作为便属于因果过程的放任。为此,不作为要与作为具有构成要件性等价值,不作为者就必须将正在发生的因果流程控制在自己的手中"。西田强调了基于自己意思的排他支配,以及虽非基于自己的意思偶然取得领域性支配,但具有某种社会持续性保护关系的场合,这两种情形都可以说不作为和作为具有构成要件性等价值。[18] 山口厚教授也在实质法义务的论述中以"等价"作为出发点。

其二,等价性是通过对作为义务强弱的衡量,来决定该不作为等价于哪一犯罪。大谷教授认为,当行为人违反了相同种类的作为义务,但却可能符合不同构成要件时,此时必须根据等价值性的观点来解决,例如"就保护责任者遗弃致死罪和不作为的杀人罪中的作为义务来看,两者都以必须对要受扶助者提供保护为作为义务的内容,但在保护责任者遗弃罪的场合,该违反具有对生命造成危险程度的义务违反就够了",可见,某个案件中被害法益受危险的程度即为等价性判断的对象,这与大谷教授将作为义务和实行行为重合的缘故有关,不过这样一来就会出现"符合杀人罪的作为义务"和"符合保护责任者遗弃罪的作为义务"。[19]

从以上的介绍可以很明显看到:一些学者受到考夫曼的观点的深刻影响,将等价性视为极为重要的因素,而另一些学者仍然接受那格勒的观点,认为等价性只应放在作为义务中考虑。但无论如何,日本对等价性的认识,一直是作为不真正不作为犯成立的要素来考虑的。无论是放在作为义务中,还是放在作为义务外,都与犯罪成立相关,而不像今天德国的主流观点那样,将其作为正犯判断要素。

三、刑事立法与限缩定位

如果说学术理论的流变还只是慢慢将两国推向不同的轨道,则立法就是承接学术变化、定位不作为犯的关键。如前所述,德国在 1975 年以刑法第 13 条对不真正不作为犯作出了明确规定。与此相反,日本虽然几次三番将不真正不作为犯写入刑法草案,但最终还是删除了该规定。有无总则

---

〔18〕 可见,西田教授的学说贯彻了在构成要件层面论证等价值性的观点,并且使用了"因果过程"作为关键概念。然而,他与德国不真正不作为犯历史上的因果关系说已经完全不同,后者是以证明不作为与结果间存在因果关系来证明不真正不作为犯处罚之正当性;而西田教授表面看是对自然因果过程的考察,实际上是以对因果流程的支配度来考察不作为的违法程度是否能够达到作为的程度。

〔19〕 西田教授对此表示了反对。参见[日]西田典之:《日本刑法总论》,刘明祥、王昭武译,中国人民大学出版社 2013 年版,第 89 页。

性规定,是两国对不真正不作为犯进行不同功能定位的关键征表。

日本一开始紧跟德国,在 1927 年刑法修正预备草案和 1931 年刑法修正草案都规定了不真正不作为犯。但第二次世界大战以后,日本的修法基调开始发生变化。1961 年的刑法修正预备案对不作为犯的成立规定严格起来,到 1974 年,草案更是删除了有关先前行为的规定,同时加上了义务主体必须具备"防止可能性"这一责任能力要件和"特意地不防止结果发生"这一主观上的特别要件。所谓"特意"是指"利用既发的危险性"的积极意思,仅仅有未必的故意并不能成立犯罪,在结果发生之前为了防止结果发生而做出了真挚的努力的,也不属于"特意",不成立不作为犯。不过,这样的从严规定也没能保留,日本立法者最终索性删除了不作为犯的规定,现行刑法中已没有不作为犯的身影。[20]

立法上这种不断从严直至删除的态度,一方面与学界所持的不作为犯合法性根据有关。如前所述,日本在这一问题上与德国产生了偏差,学界主流认为,以"禁止规范包含命令规范、不作为和作为都能够成立原本就包括两种行为类型的构成要件的犯罪"这样的观点来缓和罪刑法定原则的质疑就足够了,这一偏差向立法传导,使得日本的立法者认为,在法律上明确规定不作为犯的必要性不大,于是逐渐脱离德国的立法轨迹。另一方面,该转变与实践中监督过失理论在日本大行其道有关。日本在 20 世纪 60 年代以后也面临企业、政府等组织体犯罪难以规制的问题,学者们为此提出了所谓的"监督过失""管理过失"理论,根据该理论,过失犯中没有必要区分作为和不作为,通过认定行为人的注意义务就能够认定犯罪,而不需要通过不作为犯来处理。日本法院适用该理论成功处理了诸如"森永奶粉中毒案"等案件。申言之,日本通过对过失犯进行改造来满足治理需求,弱化了适用不作为犯的必要。

日本的立法变化,传递了一种限制适用不作为犯的信号,导致了不作为犯在日本的刑事治理体系中维持着保守状态。具体而言,第一,不作为犯附属于作为犯的定位明显。日本的教科书中,不真正不作为犯一般放在构成要件的行为部分,在论述了作为以后进行探讨,[21]而无法像德国那样"自成体系"。[22]

---

〔20〕　洪福增:《刑法理论之基础》,台湾刑事法杂志社 1977 年版,第 223 页。

〔21〕　日本学者山口厚和西田典之的教科书中就作如此安排。而深受德国刑法学影响的学者松宫孝明的《刑法总论讲义》则是在"因果关系与客观归责"之后,"违法阻却"之前讨论不作为犯。

〔22〕　德国的刑法教科书多将不作为犯单列,系统讨论不作为犯的构成要件、不作为犯的未遂、不作为正犯与共犯的区分,作为和不作为的区分与竞合等问题。参见[德]约翰内斯·韦塞尔斯:《德国刑法总论》,李昌珂译,法律出版社 2008 年版;[德]冈特·施特拉腾韦特、洛塔尔·库伦:《刑法总论 I——犯罪论》,杨萌译,法律出版社 2006 年版;Georg Freund, Strafrecht Allgemeiner Teil, Berlin: Springer-Verlag, 1998.

其中,作为义务不属于主体要素,而是内化为行为要素的一部分。所谓的不作为,就是不履行作为义务的行为。这种安排,明显将不作为视为特例。司法实践中,只是在作为犯无论如何也无法适用而法益保护需求极高的情况下才肯定不作为犯的成立,不倾向于大面积展开适用。第二,不作为犯的入罪门槛较高,适用范围较窄。"不作为和作为必须等价值,才能对不作为进行处罚"这一点深入人心,所谓"利用既发危险的意思"就曾是学理上对"等价"的一种理解。虽然日本之后整体删除了该规定,但司法实践中对于"等价"的要求还是没有变。这从日本的判例就可以得到佐证。目前,日本没有以不作为为理由援引第 66 条关于"根据犯罪情节减轻刑罚"的规定的判例,这说明司法判决不承认不真正不作为犯刑罚的任意减轻。[23] 绝大部分日本学者遵循判例的立场,[24] 认为不真正不作为犯该当作为犯的处罚规定本身,而非扩张后的构成要件。[25]

第二节　限缩定位下的保证人理论

一、日本的保证人理论

在对不作为犯采取的限缩定位下,日本的保证人理论总体上依循事实化路径,但纯粹事实化难免有缺陷,因此也存在向规范化转向的主张。

（一）事实路径

在日本,不真正不作为犯同样经历了从形式法义务向实质法义务演进的历程。以前,法律、合同、习惯、条理被称为形式法义务的四大来源。[26] 在发现了形式法义务过于扩大处罚范围的缺陷之后,日本就开始寻找实质法义务理论,在实质法义务理论研究上,日本学者们都在研究如何用事实因素来界定实质法义务,推崇"去规范化"以寻求法的安定性。学者们认为,"保证人地位的实质法理"是以"和作为等价"为目标的,应将保证人地位的理论根基牢牢锁定在刑法本身,面向法益损害,将重点放在存在结构上,寻找

---

〔23〕 以"不作为"和"减轻"为关键词检索日本判例,在判例中没有找到直接以不作为为理由减轻的案件。http://www.courts.go.jp,最后访问时间 2017 年 9 月 20 日。

〔24〕 有极少数的学者从日本有名的不作为杀人的［シャクティ］判决结果推断出裁判所在判决时对不作为有从轻的倾向。该案中,行为人将被害人从医院带到旅馆里进行所谓的［シャクティ］治疗,被害人因得不到医疗救助而死亡。日本法院一审以作为的杀人罪对被告人判处 15 年徒刑,但二审改为不作为的杀人,处刑 7 年。

〔25〕 参见［日］山口厚:《刑法总论》,付立庆译,中国人民大学出版社 2018 年版,第 80 页。

〔26〕 参见［日］前田雅英:《刑法总论讲义》,东京大学出版会 2003 年版,第 137 页。

作为和不作为的差别并填补之。这种事实化的努力大致可分为三派。

第一派的代表是日高义博的"先前行为说"。该说将重点放在存在结构上，强调作为和不作为在结构上的根本差异，即作为是具有"引起结果发生的原因力"，而不作为没有这种原因力，只是利用了因果过程。为了使不作为向作为靠拢，必须使不作为也具有这类原因力，即"不作为人在实施该不作为前，必须是亲自设定了面向法益侵害的因果过程"，这里所谓的"设定的原因力"，即故意、过失的先前行为。[27]

第二派的代表是前田雅英的多元说。前田雅英教授认为，应从以下几个方面判断作为义务：第一，行为人接受了危险，能够控制危险；第二，造成结果发生之危险的重大原因是否由行为人提供，例如先前行为；第三，是否很容易采取回避结果发生的措施；第四，现场还有没有其他人可能防止结果发生；第五，行为人和被害人之间基于法令、契约等产生的关系；第六，当有其他参与人时刑事责任应如何分配。[28]　前田教授事实化的努力在于：首先，第一和第二、第五点都是以前的形式法义务来源，前田教授进行了一定程度的事实化，如强调"危险接受""危险的重大原因"等，这比单纯说"基于习惯条理而产生作为义务"要明确得多，不过，前田教授并没有进一步对"接受危险"和"创出危险""契约法令"等作出实质的解释。其次，第三、第四、第六点，即作为的容易性、支配的排他性程度、刑事责任的分配也体现了前田教授将等价性要件事实化的特点。但这种事实化太过宽泛，即既包括以明确的要件呈现出来的方式（将等价性要件事实化为"作为容易性"和"支配排他性"两个要件），也包括根据案件整体的处理情况来判断（在考虑责任分配的基础上考虑作为义务存否之判断）。

第三派是堀内捷三的事实承担说、西田典之的因果经过支配说。佐伯仁志与桥爪隆的排他支配加附加条件说也建立在此基础上。前者从法益保护出发，认为当具体的依赖关系存在于行为人与某一受保护法益之间时，就应当将不作为视为作为。依赖关系的成立必须满足如下因素：第一，开始实施维持、继续法益的行为，如开始给婴儿喂食；第二，反复持续实施这种承担行为；第三，行为人在避免结果发生这方面具有排他性，即其将因果关系的发展进程控制在自己手中。[29]　建立在事实承担说的基础上，西

---

〔27〕　［日］日高义博·《不作为犯的理论》，王树平译，中国人民公安大学出版社1992年版，第111页以下。

〔28〕　参见［日］前田雅英：《刑法总论讲义》，东京大学出版会2003年版，第138页。

〔29〕　参见［日］堀内捷三：《不作为犯论》，青林书院新社1978年版，第249页。

田典之的因果经过支配说认为,考虑到作为和不作为在存在结构上的不同,即作为是"指向结果的因果设定",不作为是对"因果过程的放任",要使两者具有构成要件性等价值,"不作为者就必须将正在发生的因果流程控制在自己的手中"。具体来说,具备以下条件之一时即产生作为义务:一是具有事实上的排他性支配的场合,即不作为人根据自己的意思进行排他性支配,或设定排他性支配,如基于收养关系而生的作为义务;二是具有支配领域性的场合,行为人并非基于支配意思,而是事实上取得支配因果经过的地位,此时应将义务主体限定为具备"规范要素"的行为人,例如建筑物所有人等这类以其身份和社会地位而在社会生活中负有继续保管、管理义务之人。[30]

　　堀内教授的学说,应该是将事实化进展到极致的学说,该研究方法得到了结果无价值学者的高度赞同。堀内教授的事实化努力表现在,首先,将形式法义务用事实化的要素表达出来。所谓"开始实施维持继续法益的行为"就是指行为人和法益建立一种关系,但这还不足以表明存在"具体的依赖关系",还必须是反复、继续实施这种行为,才能认为行为人有承担该法益的意图和事实,这样的表述,较前田的"危险的接受"又有了更细致的说明。但是,堀内教授的完全事实化,是指在刑法作为义务的证明过程中,完全抛弃规范所起的作用。以父子关系这样的规范要素为例,堀内教授的事实承担说强调行为人和法益之间要有"具体依赖关系",所谓"具体依赖",是根据案件具体事实来判断,而与父子关系之间的依赖无关。堀内教授认为应该考虑"开始承担并且反复继续实施承担行为,而且行为人将因果关系的发展完全掌握在自己手中"这三个要素,很明显,三个要素都要根据案件中法益依赖的情形做出具体判断,但这就产生了不合适的结论,如若父母一开始就不喂食,那么就完全没有"开始承担法益"的行为,或者说就没有所谓的"危险接受",所以父母就无法承担刑事责任,然而,父母对刚出生的婴儿实际上是基于社会事实而事先就具有了对婴儿生命法益的支配,这里根本就不需要判断是否"接受危险"。结论上的不妥当使我们不能不质疑这种事实化的正确性。

　　西田典之采用"支配关系的排他性"这一要件来说明支配的程度。西田教授对实质法义务的事实化表现在:第一,必须有排他性支配(支配领域性也是对排他性支配的表述);第二,必须根据自己的意思进行支配或者有社会持续性保护关系地支配。这里统一用了支配概念。不管是自己意思

---

〔30〕　〔日〕西田典之:《日本刑法总论》,刘明祥、王昭武译,中国人民大学出版社2013年版,第94－95页。

的支配还是社会持续保护关系下的支配,已经传达了这样的观点:行为人必须或通过自己主动取得或通过社会制度之安排,事先对法益有控制。但是,这一概念在日本也受到了猛烈的抨击。岛田聪一郎指出:第一,排他性支配是从法益保护的观点出发而对刑法介入的必要性提供理论根据,而不是对该不作为者应该实施救助行为这一点提供理论根据。也就是说,排他性只是"量"的要素,或者说是单独正犯性要件,而不是"质"的要素。第二,排他性支配不能构成不作为的共犯的作为义务根据,因为在共犯以作为的正犯为媒介引起法益侵害结果的场合,共犯并没有"掌握指向结果的因果趋势"。西田教授回应道,不作为的共犯一般都是作为片面共犯而存在,不可能基于自己的意思进行事实支配,但是他通过正犯而偶然地获得领域性支配,所以只要此时不作为人具有社会功能地位,则符合"领域性支配"类型,[31]换句话说,这里存在所谓的"修正的支配",共犯利用正犯而间接掌握整个因果趋势,所以虽然直接排他支配犯罪的是作为的正犯,但是共犯也存在修正的支配,仍然符合因果经过支配说。山口厚对此进一步作了批判:"排他性"支配和"同时犯"在概念上的不相容,这是因果经过支配说的缺陷。"排他性"对同时共犯而言是不必要的,例如数人无共谋地分别对同一个计划入公司盗窃的人提供侵入公司的路线(同时帮助),数人都能成为盗窃罪的共犯,但是都不具备排他的支配或者修正的排他的支配。不仅如此,在同时正犯的场合道理也是一样,例如同时过失犯。此外,在利用有故意的人的间接正犯的场合,间接正犯者也不能说对整个因果流程存在"排他的支配"。[32]所以,山口教授认为,"排他性"并不是必需的要件;因果经过支配说将"掌握指向结果的因果趋势"作为划定保证人地位的界限之着眼点,可以说极为正当,但是"即便在作为犯中也不要求对因果经过的支配要达至最后"。[33]

不仅如此,若将排他性支配视为作为义务之成立所必须考虑的因素,可能轻纵犯罪。在有多人在场的情况下,有义务者不具备"排他性支配"的要件就不可能成立不真正不作为犯。例如,10个人在岸上围观,不救助落水儿童,围观者中有一人是该儿童的父亲。此时,父亲对于落水的孩子并不具有排他的支配,按照上述观点的话就不可能成立故意杀人罪。而根据西田教授自己的看法,遗弃罪和杀人罪的作为义务不存在程度区分,上述案件也无法通过退而认定保护责任者遗弃罪来保护法益。但是,对于该

〔31〕　[日]西田典之:《不作为的共犯》,王昭武译,《江海学刊》2006年第3期,第27-35页。
〔32〕　[日]山口厚:《出于不作为的杀人罪》,付立庆译,《刑事法判解》2009年第1期,第392页。
〔33〕　[日]山口厚:《出于不作为的杀人罪》,付立庆译,《刑事法判解》2009年第1期,第394页。

例,除父亲之外其余的 9 个人既然没有义务救助,则其存在对于儿童而言就是一个机动因素,即他们可能会也可能不会救助该儿童,这种可能性不应作为影响义务人刑事责任的因素。[34]

（二）规范化的转向

岛田聪一郎所主张的"危险创出说"认为,刑法处罚不作为只是自由主义的例外,必须进行限制;保证人地位的法理依据是,只有当行为人的行为可能使法益风险增高时,才能要求行为人承担某些义务而使自己的行动自由正当化。这样一来,先前行为创设危险就是保证人地位的基本类型,不过岛田聪一郎考虑到不作为犯的范围过窄,所以认为除了先前行为之外,还包括"作为社会分工合作的结果而主动承担的社会功能",即主动承担之保护法益或监督危险源的社会功能,[35]这实际上就是加上了德国的"机能二分说"。总之,这个观点认为赋予行为人义务的根据是因为行为人使法益风险增高,此时行为人就没有行动自由了,必须按照法律要求的行为来行动,即履行消除风险的义务。采此一作为义务法理的话,先前行为无疑是最主要的作为义务来源。与日高义博遇到的质疑一样,有些情况下根本没有制造危险的前行为却仍然需要承担作为义务,所以,他们又加上了机能二分说进行补充。需要注意的是,虽然和先前行为说一样,都强调"先前行为"的存在,但日高义博是从存在结构上分析得出的结论,而危险创出说显然是建立在违法性角度上的分析。

山口厚主张,将"结果原因的支配"作为判断作为义务之标准。山口教授认为,法益侵害可以分为从潜在危险源出发,危险被制造或升高直至法益侵害结果实现的场合,以及易被侵害的法益之脆弱性显性化,侵害的危险增大并向结果实现的场合。又由于法益侵害的有无之考量取决于被针对法益之危险程度和法益一方的防御程度,所以结果的原因支配可以分为以下两种:对危险源的支配和对法益脆弱性的支配,前者指对危险物进行管理的场合,如进行汽车驾驶的场合,后者指保护责任之承担,如父母养育婴儿。只要具备任何一种都可以成立作为义务。[36] 这一学说抛弃了"排他性支配"的限制,而其形式法义务实质化的努力显然借鉴了带有规范色彩的机能二分说。

---

〔34〕 认识到这一点在我国的意义比较大,对于我国经常讨论的"多人围观、无人援手"的场合,如果不让保证人承担责任对于法益保护而言极为不利。

〔35〕 [日]曾根威彦,松原芳博:《刑法总论》,成文堂 2008 年版,第 48 页。

〔36〕 [日]山口厚:《出于不作为的杀人罪》,付立庆译,《刑事法判解》2009 年第 1 期,第 395 页。

二、评价

日本学者之所以对作为义务采事实化研究方法,是基于这样的基础认识:作为义务是实行行为的一部分,实质作为义务之判断即是对实行行为的判断。结果无价值占主流的日本不主张"义务犯"概念,所以不真正不作为犯看来并不会有所谓"身份不法"。但是,完全事实化的做法似乎并不成功。在笔者看来,高度赞扬事实化做法的西田典之,并没有将形式法义务根据完全还原为事实要素,在他所举的第二种情形下,即在非基于支配意思的场合,又承认规范要素起着必要的作用,实际上是通过规范来确立支配,而"基于支配意思的支配"也可以规范化地表述为行为人通过自己的行为事先取得了一种控制支配。所以,如果不看西田教授的"排他性"这个要件的话,几乎可以说是一个规范的"支配"学说。再看山口厚教授的学说更是如此,明确采用"对危险源的支配"和"对法益脆弱性的支配"概念,反而没有看到其事实化的努力。日本对实质法义务的研究也呈现吸收规范要素的趋势。

综上,日本刑法理论强调对作为犯和不作为犯进行对比,寻找两者在因果流程上的事实差异,然后在保证人地位中弥补这种差别,先前行为说、排他支配说是其代表。德日保证人理论的发展对比可知,从前刑法中寻找的保证人根据,规范色彩浓厚,其更具弹性,包容力也更大,但可操作性较弱;从刑法中面向具体法益侵害流程寻找的保证人根据,事实要素强烈,其可操作性更强,含义更清晰,但张力较小,范围更窄。

第三节　限缩定位下先前行为的法理根据与典型适用

一、先前行为保证人地位的理论现状

虽然有部分赞同的学说,但基于整体的实质法义务理论的事实化研究路径,多数学者都纷纷将先前行为排除在作为义务之外。

在日本,支持先前行为的实质法义务理论以先前行为说和危险创出说为代表。如根据日高义博的观点,"先前行为"已经从一个义务来源上升到所有作为义务的实质根据,也就是说,视先前行为为作为义务之实质法理依据,则先前行为必然是最符合这一根据的类型。但是,上述观点并不为大多日本学者所赞同,认为其仅注意到了不作为与作为在存在结构上的不同,仅从因果关系的角度出发而没有从违法性的角度出发判

断二者等价问题。例如,是否只要先前行为和结果之间存在条件关系、客观上可能避免结果发生时,就成立不作为犯? 此外,有些不作为并非在因果流程前设定了原因力而成为犯罪,例如父母不给婴儿喂食。简言之,该说没有从实质讨论作为和不作为,而且会不当扩大或缩小不作为犯的范围。[37]

根据危险创出说,只有当行为人的行为可能使法益风险增高时,才能要求行为人承担某些义务而使自己的行动自由正当化,则先前行为创设危险就是保证人地位的基本类型。不过,这一理论没有得到广泛认可。"先前行为制造或增高了法益侵害之风险,必须履行同时存在的阻止风险之义务,以确保行动自由正当化"这样的法理,雅各布斯也曾经表达过,"行为造成社会不稳定,就不应拥有行动自由,如果想要回复行动自由,必须回复社会相当状态"。许迺曼教授批判道,这只是为危险前行为型保证人地位提供了一个规范性前提要件,却无法证明作为和不真正不作为之间的对等性。[38] 山口教授做了更细致的反驳:首先,这种使得行动自由制约正当化的作为义务只是列示了使不作为处罚正当化的一个要件,要使不作为和作为等价还必须考虑其他要素;其次,这种作为义务固然可以被理解为针对先前行为而生的使其正当化的条件,但也可以理解为针对刑法上的法益侵害结果之义务,即先前行为产生法益侵害结果时,消解危险的义务;最后,有些没有增加法益侵害风险,反而是减少风险的行为,如交通肇事后将被害人放入自己车内欲送医院的,也存在作为义务,可这就与二人所主张的理论有矛盾了。[39]

以前田雅英教授的多元说作为先前行为的法理根据也不尽如人意,存在理论上的根本缺陷。该理论通过作为容易性、作为可能性等各种要素肢解作为义务,以期形成事实化的作为义务程度说,但是,第一,"履行义务的话法益获救的可能性越大则存在作为义务的可能性就越大","越容易实施义务回避结果的,就越可能成立作为义务"这些论断均有疑问。履行义务时法益获救的可能性仅与因果关系所要求的盖然性程度相关,实施义务的容易性则属于作为可能性的范畴。这两类因素在程度上的增加,无论如何不可能质变为履行义务的必要性和正当性,即作为义务。可见,这种做

---

〔37〕 参见黎宏:《刑法总论问题思考》,中国人民大学出版社 2007 年版,第 140 页。

〔38〕 参见[德]许迺曼:《德国不作为犯法理的现况》,陈志辉译,载许玉秀、陈志辉合编:《不移不惑献身法与正义——许迺曼教授刑事法论文选辑》,台北春风煦日学术基金 2006 年版,第 640 页。

〔39〕 参见[日]山口厚:《出于不作为的杀人罪》,付立庆译,《刑事法判解》2009 年第 1 期,第 393 页。

法会导致作为义务与因果关系、实行行为甚至罪责要素之间的混淆。第二，作为义务是否具有程度上的不同，杀人罪和遗弃罪的区别是否在于作为义务程度的不同，还存在极大争议。西田典之即表示，遗弃罪是对生命的危险犯，保护责任者遗弃致死和不作为的杀人罪之间的区别，并不在于作为义务轻重程度的不同，而在于是否存在杀意和是否发生了具体危险。[40] 我国台湾学者许玉秀也作了类似的表述，她认为，"违反义务的效果之所以不同，是因为实现的构成要件不同所致，而不是因为义务层级不同所致"。[41]

相反，反对先前行为的实质法义务理论非常多。根据事实承担说，应以行为人开始实施维持、继续法益的行为并且反复实施这种行为作为成立保证人地位的条件，而先前行为人仅仅制造了危险，并没有通过其他行为来维持法益并反复实施时，就没有对该危险进行事实上承担，因此不产生作为义务。

根据因果经过支配说，作为义务来源中也不应包含先前行为。从西田典之所主张的两种类型的支配来看：第一，先前行为并不是通过自己的意思进行的排他性支配，所以不符合"事实上的排他性支配"这一类型；第二，先前行为制造了危险后，在某些情况下虽然可以认为存在领域性的支配，如在鲜有人出没的地方交通肇事撞伤路人，但先前行为人并非"以其身份和社会地位而在社会生活上负有继续保管、管理义务"，所以不符合西田典之所说的有社会持续保护关系的同时又"具有支配领域性"这一类型。因果经过支配说，可以说是支配理论的极端呈现，该说认为必须满足排他地支配整个因果流程才能成立犯罪，这个因果流程不仅包括处于流程末端的法益侵害，更包括整个危险创出、增高、实现的过程，在西田典之看来，唯此，作为和不作为才能等置。先前行为无疑引发了一个法益危险，但是不作为犯针对的是先前行为之后的危险增高、法益恶化的过程，此时无论如何不可能存在"事实支配"。所以，因果经过支配说必然会将先前行为排除出作为义务的范围。

佐伯仁志为了去掉西田典之观点中的规范要素，主张行为人在存在排他支配的前提下，还要求有"创造危险"这一附加条件。这里的创造危险，指的就是先前行为、危险接受这两种类型。桥爪隆则将附加条件放得更

〔40〕　[日]西田典之：《日本刑法各论》，刘明祥、王昭武译，中国人民大学出版社2007年版，第30页。

〔41〕　许玉秀：《保证人地位的法理基础》，《刑事法杂志》第42卷第2期，第54页。

宽,认为先前行为、保护接受、亲子关系、行为人的职责等都属于所谓的"附加条件"。两位学者以这样的方式肯定了先前行为。[42] 但是,在笔者看来,这已经不是所谓的附加条件了,而是将整个形式法义务搬了过来。尤其是桥爪隆的观点,已经变成了形式法义务加实质法义务的二元说。不仅如此,这种观点疑问颇多。先前行为即使符合所谓的附加条件,也断然不符合"排他支配性"要求。

山口厚的结果原因支配说则认为"就先前行为制造、增加了危险的事例而言,不能将先前行为本身作为理由,肯定对结果原因的支配。必须留意的是,即使在实施可能制造、增加危险的操作的阶段,可以肯定基于危险源的支配的保证人地位——作为义务,但在不当采取措施而产生了危险之后的阶段,难以认为行为人在支配向结果发展的原因。如在驾驶过程中眼看要撞到人,此时行为人存在对危险源的支配,即刹车、打方向盘等,但当事故发生之后,对于被撞倒的路人伤势恶化来说,行为人并不存在支配",此时行为人的地位和恰好在场的事故无关者是一样的。所以,将先前行为从作为义务中剔除"就结论来说可以认为是正当的"。[43]

总的来看,日本的实质法义务理论中,既有赞成先前行为的观点,也有反对的理论。就理论说服力和传播度来看,先前行为说和危险创出说的缺陷较为明显,支持者不多;而事实承担说到因果经过支配说、结果原因支配说,在研究进路上具有传承性,得到了越来越多的日本国内和我国学者的支持,先前行为的合法性在日本也就愈加成为疑问。

二、先前行为型不作为犯的实践呈现

日本的司法实践认可先前行为型作为义务,但持限制适用的态度。单纯以先前行为来认定作为义务,进而认定不作为犯的案例较少,并且多发生在以前。现在,通常并不会单纯以先前行为作为义务来源,而是联系多个因素来认定行为人有作为义务。

火盆事件是法院直接以先前行为为义务来源的案件。甲在公司加班时,将火盆放在自己的办公桌下(办公桌旁边放有 3 个纸箱,里面装有 3.7万张票证),由于想小睡一会儿而去了别的房间,其间引发了火灾(因炭火

---

〔42〕 参见[日]桥爪隆:《有关不作为与共犯的几个问题》,王昭武译,《苏州大学学报》(法学版)2018 年第 1 期,第 137、140 页。

〔43〕 [日]山口厚:《出于不作为的杀人罪》,付立庆译,《刑事法判解》2009 年第 1 期,第 395 页以下。

过热点着了装有票证的箱子并延烧至办公桌），甲发觉起火时如果想马上灭火本可以做到（当时有 3 名值班人员，且备有灭火设施），但因害怕自己的过错被发现，并未采取任何措施防止延烧到房屋，也并未通知值班人员而是自己逃离现场，导致整个公司（值班人员所在的办公楼 1 栋、其他有人居住的房屋 6 间）被烧毁。日本最高法院 1958 年的判决（《刑集》第 12 卷第 13 号第 2882 页）认为，当时只有甲一个人加班，甲应当已经预见到火盆炭火过热有可能点着周边的可燃物，却毫不在意，因此具有重大过失。"由于自己的过失而使上述物品燃烧的人，当然应当扑灭该火，在放任上述物品燃烧不管的话，火势就会转移到上述物品所在的房屋、引起房屋燃烧的场合下，应当说行为人具有使不让火势转移到房屋上的灭火义务"，判定在由于自己的过失而使桌椅等物品烧毁的现场观望，没有采取灭火措施的人的不作为的烧毁房屋的行为，构成对有人居住建筑物的放火罪。[44]

神柜事件则并非仅仅从先前行为来判断作为义务。被告人在自己独住的家中点燃神柜前的蜡烛，明明认识到蜡烛并未放稳，倾向了神符方向，但想到如果就此引起火灾，反倒可以获得保险赔偿，于是置之不理自己外出，最后蜡烛点着神符并延烧烧毁了房屋。大审院根据被告人处于房屋的所有人地位、具有诈骗保险金的目的、存在先前行为，认定被告人负有作为义务。[45]

日本判例对于先前行为的态度在交通肇事问题上最能体现出来。大致可以分为两种情形，一种是移置逃逸，即撞伤被害人后将被害人从现场搬到车上、移到其他地方。例如，被告人交通肇事，最初本打算将被害人送往离事发现场最近的医院，将被害人扶进了车内，虽然已经充分预计到如果不马上实施救助，被害人可能死亡，但因害怕事情败露被追究刑事责任，其后丧失了救助之意，打算找个适当的地方将被害人扔下后逃走，结果在行驶途中被害人死亡。本案认定构成不作为的杀人罪，判决重视两个要素：将被害人扶进自己车内这一排他性支配、自己交通肇事这一先前行为。[46] 也就是说，光有先前行为还是不够的，还必须是具备了排他性支配。

---

〔44〕　［日］西田典之：《日本刑法总论》，刘明祥、王昭武译，中国人民大学出版社 2013 年版，第 91 页。

〔45〕　参见［日］西田典之：《日本刑法总论》，刘明祥、王昭武译，中国人民大学出版社 2013 年版，第 91 页。

〔46〕　参见［日］西田典之：《日本刑法总论》，刘明祥、王昭武译，中国人民大学出版社 2013 年版，第 92 页。

另一种是单纯逃逸,即撞伤被害人后,没有实施任何救助行为就逃走。这一类案件显然只有先前行为,而不具备移置逃逸所要求的"排他性支配"。判例基本上主张,所谓的移置逃逸一般成立作为义务,进而成立不作为杀人犯罪;行为人单纯逃逸的,通常只能成立遗弃罪,其作为义务来源并非先前行为,而是其他法律规定。赞成事实化研究的日本学者对此也多表示赞同。[47] 如根据堀内的观点,在交通肇事中,肇事者如果将伤者抱上车置于自己的支配之下,才属于"事实上承担",此时肇事者不将伤者送医的可能成立保证人地位,单纯的肇事后逃逸的,因为并没有接受该危险,所以不产生作为义务。山口厚认为:"在机动车将要冲向行人时,要求司机采取刹车等适当的操作(危险源的支配)。然而,一旦发生事故,致人受伤时,对伤害的恶化就不存在对原因的支配(在这种场合,同在场的与事故无关的人一样)。"[48] 根据西田典之的排他支配说,先前行为制造了危险后,在某些情况下虽然可以认为存在领域性的支配,如在鲜有人出没的地方交通肇事撞伤路人,但行为人不属于西田教授所要求的具备规范要素之主体,因此,应否定先前行为保证人地位。

第四节 本 章 小 结

德日两国对不真正不作为犯基础认识的分歧,是导致该类犯罪在两国功能性地位不同的重要原因。德国一边在社会契约理论上树立起社群主

---

[47] 有的学者认为,只有在特殊的情况下单纯逃逸的行为才可能成立不作为杀人犯罪。具体而言,根据对不真正不作为犯成立要件的不同认识,大致形成以下两类观点:第一种观点认为,作为义务和等价性都是不作为犯的成立要件,单纯逃逸虽产生作为义务,但难以具备等价性。例如,日本学者川端博认为,单纯逃逸的时候,一般具有基于先前行为产生的救助被害人义务,但是,为了使不作为同由于作为的杀人在违法性上等价,行为人主观上必须是积极的故意,仅有未必的故意是不充分的。因为不真正不作为犯本来仅仅是对于已经存在的因果流程加以利用,属于消极性存在,而未必的故意也是消极性存在,两种消极性相加,消极性更加显著,无法和积极作为同视。为了弥补这种违法性的薄弱,在主观上应有结果发生的积极意欲之存在(转引自许成磊:《不纯正不作为犯理论》,人民出版社 2009 年版,第 377 页)。第二种观点认为,等价性是通过对作为义务强弱的衡量,来决定该不作为等价于哪一犯罪。行为人的逃逸行为中包含剥夺生命法益的现实危险性时,产生作为义务,反之则不具备。这一观点的代表大塚仁教授认为,在很多交通肇事逃逸的案件中,驾驶员主观上可能存在未必的故意,但这并不能与作为的杀人行为相当。必须考察不作为中是否包含实现某种犯罪的危险。所以,单纯逃逸的场合,只有逃逸行为包含了侵害被害人生命法益的危险才可以成立不作为的杀人罪(参见[日]大塚仁:《犯罪论的基本问题》,冯军译,中国政法大学出版社 1993 年版,第 86 页)。持这种观点的学者,往往是将作为义务和实行行为混同,认为不同犯罪的实行行为有法益侵害上的强弱区别,因此作为义务也有这种程度区别。

[48] 参见[日]山口厚:《刑法总论》,付立庆译,中国人民大学出版社 2018 年版,第 91 页以下。

义理念来为不作为犯提供理论支持,[49]一边不断修正不作为犯教义学,破除归责障碍,扩大不作为犯的适用范围。而日本虽然一直亦步亦趋地跟随德国,但其在后者开始大刀阔斧地改革时却走向了一个相对保守的方向,对等价性做实质理解、在保证人理论研究上去规范要素,限制不作为犯的成立。即使日本刑法一再受安全保障价值冲击,不作为犯在该国刑事治理中的"份额"也始终没有明显提升。

由于日本对不真正不作为犯持限缩立场,先前行为不作为犯的理论研究和实践便具有了如下运用特点:

第一,总体上呈现限制趋势,涉及先前行为不作为犯的范围很窄。一方面,罪名极其有限,主要集中在杀人、放火这样的严重的犯罪,在一般的犯罪(例如德国学者常常讨论的伪证罪、诈骗罪)中较少考虑先前行为型不作为犯。另一方面,先前行为理论研究与其他刑法理论的联系也不够丰富(如先前行为与客观归责理论、先前行为与共犯理论)。这显然与日本在实质法义务和等价性上的研究特点有关。日本实质法义务偏向于事实进路研究,而先前行为这种根植于习惯法的义务类别与此进路难以相融;日本将等价性作为不真正不作为犯的成立要件加以考虑,这使得不真正不作为犯的成立受到了多一重限制,因此更难以成立。

第二,判例对先前行为的态度并不一致,这体现出先前行为问题的需罚性和理论研究上的冲突。从前述日本司法案例来看,其的做法似乎存在矛盾,主要表现在对不作为的放火和交通肇事逃逸的认定标准上。在交通肇事案件中,被告人撞伤被害人后单纯逃匿、不予救助的行为,不论是学者还是司法人员都认为不能成立不作为的故意杀人罪,最多只能成立保护责任者遗弃致死罪(在日本,学者进行研究时非常重视判决理由,因此在学者观点和实践观点上保持着较为高度的一致)。只有在被告人将被害人置于自己的支配之下、杜绝其他的救助可能性时,才可以结合前一肇事行为,认定被告人有救助义务,其不履行义务导致被害人死亡的构成不作为的故意杀人罪。但是,在不作为的放火罪的判决中,因先前行为而直接认定了作为义务。

上述判决综合来看,不能不说存在疑问。首先,在交通肇事类的案件中,日本法院作出存在作为义务的判决基于两个原因,一是具备排他性支配,二是有先前行为。倘若只有排他性支配而没有先前行为,是否能够成

〔49〕〔德〕约亨·本克:《当今刑法的五个基本问题》,樊文译,载陈泽宪主编:《刑事法前沿》(第十卷),社会科学文献出版社2017年版,第241页。

立不作为的故意杀人罪呢？譬如，过往司机路过后，看到被害人受伤而将其救起放入车内，在开往医院的途中丧失救助之意，打算将其扔下逃走，而被害人在司机兜圈的过程中死亡的，该司机是否因未履行救助义务而成立故意杀人罪呢？结论似乎是，该司机具有作为义务，成立故意杀人罪。这一点，应该说在西田的观点中表现得较为明显，主动建立排他性支配的司机具有救助义务。因此，在交通肇事逃逸判决中，单纯逃逸而不救助的没有成立作为义务，说明先前行为并不能产生作为义务；置入车内致人死亡的，法院表面上考虑了先前行为作为成立作为义务的因素，但实际上只是依据建立排他性支配而认可作为义务。先前行为并没有起什么作用。其次，在火盆事件和神柜事件中，法院又毫无疑问地认可了先前行为这一作为义务。比较过失放火这一先前行为和过失致人受伤这一先前行为，似乎在先前行为引起法益侵害危险的这一方面并没有差异；比较行为人对现场的支配度，也没有任何区别，那么又为何会得出前者有作为义务而后者没有的结论？再次，日本通说认为，在具备救助义务但不履行，从而导致被害人死亡的场合，可能成立保护责任者遗弃致死罪或故意杀人罪。两者的区别在于，前者只是存在致人死亡的危险，行为人对死亡结果持过失；后者是对死亡结果有故意。然而，上述判决的裁判文书中并没有在行为人对死亡危险还是死亡结果持故意进行区分，并没有将重点放在此处。而且，若认为成立保护责任者遗弃致死罪，也就是认为行为人有救助义务，处于保证人地位，那么在故意杀人罪上，同样也应当处于保证人地位，两个罪在认定有无作为义务上应该是相同的。不能说，不存在故意杀人罪所要求的作为义务，却存在保护责任者遗弃致死罪中所要求的作为义务。

第五章　我国不作为犯的功能定位与
先前行为的法理根据

德日两国的研究均呈现出浓厚的本土色彩。日本由于大量学习德国的理论知识，使这些学说理论在该国土壤培养下，逐渐构建了日本独有的道路。可以说，不真正不作为犯这一舶来品在日本真正完成了本土化。我国在不真正不作为犯的研究上，也必须结合自己的情况，对不真正不作为犯在我国社会治理中所扮演的角色作出正确定位，为论证先前行为的法理根据提供认识基础。

第一节　我国不作为犯的功能定位

一、后发式研究与功能定位的缺失

我国目前在不真正不作为犯问题上并没有形成自己的研究路径。这主要是因为我国对这一课题的研究时间仍然很短。关于我国的研究史，陈兴良教授在《不作为犯论的生成》一文中做了细致梳理。我国的不作为犯理论并非直接源自德日，而是源自苏联。其时苏联刑法对这一问题的研究较浅，主要是对不作为进行初步定义。苏联学者将不作为分为两种：完全不作为和混合不作为。前者只有在法律要求实行某种行为而不为时，才得成立犯罪；后者则在行为人负有某种义务时才得成立犯罪，义务来源包括法律、契约与职务、以往行为。[1] 我国 1957 年中央政法干部学校刑法教研室所撰写的《中华人民共和国刑法总则讲义》基本上承袭了这些内容，其中，关于不作为的作为义务确定了三个来源，即法律要求、职务上或业务上的要求以及由于自己的行动而使法律所保护的某种利益处于危险状态所发生的责任。[2] 其后，我国刑法学者高铭暄对这种观点做了进一步阐

---

〔1〕　陈兴良：《不作为犯论的生成》，《中外法学》2012 年第 4 期，第 666 页。

〔2〕　参见中央政法干部学校刑法教研室：《中华人民共和国刑法总则讲义》，法律出版社 1957 年版，第 87 - 88 页。

释。首先,针对"法律要求"他举例道,刑法规定的遗弃罪中行为人所违反的扶养义务即来自婚姻法的规定。其次,针对"职务上或业务上的要求"举例道,仓库保管员有义务管理好仓库的财物,其不尽职责致财物大量变质或被盗,将负玩忽职守的责任。最后,针对"由于本人的行为而使法律所保护的某种利益处于危险状态",以"某人带领邻居家的儿童去海滨浴场游泳,就对该儿童负有保护的义务,要保证该儿童安全地回来",以及"某人骑自行车不慎将一老人撞倒受伤,就有义务送被害人去医院抢救治疗"作为解释。他认为,先前行为类型的义务是由前面的行为派生出来的。[3]

　　20世纪80年代,我国也自发地进行了一些研究,如学者陈忠槐根据我国刑法的规定对不作为犯进行了新的分类,[4]熊选国提出了双重行为理论,[5]李光灿和陈兴良则均在自己的著作中对共同犯罪中的不作为犯问题进行了初步的描述和分析。[6] 20世纪90年代以后,随着学术对外交流的不断增加,我国开始从德日两国引入学术理论,加以研讨和学习。在实质法义务问题上,黎宏教授的《不作为犯研究》一书对德日的实质法义务理论进行了详尽介绍,结合我国的实务现状,力证支配理论的适用性。而不作为的共犯问题、不作为犯与义务犯的关系等,也逐渐被我国学者引入进来加以探讨。应该说,目前来看,我国不真正不作为犯的研究涉及范围较广,讨论的也较为深入。陈兴良教授对此有深刻的描述:"在短短30年间,我国不作为犯论从一无所有的荒芜状态重演了德日上百年的不作为犯的理论发展过程,这是一种学术追赶的态势,这也是后发国家在学术研究中的一种后发优势。这种后发优势在我国不作为犯研究中表现得淋漓尽致。"[7]

　　后发式研究给我国带来了不少优势,学界得以在短时间内完成基础理论的认知,并迅速与德日同步,跟进最新、最热、最前沿的研究成果。但是,这种后发式研究存在不小的隐患。德日经过上百年时间对不作为的本质、不作为犯的合法性根据、不作为与作为的等置条件等基础问题进行的研讨,最为重要的并不在于具体的结论,而在观点不断交锋中价值观不断明朗的过程本身,是学界、司法实践与立法三个环节在社会变化中互动互促

---

〔3〕　参见高铭暄主编:《中国刑法学》,中国人民大学出版社1989年版,第99页。

〔4〕　陈忠槐:《论我国刑法中的不作为犯罪》,载中国法学会刑法学研究会组织编写:《全国刑法论文荟萃(1981届—1988届)》,中国人民公安大学出版社1989年版。

〔5〕　熊选国:《刑法中行为论》,人民法院出版社1992年版。

〔6〕　李光灿等:《论共同犯罪》,中国政法大学出版社1987年版;陈兴良:《共同犯罪论》,中国社会科学出版社1992年版。

〔7〕　陈兴良:《不作为犯论的生成》,《中外法学》2012年第4期,第671页。

的过程本身。德国教义学上论证了不作为犯的独立性,立法中大胆承认"类推",将不作为犯视为扩张处罚形态,再加上司法实践对不作为犯的青睐,促使不作为犯在德国刑事治理体系中大放光彩。相反,日本最初在学理上就坚持不作为的附属性,几次立法都没能成功将不作为犯明文写入刑法,在面临后工业社会的刑事治理难题时,日本司法实践更倾向于适用作为犯和过失犯来取代不作为犯的认定,由此,不作为犯只能偏于一隅,无法发挥重要的作用。申言之,两国对不作为的基础认知出现了差异,这种差异在两国各自的理论更迭中得到了强化,形成了对不作为犯不同的性质认识。这种认识被立法和司法实践进一步发扬,最终构成了不作为犯在两国刑事治理体系中不同的功能定位。

回过头来看我国的情况,我国缺乏长时期对不作为犯基础问题的敲打磨砺阶段,所有问题的答案都由德日快速继受而来,并在学界内部迅速消化完毕。例如,在不作为为何能够适用作为的构成要件、是否违反罪刑法定原则的问题上,未经过系统、充分的论争,就已经有了出奇统一的答案:刑法条文系禁止规范包含命令规范,不作为违反了命令规范,因此可以适用刑法条文。究其原因,基础问题看起来"过时""无用",不值得耗费更多的精力;在解释论上赋予不作为犯合法性,最为便宜。这种做法固然使我们得以"后发",但研究过程缺少对价值观感的关照,且教义学单兵突进,与立法和司法都没有形成观念互动,要进一步探讨不作为犯在我国社会中的功能定位就难以推进。不作为犯是否属于作为犯的附属? 不作为犯是否作为犯的扩张处罚形态进而减轻处罚? 不作为犯应否在刑事治理体系中发挥更大的作用? 所有问题都没有深入思考。显然,与德日相比,后发式研究缺少了上百年的发展过程,也就缺少了一边糅合各样价值观、一边汰换价值、选择立场的机会,缺少了水到渠成地对不真正不作为犯进行功能性定位的可能。

在我国,不真正不作为犯功能性定位的缺失,使得相应的教义学建构难以深入展开。成功的教义学理论,取决于两个方面:一是是否能够进行逻辑上、标准上、价值上的统一,能够一以贯之地体系性地解决一类问题。"教义学被期待之实践功能在于,为法律规范适用于个案时不可避免的评价性判断余地给出智识上可检验、公开和合理的操作标准"[8] 也就是

---

〔8〕 Franz Wieacker, Zur praktische Leistung der Rechtsdogmatik, in: FS fuer Hans Georg Gadamer, Band Ⅱ,1970, S.316. 转引自[德]乌伟·迪特里希森:《法教义学的道路》,雷磊译,载舒国滢主编:《法理》总第4卷,商务印书馆2018年版,第168页。

说,操作标准本身是否足够科学,是一个理论本身是否合适的判断根据。二是与"法外要素"的契合度。不同理论对法外要素的认识和吸纳不同。这里所谓的法外要素,包括法哲学、法政策、宗教、社会、经济和生态的价值与目的。[9] 这些要素实际上构筑了"一定时间和地点的社会秩序的图画",在进行理论选择时具有决定性意义。[10] 越是能够和这些要素契合,满足时代精神,就越能被实践所接受。具体到不真正不作为犯,一国对不真正不作为犯的功能定位可以说是对这类犯罪适用时的理想图景之勾勒。正是由于缺少这一"理想图景",一方面使得我国理论研究始终缺乏方向性,对不真正不作为犯的成立要素,如保证人地位、因果关系、不作为的认定等问题无法从整体出发来考察,只能关注局部理论的逻辑自洽性,这样的视角难说科学。另一方面,导致理论无法与实践同频共振。借鉴而来的理论没有经过实践的诘问和反思,没有融贯蕴藏在实践中的基础价值观,很难对司法起到指导作用。例如,在保证人的问题上,主流学说从20世纪90年代开始就紧跟德日前沿课题,展开对于形式法义务的批判,并一再倡导严格限缩不作为犯适用的排他支配说,[11] 主张原则上排除夫妻之间的救助义务、严格限制先前行为义务的成立,但该观点始终没有被司法实践所接受。实际上,近年来,法官也早已知晓形式法义务理论的错误,但宁愿固守形式法义务也不采用排他支配说,恐怕部分与该说并不能说服法官、与情理事理不尽相容有关。

二、如何寻找功能性定位

不真正不作为犯在我国的刑事治理体系中究竟应发挥更大的作用,还是应局限在传统和核心领域,这是我国不作为犯研究进入深水区后必须解决的问题。从本书对德日的差异演进之整理来看,不作为犯的功能定位的关键因素,一是不作为犯能否扩大适用,是属于在违法和责任上低一级还是与作为犯完全等价的犯罪形态,适用的是作为犯本身的构成要件还是扩

〔9〕 Vgl. Karl Larenz, Methodenlehre der Rechtswissenschaft, 6. Aufl. Berlin, Heidelberg: SpringerVerlag, 1991, S. 224ff.

〔10〕 [美]罗斯科·庞德:《通过法律的社会控制》,沈宗灵译,商务印书馆2010年版,第26页。

〔11〕 参见冯军:《刑事责任论》,法律出版社1996年版,第45－48页;李晓龙:《论不纯正不作为犯作为义务之来源》,载高铭暄、赵秉志主编:《刑法论丛》第5卷,法律出版社2002年版,第100页;黎宏:《排他支配设定:不真正不作为犯的困境与出路》,《中外法学》2014年第6期,第1587页;陈兴良:《作为义务:从形式的义务论到实质的义务论》,《国家检察官学院学报》2010年第3期,第79页。

张的构成要件。二是司法实践对不作为犯是否有扩大适用的需求。这两个问题，一方面应当考虑理论上如何更合理地看待"等价性"概念，另一方面应当从判例研究中找答案。判例是活的法律，判决的整体倾向可以传达出基本的国民价值观和现实的刑事需求。

（一）"等价性"的学理分析

从前文对德日不作为犯理论的介绍可知，最先提出等价性要件的德国，已经将等价性和不作为犯的成立相分离；而在日本，等价性要件的研究非常热烈。我国学界有少数学者借鉴了德国的观点。如何庆仁认为，"等价性理论最初之发展是为了限缩不作为犯的处罚范围，可以说是侧重于解决不作为犯的可罚性方面的问题"，不具有等价性的不作为就是不可罚的观点是一种错误的方向。不作为犯的可罚性在于保证人地位与保证人之有无，具有该地位和义务就具有可罚性，与等价性毫无关系。只有在确定了不作为者具有可罚性的前提之下，才有必要进而思考该不作为是与作为的正犯还是参与等价，而不是必须先考虑等价性才能决定可罚性。[12]这一观点是作者通过接受了德国的义务犯理论，进而接受了德国关于等价性的说法。因此支持该说的前提就是认可义务犯。目前在我国这一观点的支持者还很少。

大多数学者则依循日本的研究方向。主要有两派观点。第一派观点认为，应在作为义务之内讨论等价性，学者李晓龙、谢绍华等持此观点。在此基础上又有两种分支，前者主张，等价性是通过作为义务程度和违反义务的程度（紧迫性和排他性）共同决定的，仅仅违反作为义务还不够，还需要达到一定程度才能够形成"等价"。[13]后者认为，"违反作为义务还必须达到一定程度，这种一定程度的作为义务就是等价性的内容"。[14]

第二派观点主张，等价性与作为义务应分离开来。在等价性应从哪些方面来讨论的问题上，又产生了不同观点。主要是客观说和综合说。

客观说认为，应从客观方面来判断作为和不作为的等价性。代表学者刘士心认为，不纯正不作为犯的等价性主要是行为的等价，但是，在法律上，等价性要解决的是以不作为方式实现的整个危害事实的构成要件符合性问题。而危害行为并不是犯罪构成要件的全部内容，除行为外还包括行

---

〔12〕　何庆仁：《义务犯研究》，中国人民大学出版社2010年版，第102页。
〔13〕　李晓龙：《论不纯正不作为犯作为义务之来源》，载高铭暄、赵秉志主编：《刑法论丛》第5卷，法律出版社2002年版，第51-52页。
〔14〕　谢绍华：《先行为论》，中国人民公安大学出版社2011年版，第83页。

为主体、行为客体、危害结果等要素。他进一步指出,等价性问题属于构成要件符合性问题,并不是对不纯正不作为犯行为犯罪性及触犯罪名的最终判断,所以不应当将罪过内容纳入等价性的范围。[15]

综合说的支持者甚众,属于主流学说。[16] 综合说主张,等价性问题实质即定罪可罚性问题,应从主客观方面一起来判断。"犯罪构成是由客体、客观方面、主体、主观方面构成的有机整体,以不作为方式实施法定由作为方式构成的犯罪,应当是在整体属性上与作为犯相当。而不能仅仅理解为不纯正不作为行为在客观上造成或可能造成作为犯之法定的犯罪结果。"[17] "由于等价性判断要解决的是,在何种条件下,以不作为实施的犯罪与以作为实施的犯罪,构成何种犯罪的问题。所以从本质上讲,等价性判断属于定罪问题。而定罪的法律标准是刑法规定的犯罪构成,所以从原则上讲,等价性判断应当以具体的犯罪构成为标准来进行。"[18]

综合说中,就等价性判断是否不作为犯成立的独立要素,又产生分歧。如熊选国教授就认为等价性指在不纯正不作为犯的成立要件中补充的一个实质判断要件。他主张作为和不作为犯在社会危害性质即程度上应该是等价和相当的,只有这样,才能保证定罪的准确性,并且符合罪刑相适应的原则。[19] 林亚刚教授则反驳道,既然等价值是指不纯正不作为犯与相应作为犯在社会危害性、犯罪性质等方面的整体等价值,那么等价性就不可能是不纯正不作为犯成立的独立成立要件之一,等价性只是为限定不纯正不作为犯成立的范围,筛选过滤出那些在社会危害性、犯罪性质等方面与相应作为犯相等的不作为犯罪。[20]

本书认为,关于等价性研究,首先必须弄清楚"等价性"旨在起何种作用,它在不作为犯中如何定位。若误解了这一点,研究必然走向歧路。我国有学者论述道:

"与大陆法系以等置问题为中心构建不作为犯理论不同,我国刑法理

---

〔15〕 刘士心:《不纯正不作为犯的等价性问题研究》,《法商研究》2004 年第 3 期,第 110 页以下。

〔16〕 持此观点的还有何秉松:《刑法教科书(上卷)》,中国法制出版社 2000 年版,第 349 页;杨建军:《不纯正不作为犯的等值性》,《河南师范大学学报》2005 年第 4 期,第 81 页;肖中华:《犯罪构成及其关系论》,中国人民大学出版社 2000 年版,第 364 页。

〔17〕 曲新久:《论间接故意之不纯正不作为犯》,载陈兴良主编:《刑事法评论》第 3 卷,中国政法大学出版社 1998 年版,第 243 页。

〔18〕 李金明:《不真正不作为犯研究》,中国人民公安大学出版社 2008 年版,第 278 页。

〔19〕 熊选国:《刑法中行为论》,人民法院出版社 1992 年版,第 162 页。

〔20〕 林亚刚、黄鹏:《等价性在不纯正不作为犯罪中理论地位研究》,《西部法学评论》2014 年第 4 期,第 37 页。

论一直把作为义务当作不作为犯的核心问题,认为作为义务是决定不纯正不作为犯能否产生以及属于何种性质犯罪的主要依据。在这种观念的支配下,我国的不纯正不作为犯理论研究一直集中在对作为义务的根据、范围、内容等问题的争论上,而对等价性问题则很少有人问津。日本学者日高义博曾经指出:'以法的作为义务(保证义务)为标准,不能判断不真正不作为犯和作为犯的等价值性,更不能划定不真正不作为犯的成立范围。'笔者认为,确定不纯正不作为犯的等价性,固然离不开对作为义务范围的合理圈定,但是必须明确,研究作为义务本身并不是目的,它只是解决等价性问题的一个环节,只有找到不纯正不作为犯和作为犯等价的媒介,才能最终解决不纯正不作为犯的处罚问题。"[21]

实际上,作为义务和等价性条款都是解决作为和不作为等置的两个要件。作为义务从来都是不作为犯研究的核心,是作为和不作为等置的关键。等价性要件(如果它确实存在的话),仅仅是等置的条件之一。因此,如果将等置和等价混同,就会得出等价性要件非常重要、是不作为犯研究的终极目标这样的结论。在借鉴日本的学说中,第一派观点就存在这样的问题,即表面上在作为义务中讨论等价性,但实际是在等价性中讨论作为义务问题,等价性相较于作为义务变为更高一个层级的概念。这种观点一再强调"只有达到一定程度的义务违反才是等价",将等价性和等置相混淆,并没有弄清楚等价性究竟承载什么意义,或者说它在不作为犯中的地位应该是什么。从日高义博的书中即可看出,这类观点的根本问题在于,其对作为义务是做形式理解的,即坚持义务来源是法律、合同、条理习惯等,同时将重点放在等价性上。[22]　显然,在作为义务研究早已向实质化迈进的时代,这种做法并不合时宜。

其次,"等价性"不具有独立的内容。有的学者将等价作为一个独立的要素,即认为不作为犯的成立,除了要求作为义务、不作为的行为、损害后果、因果关系、故意过失、作为的容易性等之外,还要求有作为和不作为的"等价性"。[23]　但是,没有人说清"等价"的内容究竟是什么。实际上,犯罪的成立要求违法和责任两大支柱,等价性的内容不可能离开这个框

〔21〕　刘士心:《不纯正不作为犯的等价性问题研究》,《法商研究》2004 年第 3 期,第 110 页。
〔22〕　[日]日高义博:《不作为犯的理论》,王树平译,中国人民公安大学出版社 1992 年版,第 120 页以下。
〔23〕　[日]川端博:《刑法总论讲义》,成文堂 1997 年版,第 218 - 219 页。赞同的还有林山田:《刑法通论》,台湾三民书局 1986 年版,第 294 - 306 页;黄仲夫:《刑法精义》,台湾五南图书出版公司 2001 年版,第 60 - 61 页。

架,不可能有新的内容。德国就曾经有观点认为"等价"是指"不可过分要求性",但马上被指出这属于罪责要素。[24] 另一种说法则是等价性是在所有成立要素满足后,对该行为在程度上能否构成犯罪的二次评价。换言之,等价性包括对所有要素的整体评价。这种观点在德国也早已过时,被评价为"带来法的不安定性"。法官应该根据不作为犯的成立要素来判断其是否成立,而不能在这些要素已经具备后再"自由裁量"地判断程度上是否符合标准。我国的客观说和综合说都存在这样的问题。客观说从三阶层犯罪体系来理解"构成要件",等价性要求构成要件上等价,而构成要件强调的是客观违法,因此必须从客观要素来考量是否等价;综合说则对"构成要件"做平面的"犯罪构成"理解,则所谓的等价是定罪上的等价,必须从主客观所有的要素来考量。根据本书观点,这些学说对等价性的内容理解都不妥当。

等价性要件可以休矣。等价性要件曾经起过一些作用。在形式作为义务的时代,等价性要件告诉人们,形式作为义务的范围应被予以限制。日高义博的构成要件等价性理论就是其代表,实际上是在用等价性理论履行限定作为义务范围、提供实质根据的作用。而我国那些声称在作为义务中讨论等价性的观点,也是这种思想的反映。但在实质法义务已经被普遍接受的今天,等价性的意义已经丧失。陈兴良教授就表示,"如果把作为义务界定为形成的作为义务,那么等价值性判断就是在其之外的一种实质判断。但如果把作为义务理解为是形式的作为义务与实质的作为义务的统一,那么,等价值性判断就属于实质的作为义务,因此如果不存在等价值性,那作为义务则不存在"。[25] 这样的表述非常明显:等价性等于实质法义务,等价性没有存在的必要。倘若一定要保留等价性要件这一概念,只能在如下意义中使用:"在我国,要求不作为与作为具有等价性,也只是意味着不作为必须符合刑法规定的构成要件"。[26]

(二)实践佐证

首先,可以从我国司法对不作为犯的适用规模入手。既然功能定位决定了适用规模,通过对这些判决分析我国不作为犯的适用情况,可以反应实践中对不作为犯的接受度、需求度。

---

〔24〕 参见[德]克劳斯·罗克辛:《德国刑法总论》(第 2 卷),王世洲译,法律出版社 2013 年版,第 590 页以下。

〔25〕 陈兴良:《不作为犯论的生成》,《中外法学》2012 年第 4 期,第 674 页。

〔26〕 例如,在存在救助义务而不履行的场合,究竟成立杀人罪还是遗弃罪,需要从法益被侵害的情况来看。若被害人生命面临紧迫的危险,则可能成立杀人罪,否则成立遗弃罪。等价性属于分则条文的解释问题。张明楷:《不作为犯中的先前行为》,《法学研究》2011 年第 6 期,第139 页。

　　如前所述,本书分别在中国裁判文书网、北大法宝、北大法益和无讼网收集 2018 年以前的不真正不作为犯相关案例,共得 119 个判决。[27] 1995 年到 2010 年,每年不超过 2 件判决,2012 年上升至 6 件,2013 年达到 13 件,2014 年至 2018 年年均 20 件以上。统计数据显示,不作为犯在实践中的适用数量在近 20 余年来成几何倍数增长。

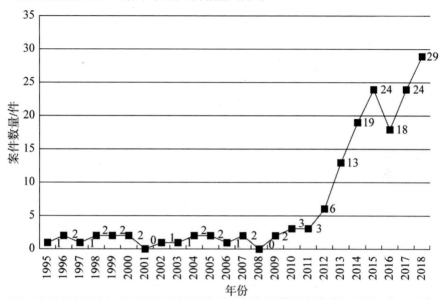

图 5-1　不真正不作为犯案件数量增长示意图

　　从罪名分布来看,1995 年至 2011 年,每年判决涉及的罪名较为单一,以故意杀人、故意伤害、过失致人死亡、放火、盗窃等罪名为基础。但近十年来,随着判决数量的增加,罪名也有了波动,新增了诈骗类罪、危险驾驶罪、职务侵占罪、盗伐林木罪、破坏生产经营罪、掩饰隐瞒犯罪所得罪、传播淫秽物品牟利罪、帮助犯罪分子逃避处罚罪和非法储存爆炸物罪。从保证人分布来看,2011 年以前,每年判决涉及的保证人只有 1 到 2 个,2011 年以后,保证人种类急剧上升,增加了自愿承担、合同、职业、监护、上下级监督、场所管理等多种义务来源。但是,先前行为、夫妻义务(尤其是一方自杀的情况)仍然包揽了 60% 以上的判决。

　　上述数据描绘了不作为犯适用规模扩张的图景,体现了司法实践在后工业社会以来利用不作为犯进行社会控制的趋势。司法系统对于不作为

---

　　〔27〕　本书通过在中国裁判文书网、北大法宝以"不作为"进行全文检索,在北大法意和无讼网以"不作为"＋"义务"进行全文检索后,再对搜索结果进行判断筛查,最终得到 119 个判决。最后访问时间 2019 年 7 月 14 日。

犯的运用探入"妨害社会管理秩序罪"一章,不再局限于传统个人法益的犯罪,集合法益与不作为的结合似乎正在不断加强;而且,不作为的危险驾驶罪的出现还打破了不真正不作为犯局限于结果犯的"常识"。在保证人方面,职业、上下级监督、场所管理这几类的增加,体现的正是司法实践对由于分工极端细化下刑事追责的困难所进行的应对。

其次,从判决对不作为犯的处罚态度,可以反推不作为犯"能否适用"的答案。所谓不作为犯扩张处罚的实质,是主张不作为和作为在违法和责任上可能存在程度差异,表现为不真正不作为犯的刑罚得减轻。因此,有必要考察我国不真正不作为犯的刑罚状况。

以不作为的故意杀人罪为例。在搜集到的 48 个判决中,死刑(缓期执行)2 例,无期徒刑 4 例,10 年以上有期徒刑 13 例,3—10 年有期徒刑 17 例,3 年以下 12 例(其中 4 例适用了缓刑)。[28] 判决的刑度分布说明,在故意杀人罪情节较轻一档及以下即 3—10 年以及 3 年以下处刑的判决占到了 60%,这和故意杀人罪整体的处刑情况相比,减轻处罚的比例相当高。重刑率,即 5 年及以上的判决占比 62%,远低于故意杀人罪的整体重刑率 82%;通过对死刑缓期执行和无期徒刑与自由刑进行换算,不作为故意杀人罪的平均量刑为 8.88 年,[29]这一数据也远低于故意杀人罪的平均刑量 23.75 年。[30] 诚然,仅此还不足以说明"不作为"对刑罚确实存在影响,有必要进一步分析具体的判决理由。我国的司法解释虽然没有将"不作为"作为明文规定的从、减轻处罚事由,但司法判决中仍然有明确将其视为减刑根据的做法,最早在判决中指出这一点的,是 1995 年王兵戈徇私枉法罪,判决指出,"鉴于被告人系消极的不作为犯罪,并没有采取积极的作为行为……故其犯罪的主观恶性和社会危害性相应较小,可酌情从轻处罚"。[31] 在本书搜集的不作为的故意杀人案中,则是采取了不同的方式认可了不作为的减刑作用。有的判决

─────────────

〔28〕 10 年以上包括 10 年,3 年以下包括 3 年。

〔29〕 有学者对此进行过换算:根据 1997 年最高人民法院《关于办理减刑、假释案件具体应用法律若干法律问题的规定》第 16 条规定:"无期徒刑罪犯在执行期间,如果确有悔改表现的,或者有立功表现的,服刑两年以后,可以减刑。减刑幅度为:对确有悔改表现的,或者有立功表现的,一般可以减为 18 年以上 20 年以下有期徒刑;对重大立功表现的,可以减为 13 年以上 18 年以下有期徒刑。"由此可见,无期徒刑的下限为 15 年,上限 22 年。对于死刑缓期两年执行,在司法实践中绝大多数既没有重大立功表现也没有故意犯罪,根据我国刑法第 50 条规定,在死刑缓期执行期间,如果没有故意犯罪,二年期满以后,减为无期徒刑,所以一般认为,死缓等于 24 年。参见尹明灿、李晓明:《故意杀人罪实证研究》,《中国刑事法杂志》2009 年第 6 期,第 106 页。

〔30〕 参见尹明灿、李晓明:《故意杀人罪实证研究》,《中国刑事法杂志》2009 年第 6 期,第 105 页。

〔31〕 海南省海口市振东区人民法院(1996)振刑初字第 226 号。

基于被告人的不作为而认定为"情节较轻",从而减轻处罚。[32] 有部分判决虽然没有在从轻、减轻的理由中列明"不作为",但单纯从法官列举的减刑理由来看,自首这样的法定量刑情节都很少,基本上是酌定量刑情节,[33] 按理来说很难对刑罚起到如此重要影响,不足以作大幅度的减轻,只能认为,法官在量刑时受到了被告人实施的是"不作为"这一因素的影响。[34]

　　最后,从后工业社会以来的刑事治理需求看,我国宜扩大不作为犯的认定范围。德日两国在这一点上存在明显的对立,前者扩大不作为犯的适用,后者更倾向于运用过失犯。笔者认为,不作为犯对我国而言是更好的选择:第一,日本主流更倾向于适用过失犯而非不作为犯,是因为在日本新过失论牢牢占据着主导地位。与日本的情况不同,新过失论在我国虽有拥趸,但远非通说,修正旧过失论或者客观归责论不乏有力的支持者。第二,新过失论将过失实行行为解读为"没有履行结果回避义务",使作为和不作为的区别消弭于无形,并以过失犯中的"致"既包括作为又包括不作为来加以佐证。但是,不管在故意犯还是过失犯中,利用作为启动因果流程和单纯地不介入因果流程在违法性上都是有区别的。[35] 而且,从背信罪、不报谎报安全事故罪等的规定来看,既包括作为又包括不作为的犯罪都规定了特殊犯罪主体,只有通过主体上的不法才能够使作为和不作为"对等"。过失犯中的"致",并不能起到这样的作用。第三,新过失论实际上并不能代替保证人地位的判断。以著名的新过失论判决"厚生省渠道事件"和"paroma 瓦斯烧水器一氧化碳中毒事件"为例,最高裁判所从被告人对第三人有监督权出发,列举了法益面临危险、被告人掌握了监督权的相关重要信息和第三人需要被监督这三点作为认定结果回避义务的前提,即将重点放在行政法规上的监督权、法益需保护性、保护可能性这三方面,但这对于保证人地位的确立来说还远远不够。实际上,注意义务和保证人义务应当加以区分,也能够进行区分。[36] 第四,新过失论下的监督、管理过

---

〔32〕　如宋福祥故意杀人案、李淑杰故意杀人案、詹桥故意杀人案、贺某甲故意杀人案等等。

〔33〕　包括坦白、情节较轻、间接故意、如实供述、获得被害家属谅解等减刑理由。参见湖北省黄冈市红安县人民法院(2015)鄂红安刑初字第 00030 号、浙江省湖州市南浔区人民法院(2007)湖浔刑初字第 280 号、河北省邢台市临城县人民法院(2014)临刑初字第 95 号、云南省昆明市中级人民法院(2014)昆刑一初字第 23 号。

〔34〕　姚诗:《不真正不作为犯的边界》,《法学研究》2018 年第 4 期,第 109 页。

〔35〕　吕英杰:《论客观归责与过失不法》,《中国法学》2012 年第 5 期,第 129 页。

〔36〕　需要保护哪些利益、制止哪些危害,由保证人义务和注意义务共同决定,两者相互确定、互相约束。比如,具有危险性的企业的企业主的保证人地位决定了他需要采取必要的安全措施;而他是否允许容忍一定程度的危险,取决于一般的注意义务。

失将导致过失犯由限缩正犯概念向扩张正犯概念转变,不当扩大处罚范围。我国的玩忽职守罪多为监督、管理过失,就存在滥用的问题。法官一方面不得不认定犯罪,另一方面通过"多因一果"来免除处罚,导致免除处罚的比率畸高。[37] 对此,应如井田良所言利用保证人理论来限定主体,[38] 即不仅要形式上考察行为人是否具备某种职务,而且要实质上分析行为人是否具备保证人地位。[39]

综上,我国司法实践中适用不真正不作为犯的范围从犯罪数量、保证人类型、罪名数量几个维度上都在逐渐增加;刑罚采取的是"得减"的模式,很大比例的案件都考虑到了不作为的特殊性,认为其在违法和责任上较作为低一些。这样看来,我国司法实践对不真正不作为犯已经先于立法和理论研究做出了定位选择,即有必要扩大适用不真正不作为犯的范围来应对安全需求;不真正不作为犯的成立不要求违法和责任与作为犯完全等价,不作为犯属于作为犯的扩张处罚形态。

第二节   我国现有保证人理论的疑问

在我国,关于作为义务的研究主要有两个争论。第一个争议是应否采取作为义务二元论。所谓作为义务二元论,是指在确定作为义务时,一方面要确保作为义务来源于法律、合同、职业规定、先前行为这些形式

---

〔37〕 本书以"不作为"搜集的案件中包括了大量玩忽职守罪。根据统计,对被告人判处刑罚的有 19 个,免于刑事处罚的有 44 个,无罪的有 3 个。

〔38〕 [日]井田良:《大规模火灾事故における管理·监督责任と刑事过失论》,《法学研究》第 66 卷第 11 号,第 7 页注〔10〕,转引自吕英杰:《监督过失的客观归责》,《清华法学》2008 年第 4 期,第 121 页。

〔39〕 例如,某案中被告人对于某村民无证在村民宅基地上联户开发建房的行为,没有有效制止;后因有关单位缺乏监管,该村民又一房二卖,骗取 316 户居民巨额购房款,致两会期间购房者集体上访。法院以"多因一果"、村民实施了诈骗行为为由,对被告人免除刑事处罚。可是,本案被告人对被监管者并无保证人地位,不应构成犯罪。参见(2013)鲁刑初字第 125 号。国外也有类似的情况。以英国的毒井案(poisoned wells)(Sutradhar v. Natural Environment Research Council)为例,在该案中,一个研究机构受地方政府的委托为某一口井的井水出具研究报告,地方政府合理地和可预见地用这份报告作为水供应安全的根据。但该研究机构忘记进行砷的检测。该地区 699 人饮用了井里的水后身体健康受到了损害。对此,法院承认了研究机构有过错地导致了结果发生,并且对结果可预见,但认为该机构和损害结果之间缺乏"近因",理由是该机构对地方政府和居民都没有所谓的控制支配(control),对于该地居民的安全也没有承担责任(assumption of responsibility)。参见 David Howarth. Poisend Wells:"Proximity" and "Assumption of Responsibility" in Negligence. 64 Cambridge L. J. 23 2005. p.24. 需要注意的是,英美国家并没有所谓的保证人理论,筛选主体的功能被"近因"的要求所承担。

法义务,[40]另一方面作为义务还应符合实质法义务理论。黎宏教授首先提出了这个观点。他认为不真正不作为犯的作为义务必须从两个方面考察:一是事实因素,指行为人能够现实、具体地支配危害结果发生的因果关系;二是规范因素,包括法令、职务职责、法律行为等所谓作为义务发生根据。[41]该观点既重视形式法义务,也重视实质法义务,在我国获得了大多数学者认同,他们都强调应当建立"形式与实质相统一的作为义务"。如张明楷教授指出,形式法义务说固然存在无法说明其合理根据、自相矛盾、不当扩大处罚范围等问题,[42]但是,完全抛弃形式限制也不行,将使得义务缺乏明确性,不作为犯的处罚范围不当扩大或缩小。[43]许成磊博士也认为,"以支配理论为中心,建立形式与实质相统一的作为义务论是比较妥当的见解"。[44]但是,强调仅仅从实质角度去考察作为义务的观点也非常有力。连黎宏教授自己也改变了最初的想法,认为当实质义务和形式义务所得结论不同时将难以判断行为人是否具有作为义务,导致简单问题复杂化,因此不再主张考虑形式义务。[45]

第二个问题是实质法义务理论根据。"从形式的作为义务论到实质的作为义务论的转变,这是我国刑法学在作为义务理论上的一个发展趋势。但是,在如何对作为义务进行实质判断上,仍然存在标准不明之弊。从目前的情况来看,更多的还是对德日学说的介绍,尚未形成我国自身的理论。"[46]实际上,本书认为我国学者主要借鉴了日本学者的观点。可以分为三大派别。

第一派别,也是最大的一个派别,是借鉴堀内捷三教授的"事实承担说"、西田典之教授的因果经过支配说和山口厚教授的结果原因支配说而产生的学说。核心概念是"支配",称为支配阵营。

冯军教授主张"支配行为说",认为保证人理论的实质标准是,行为人是否为避免结果发生而自愿地实施了具有支配力的行为。具体而言有三

〔40〕　高铭暄主编:《刑法学原理》(第 1 卷),中国人民大学出版社 1993 年版,第 543 - 545 页。

〔41〕　黎宏:《不作为犯研究》,武汉大学出版社 1997 年版,第 166 - 167 页。

〔42〕　例如,形式法义务说无法回答为什么一个以作为方式违反了其他法律的行为不构成犯罪,而一个以不作为方式违反其他法律的行为反而构成犯罪的问题,也无法给出在某些场合,行为人虽没有履行某些法律规定的义务却不构成犯罪的理由。具体参见张明楷:《不作为犯中的先前行为》,《法学研究》2011 年第 6 期,第 137 页。

〔43〕　张明楷:《不作为犯中的先前行为》,《法学研究》2011 年第 6 期,第 138 页。

〔44〕　许成磊:《不纯正不作为犯理论》,人民出版社 2009 年版,第 337 页。

〔45〕　黎宏:《刑法总论问题思考》,中国人民大学出版社 2007 年版,第 145 页。

〔46〕　陈兴良:《不作为犯论的生成》,《中外法学》2012 年第 4 期,第 679 页。

层含义:行为人必须是自愿实施该行为,该行为指向结果防止目的,且该行为支配了结果发生进程。[47] 这一观点,首要强调行为人的支配行为,这和堀内捷三倡导的"事实承担说"具有亲和性,后者强调行为人必须开始实施意图维持法益的行为,并且反复继续实施这一行为,而且行为人必须将因果关系的发展进程控制在自己手中。[48] 因此,他们都受到了不当缩小不作为犯成立范围的批评。如根据该说,行为人交通肇事后逃逸致人死亡的,只要不是已经实施了救人行为后又放弃的,就不成立不作为杀人;母亲一开始就不给婴儿喂奶,最终致其死亡的,也因为没有自愿实施支配行为,并不成立不作为杀人罪。[49]

"排他支配说"认为,掌握导致结果发生的因果流向对于不作为人来说还不够,还必须具体、排他地支配这一因果发展方向。[50] "排他支配说"较"支配行为说"更强调行为人对整个因果流程的具体把握,这也使得排他支配说在某种程度上认定不作为犯更加严苛。黎宏教授就认为,按照"支配行为说",行为人遗弃婴儿和老人的行为就属于支配了因果关系,但按照"排他支配说",行为人还必须是遗弃在"野兽出没的深山偏野或者很少有人发现的冰天雪地",否则不能成立不真正不作为犯的杀人罪,而只该当遗弃罪的构成要件。[51]

张明楷教授则主张结果原因支配说。他认为,"在作为犯的场合,作为方式的杀人是死亡的原因,行为人支配了这一原因。因此,要认定不作为成立故意杀人罪,也要求行为人支配了死亡的原因。就此而言,将实质的法义务限定为对结果原因的支配,是正当的、可取的"。[52] 在此基础上,他又从保护法益和监督危险源两个角度来进一步阐释实质法义务。这里的"支配",张明楷教授认为可以是规范的支配,借此将先前行为这种缺乏对

---

〔47〕 冯军:《刑事责任论》,法律出版社 1996 年版,第 45 - 48 页。

〔48〕 [日]堀内捷三:《不作为犯论》,青林书院新社 1978 年版,第 249 页以下。

〔49〕 冯军教授的观点还存在其他问题,主要在于对目的的强调。实质法义务的有无,本来是一个客观的问题,不应掺入行为人的主观目的。并且,以行为人主观目的的不同来影响实质法义务的有无,还会更加不当缩小处罚范围。例如,在交通肇事的场合,就会出现行为人出于救助的意思实施了救助行为后再弃之不顾的,才成立不作为犯罪,行为人一开始就出于弃置的意思的,反而不可能成立不作为犯罪的不合理结论。参见许成磊:《不纯正不作为犯理论》,人民出版社 2009 年版,第 336 页以下;李晓龙:《论不纯正不作为犯作为义务之来源》,载高铭暄、赵秉志主编:《刑法论丛》第 5 卷,法律出版社 2002 年版,第 99 页。

〔50〕 马克昌主编:《刑法学》,高等教育出版社 2003 年版,第 515 页。

〔51〕 黎宏:《排他支配设定:不真正不作为犯论的困境与出路》,《中外法学》2014 年第 6 期,第 1548 页。

〔52〕 张明楷:《不作为犯中的先前行为》,《法学研究》2011 年第 6 期,第 139 页。

危险源的事实支配的类型也纳入进来。他论述道,先前行为人确实仅仅偶然地、临时地和脆弱法益或危险源在同一空间共存,但从社会分工的角度规范地来看,行为人是所有在场者中"最应当"同时也是"最容易"采取有效措施回避法益侵害的发生的,因此先前行为人对该脆弱法益或危险源存在规范的支配。[53] 显然,该观点在解释何谓"规范的"支配时完全依靠"社会分工"概念,结局是,"社会分工"这一概念完全架空了"支配"概念。不仅如此,"社会分工"的判断依靠是否"最容易""最应当"履行义务,也不妥当。"最容易"只意味着一种支配可能性,支配可能性并非支配本身,而"最应当"又是一种对"应否承担义务"的预判,由此陷入了循环论证。显然,该观点的最大问题还在于无法说明先前行为为什么是作为义务来源。

黎宏教授最开始主张不作为人"具体、现实地支配着能够引起结果发生的因果关系"时,就产生作为义务。具体而言,可考虑以下两种情形:一是行为人能够事实上排他地支配法益侵害的发生时产生作为义务。这是一种实际支配因果关系的基础,由行为人有意反复连续实施支配结果的行为而产生。不仅如此,这种实际支配还应当具有排他性,使得行为人控制事态之后其他人无法干预。二是行为人处于控制危险源地位时具有作为义务,并且该"危险源正现实地对被害人造成某种危险"。[54] 这一控制地位并非行为人有意形成,而是根据行为人的身份、社会地位等规范要素形成。黎宏教授对于先前行为作了细致入微的分析。他认为在一般交通肇事中行为人不救助被害人致其死亡的情况下,行为人缺乏"有意反复连续实施"对被害人死亡结果的支配,故不成立保证人地位;但若肇事者把被害人搬入车内,形成"实际、排他的支配"时,就可能成立保证人地位。不过,当行为人"由于不可罚的先前行为而使他人处于危险状态"时,"行为人具有消除该种危险的义务"。例如,将他人过失锁在房内,事后发现了但故意不放其出去,或不小心将他人推入水中却故意不救助的,都可能承担不作为的刑事责任。[55]

现在黎宏教授主张"排他支配设定说"。据其观点,该说可谓支配行为说和新先前行为说的结合。排他支配设定说是近来非常值得关注的学

---

〔53〕 张明楷:《不作为犯中的先前行为》,《法学研究》2011 年第 6 期,第 140 - 141 页;欧阳本祺:《论不作为正犯与共犯的区分》,《中外法学》2015 年第 3 期,第 726 - 727 页。

〔54〕 黎宏:《"见死不救"行为定性分析——兼论不真正不作为犯的作为义务的判断》,《国家检察官学院学报》2011 年第 4 期,第 70 - 71 页。

〔55〕 黎宏:《"见死不救"行为定性分析——兼论不真正不作为犯的作为义务的判断》,《国家检察官学院学报》2011 年第 4 期,第 71 页。

说,其站在排他支配说立场,以对因果流程排他支配为核心,并利用"原因设定"的概念来补充。具体而言,一方面,行为人必须自己设定面向侵害结果的因果流程,并保证这一原因根据自己的想象在法益侵害结果中顺利实现;另一方面,若行为人没有最初设定这一因果经过,但却中途介入,进而掌控因果流程的发展进程的,也应当成立保证人地位。[56] 显然,该说旨在弥补排他支配说无法包含先前行为的缺陷,借助"原因设定"来扩大保证人的范围,又把社会持续性关系通过"原因设定"去规范化,吸收进保证人理论中。[57] 从黎宏教授的观点来看,前后两种观点都是在支配行为说的基础上有所修正和增加,前一个观点增加了对危险源的规范控制,后一个观点则增加了先前设定原因力。区别在于,前者还带有一定的规范要素,但后者已经完全事实化;两种观点对于先前行为的认识也发生了根本的变化。不过,前后两种观点都强调支配的"排他性",即行为人必须有对结果独一无二的控制地位。但是,排他支配设定说仍然值得商榷。

一是作为该说基础的"排他支配"这一核心概念的问题。"排他"有两层含义,第一,对整个因果流程的排他,即必须维持法益危险变成现实侵害结果。[58] 这混淆了保证人的成立和不真正不作为犯的归责。在有第三人介入的场合,若无法将结果归给行为人,仍有成立未遂犯的空间,而不能就此否定保证人地位进而得出无罪结论。第二,要求排除他人的干涉。但这一要求究竟是事实上还是规范上的,令人疑惑,[59] 在什么场合采哪一意义上的"排他",不甚清楚;该要求与同时犯的概念也无法融合。实际上在生命法益之外的场合,如失火后不救火,我国学者并不强调"排他",一方面因为在这一场合难以说清楚该如何"排他";另一方面,在生命法益的保护上,在缺乏排他性而不认定故意杀人罪时,还能够退一步认定遗弃罪,但是在放火的场合,由于不存在一个刑罚低于放火罪的同类犯罪,只

---

〔56〕 参见黎宏:《排他支配设定:不真正不作为犯的困境与出路》,《中外法学》2014年第6期,第1587页以下;陈兴良教授的观点与此相近,参见陈兴良:《作为义务:从形式的义务论到实质的义务论》,《国家检察官学院学报》2010年第3期,第79页。

〔57〕 西田典之通过加入规范要素来修正,即在缺乏支配意愿的情况下,具有社会持续关系时,就具有保证人地位。但是,仍然存在"排他"要求不合理、保证人范围不合理等问题。

〔58〕 参见黎宏:《排他支配设定:不真正不作为犯论的困境与出路》,《中外法学》2014年第6期,第1588页。

〔59〕 如黎宏教授在旧版的教科书中指出,在交通肇事的场合强调"将被害人抬入车内"这种事实上的排他,又在父亲带小孩去公园的场合主张"社会一般观念下,只有父亲对该小孩有支配"这种规范的排他。黎宏教授在其2016年版的教科书中对什么是"排他支配"避而不谈,但这一问题显然还是存在(参见黎宏:《刑法学》,法律出版社2012年版,第88页;黎宏:《刑法学总论》,法律出版社2016年版,第83-91页)。

能选择性地无视"排他"的要求。[60]

二是该说的两类情形，不论是原因设定还是中途介入，都要求行为人"事实上介入"，这无法满足法益保护需求。一方面，"事实的介入"使得那些具有监督管理职责但疏于管理或者故意不介入的人难以被赋予保证人地位。在这种场合，要求"事实的介入"作为前置条件并不现实。在行为人是国家机关工作人员时尚能以渎职类罪勉强弥补，但在行为人是企业管理者时难以处理；即使通过过失犯归责，也不符合我国的刑事治理需求。另一方面，"原因设定"将夫妻、父子这类社会持续性保护关系转化为先前行为的做法也不合适。根据该说，在被害人自己造成危险时，行为人没有介入，一律缺乏保证人地位，只能视情况成立遗弃罪。但是，遗弃罪主体也是保证人，否定了保证人而无法成立故意杀人罪时，遗弃罪也没有成立的空间。[61] 而且，这一结论不符合司法惯例，不照料妻子、不救助小孩致其死亡被各国毫无疑问地认定为不作为的杀人行为。[62]

李晓龙认为，大部分学者提出的保证人地位实质法理根据其实都是支配说的不同演化，他提出应根据实质三要素来判断作为义务，一是法益是否面临迫切的危险，即"危险状态必须是使刑法保护的合法权益处于遭受严重损害的威胁"，且"危险状态具有侵害的现实性"，危险状态"不是假想的和推测的，而是一种实际存在和正在发生的现实可能性"。二是法益对行为人具有现实依赖性。这是指法益是否具体地并且事实地依赖行为人。"如在交通肇事后逃逸的案件中，只有当被害人重伤，丧失自我救护能力，其生命完全依赖于他人的救助的情况下，肇事人才会产生高度作为义务，相反，如果被害人在交通事故中其生命法益虽然遭到一定的危险（如流血不止），但仍能够实施自我救护（如自行到医院或打电话呼救），则不能形成依赖性关系"。三是行为人排他地支配着法益。"行为人对法益具有支配性是指行为人操纵着危害结果发生的因果进程，行为人如果不为一定作

[60]　从日本判例来看，不作为的放火罪，多数以"自己的住宅失火"，因而处在自己的支配下这一理由来认定作为义务，但在小偷侵入了事务所后，过失起火却不救火这类场合（广岛高冈山支判昭和 48 年［1973 年］9 月 6 日判时 743 号 112 页），就完全没有考虑行为人是否具有排他的支配。

[61]　我国刑法规定，遗弃罪的主体是"负有扶养义务的人"，但哪些人是负有该义务的人并不清楚，还是需要通过保证人理论来确定。实际上，遗弃罪和故意杀人罪的区分取决于法益侵害程度，应考察被害人是否完全不能自救、被害人发病的场合、是否可能得到其他救助等因素，而非是否进行了原因设定。

[62]　例如，美国 Territory v. Manton 案、我国南京饿死女童案（http://newspaper．jorb．com/html/2013－09／20/content_141423．htm）。即使对认定不作为的故意杀人罪最为严格的日本，也将不履行合同照管婴儿的行为认定为不作为的故意杀人罪（大判大正 4 年［1915 年］2 月 10 日刑录 21 辑90 页）。

为的话,就会发生危害社会的结果"。[63]

李晓龙的观点,看似在支配要素上加入了法益和依赖要素,但实际上,仍然不得不说属于支配阵营。其所主张的法益要素本身就是所有讨论的前提,即只有存在"刑法保护的法益"及其"具有现实侵害性",才可能构成犯罪;而其所主张的现实依赖,似乎与排他支配没有太大区别。虽然其泛泛指出"这种事实上的支配关系并非完全基于不作为者和被害者之间的依赖关系而产生,还由于存在不作为者对于结果即法益事实上的支配性",但并没能说明依赖和支配除了在主体和对象上发生了转换之外,究竟还有何种不同。

支配说在我国获得了非常多的支持。从支配行为说到排他支配说,再到结果原因支配说,互相之间都有紧密联系。目前,虽然各种版本的排他支配说占据了主要版面,但结果原因支配说从对排他支配说的批判中产生,也形成了有力的竞争局面。

第二个派别是先前行为说。该说是对日高义博的先前行为说的借鉴。该说强调,只有当行为人在故意或者过失的先前行为后,对法益面临的侵害危险不作为的,才能构成不真正不作为犯。[64] 该说仅从因果关系的角度出发而没有从违法性的角度出发进行考虑,缺陷非常明显。因此,这种观点虽然流行了很长时间,但目前的支持者并不多。

值得注意的是,黎宏教授指出,我国的先前行为说出现了新的派别。他认为该派别的主要观念来自德国,[65]并阐释道:如张明楷教授所言,"使刑法保护的具体法益面临紧迫危险,是先前行为成为作为义务来源的实质根据",[66]根据王莹博士的进一步说明,"在先行行为具有引起损害结果的潜在风险,这种潜在风险继续发展,在损害结果中实现——先行行为所包括的潜在风险发展过程中没有其他异常因素介入(如异常发展、被害人或者他人的行为介入等)导致原来先行行为所创设的风险被替代,形成新的风险——的场合,所引起的损害结果归责于先行行为人。"[67]随后,黎宏教授提出了"新先行行为说",认为前后两种学说之间的区别在于,"行为人

〔63〕 李晓龙:《论不纯正不作为犯作为义务之来源》,载高铭暄、赵秉志主编:《刑法论丛》第5卷,法律出版社2002年版,第51页。

〔64〕 参见黄荣坚:《论保证人地位》,《法令月刊》1994年第46卷第2期,第7-18页;何荣功:《不真正不作为犯的构造与等价值的判断》,《法学评论》2010年第1期,第105页以下。

〔65〕 黎宏:《排他支配设定:不真正不作为犯论的困境与出路》,《中外法学》2014年第6期,第1585页。

〔66〕 张明楷:《不作为犯中的先前行为》,《法学研究》2011年第6期,第145页。

〔67〕 王莹:《论犯罪行为人的先行行为保证人地位》,《法学家》2013年第2期,第121页。

对于其先行行为所引起的潜在危险,是不是要有排他性支配"。[68] 本书不赞同所谓的新先行行为说。首先,"使刑法保护的具体法益面临紧迫危险,是先行行为成为作为义务来源的实质根据"这一说法并不恰当。[69] 行为使法益面临紧迫的危险,理所当然是行为人就该行为承担责任的根据,而不能马上推知是作为义务来源的根据,更不是所有义务的实质根据。其次,王莹博士的观点也仅仅涉及特殊情况下的归责问题,即当出现异常因素介入时,先行行为产生的风险所最终导致的结果不再归责给行为人,这是客观归责理论在先前行为问题上的运用,也并不涉及先行行为或者其他作为义务的实质理论根据。

第三个派别则是作为义务程度说。论者认为"形式上一样的作为义务,在实质上有程度的不同";[70]"刑法上的作为义务和其他法律的作为义务的区别就在于作为义务的强弱程度不同"。[71] 这种强弱判断的关键在于作为义务和法益的关系。包括以下几个方面:一是法益所面临的危险之紧迫性与现实性;二是作为义务的主体是否排他性的支配着法益,防止其遭受侵害;三是履行作为义务的事实可能性和履行作为义务的难易程度。[72] 陈兴良教授认为,这个观点是受到张明楷教授的启发而得。后者曾经在书中论述道,"即使作为义务来源于相同的法律规定或法律事实,由于作为义务程度的差异,也可能构成性质不同的犯罪"[73]。

该观点仍然纳入了"排他性支配"作为判断要素,但是,它的特点在于同时考察法益面临的危险的程度以及义务履行的可能性与难易程度。根据这三个要素的程度组合,来具体判断个案中存在什么样的作为义务。举例来说,"将女婴抛弃于人们容易发现的场所,如车站的候车厅或他人的家门口,可能构成遗弃罪。将女婴抛弃于人迹罕至的荒郊野岭,可能构成不作为方式的故意杀人罪。虽然无论将婴儿抛弃在什么地方,违反的都是《民法典》婚姻家庭编规定的抚养义务,但由于抛弃的地点不同,婴儿获得照料的机会也就不同,从而影响了作为义务的程度。在容易被发现的地方,婴儿被

---

〔68〕　黎宏:《排他支配设定:不真正不作为犯论的困境与出路》,《中外法学》2014 年第 6 期,第 1585 页。

〔69〕　在笔者看来,张明楷教授的这一表述并不在讨论先前行为的实质法理根据,而是在讨论其成立条件。实际上,前文已经介绍,张明楷教授主张的是结果原因支配说,而并非先前行为说。

〔70〕　谢绍华:《先行行为论》,中国人民公安大学出版社 2011 年版,第 75 页。

〔71〕　谢绍华:《先行行为论》,中国人民公安大学出版社 2011 年版,第 76 页。

〔72〕　谢绍华:《先行行为论》,中国人民公安大学出版社 2011 年版,第 91 – 94 页。

〔73〕　张明楷:《刑法格言的展开》,法律出版社 2005 年版,第 142 页。

发现的可能性就高,获得他人保护的机遇也就大,婴儿父母的作为义务的程度就自然低一些;在难以被发现的地方,由于婴儿获得他人照顾的可能性很低,婴儿的安危几乎全掌控在他的父母的手中,其父母作为义务的程度自然也就高。所以,也就有了犯罪性质上的差别,前者构成了社会危害性较小、性质不太严重的遗弃罪,后者却构成了性质严重的杀人罪。其原因就在于作为义务存在程度上的差异。"[74] 再如,"遗弃罪与不作为的故意杀人罪尽管也有主观差异,但区分二者的关键在于作为义务的程度不同,而作为义务的强弱又主要通过法益所面临的危险性、作为义务人与法益的关系、作为义务的履行难易来衡量。扶养义务强而拒绝扶养的,就可能构成不作为的故意杀人罪;反之,就构成遗弃罪。"[75] 周光权教授也主张,在故意杀人罪与遗弃罪的问题上,"危险的不同决定了作为义务本身在轻重程度上的区别。"[76]

在本书看来,这一观点也带有深刻的"日本烙印"。从前田雅英、大谷实教授对作为义务的论述上可以看出,他们的观点就是将作为义务的判断细分为若干个判断要素。这种观点存在以下问题:首先,将作为义务和实行行为混同,有的甚至和罪责要素混同。其次,等价性和法益危险程度之判断混淆,归责判断置于作为义务判断之前。该观点实际上通过确立归责之后才确立作为义务,而不是通过作为义务来限定处罚范围。究其原因,日本坚持禁止规范包含命令规范、对不作为的处罚要依据作为的构成要件的基础理论,从源头说明了这一问题。

第三节　二元保证人理论之提倡

一、保证人理论确立之原则

既然我国期待不真正不作为犯在现代刑事治理体系中发挥更为广泛的作用,从轻处罚不作为犯,则在不作为犯的核心要素保证人的认定门槛上就必然会相应宽松。因此,在保证人理论的确定上,应遵循以下原则:

第一,应注意规范和事实要素的融合。规范要素具有弹性,保证人理论中的规范要素越多,保证人的成立范围就越广。不过,规范要素自带"模

---

[74]　谢绍华:《先行行为论》,中国人民公安大学出版社 2011 年版,第 77 页。

[75]　苏彩霞:《遗弃罪之新诠释》,《法律科学》2001 年第 1 期,第 117 页。

[76]　周光权:《刑法各论》,中国人民大学出版社 2008 年版,第 30 页。

糊不清"属性,[77]例如,期待说强调的"社会内部的相互期望",[78]既难以被理解也难以被证错,因而不具备解释力,这是其常常被抨击为变相的形式法义务的原因。反观那些以事实要素为主的保证人理论,它们往往内容清晰,但是缺乏弹性,所囊括的保证人范围较窄。例如,开创排他支配说先河,亦为极端事实化代表的堀内捷三的事实承担说可谓只能解释"保护责任的承担"的特殊理论。[79] 立基于我国立法、司法现状和社会发展趋势,不宜将保证人限定在一个狭窄的范围内,这种做法无法满足后工业社会的刑事治理需求。据此,我们需要具备一定清晰度和可操作性,但又能够囊括较多保证人类型的理论。

第二,应与实践中体现的重要价值取向一致。"刑法并不仅仅是逻辑现象,更是社会现象。"[80]司法实践中认为极其重要的义务类型,即体现了司法人员整体价值取向、体现了法外要素的类型必须包括进来。[81] 一是应当包括夫妻、亲子间的保证人地位。夫妻一方生病、遇到危险或自杀时,我国判例都肯定配偶的救助义务。二是应当肯定先前行为保证人地位。与日本的情况不同,我国司法实践中单独以先前行为作为义务来源的案例比比皆是。夫妻、亲子间义务和先前行为义务这两类案件,在我国不真正不作为犯判决中占了80%以上。应当认为,浸淫在一国文化、社会环境等诸多因素中的法官们,已自然做出"考虑了舆情与法理"的选择。[82] 既然如此,理论应当对此予以尊重。

第三,应符合社会发展方向。所选取的保证人理论应当能够很好地说明政府、企业中上下级监督、场所管理等保证人地位。这类义务在目前的司法实践中并不多,究其原因,不作为犯罪的教义学尚未发展成熟时,为了应对刑事治理的需求,我国在分则中进行了大量渎职类犯罪的立法。但是,这样的立法有饮鸩止渴之嫌,只能满足当下基本的处罚需求,阻碍了教义学发展,

---

〔77〕　参见[德]克劳斯·罗克辛:《德国刑法学总论》第 2 卷,王世洲等译,法律出版社 2013 年版,第 542 页。

〔78〕　Vgl. Joerg Brammsen, Die Entstehungsvoraussetzungen der Garantenpflichten, Berlin: Duncker&Humblot, 1986, SS. 114 – 128.

〔79〕　参见张五常:《科学说需求》,中信出版社 2010 年版,第 45 页。

〔80〕　陈兴良:《刑法教义学与刑事政策的关系:从李斯特鸿沟到罗克辛贯通——中国语境下的展开》,《中外法学》2013 年第 5 期,第 976 页。

〔81〕　什么样的人应当承担保证人地位,应当以普遍的价值取向为根本,教义学则起到对这一价值取向进行澄清、发展和细化的作用。但这并不是说判决都是对的,所谓的"普遍的价值取向"无法在这个意义上被提炼。但是,在判决所表现出来的关键特点上,应该说绝不是巧合,而是体现了一种法外因素共同作用的结果。

〔82〕　参见许成磊:《不纯正不作为犯理论》,人民出版社 2009 年版,第 347 页。

也难以达到精细司法的目标。滥用职权罪和故意杀人罪的区别、玩忽职守罪和不作为的过失致人死亡罪的区别等问题，一直困扰着理论和司法实践，其关键即在于渎职领域中仍然需要对保证人进行认定。司法由满足刑事治理的基本需求，到精细司法的阶段，必然会提出诸多问题。这是后工业社会以来为了追究管理者的刑事责任，以便更好地回应现代化挑战的必然选择。

二、结果原因支配说为主

笔者原则上赞同结果原因支配说。该说认为，不作为必须和作为等置，因此和作为一样支配了造成结果的原因即可，不需要达到"排他"的要求。但是，支配的程度必须达到像作为犯自如地支配自己、支配工具来实施犯罪的程度，这考虑的并非支配可能性，而是一种行为人和被支配对象之间形成了双向的"支配意向"，前者对后者有支配意志，后者对前者有默示的依赖。这就要求一种事先的常态的支配，一方面来自保护责任的主动承担，即行为人主动将被支配对象纳入自己的支配范围，另一方面则是来自行为人和被支配对象之间存在持续的紧密的社会关联。[83] 笔者认为，结果原因支配说能够适应我国的社会需求，较好地确定保证人的范围。

（一）结果原因说对"身份"的关照

首先，不真正不作为犯是一种身份型的犯罪，保证人地位是一种身份，而不是行为要素的一部分。将作为义务视为客观方面要素，易与过失犯中的注意义务混淆。作为义务和注意义务都不是刑法明文规定的，都需要法官在具体案件中加以补充。但是，两者的区别很大：首先，作为义务是有无的问题，注意义务是程度和方式的问题。[84] 例如，企业主对于企业员工的生产安全利益有保护义务，这是一种作为义务；生产设备老化会给员工带来危险，企业主应对生产设备进行定期检修，"定期检修"则属于注意义务的内容。也就是说，作为义务回答的是谁是义务主体的问题，注意义务则是一个为避免法益侵害结果发生而抽象出来的刑法上的一般义务。其次，在判断所依据的材料方面，对于作为义务，法官应进行刑法前的判断，根据行为人和受损法益在刑法前的关系来判断行为人是否有作为义务；对于注

---

〔83〕 参见[德]班德·许迺曼：《不纯正不作为犯及以不作为实施犯罪之形式》，王莹译，载梁根林主编：《刑法体系与犯罪构造》（当代刑法思潮论坛第一卷），北京大学出版社 2016 年版，第 227 – 229 页；张明楷：《不作为犯中的先前行为》，《法学研究》2011 年第 6 期，第 139 – 141 页；参见[日]山口厚：《刑法总论》，付立庆译，中国人民大学出版社 2018 年版，第 89 页。

〔84〕 [德]冈特·施特拉腾韦特、洛塔尔·库伦：《刑法总论 I——犯罪论》，杨萌译，法律出版社 2006 年版，第 425 页。

意义务,法官必须结合案件中的事实(包括行为本身的危险和行为时的客观环境)以及行为人的知能水平判断行为人所应负有的注意义务的程度、方式如何。再次,两个概念虽然都是"义务",但此义务不同于彼义务,这一点联系过失的不作为犯更加清楚。"某人因未履行作为义务而导致侵害结果"时,"未履行作为义务"并不是对过失犯罪客观方面的表述,毋宁说是一个归责基础;"未尽到注意义务导致侵害结果"才是构成要件的客观方面。由上可知,若以为构成要件是各种要素的简单拼图而可将它们任意腾挪,认为作为义务在主体中还是实行行为中讨论都没有区别的想法是错误的。这不仅带来逻辑上的混乱,也会妨碍我们依循正确的途径把握研究对象的本质。如果视不真正不作为犯为身份犯,通过对"身份"性质的把握,就可以帮助我们理解作为义务的本质,从而能够正确地完成形式法义务实质化的过程。既然作为义务有无的判断还在于明确承担义务的主体范围,毋宁接受保证人地位这一概念,在避免"作为义务"带来的混乱的同时,更便于我们对"保证人地位"的身份特性展开研究。[85]

其次,身份的本质是法益侵害。关于身份的实质,历来有法益说和义务说之争。义务违反说认为,身份犯的本质在于具有身份的行为人没有履行特殊的义务。当个人特质、社会关系地位或者状态表明行为人负有某种

---

〔85〕　其实,即使是持结果无价值论的学者,也有通过确认不真正不作为犯的"身份犯"性质来帮助理解作为义务的实质的看法。我国学者黎宏即持该观点。首先,黎宏教授指出以身份犯作为研究不真正不作为犯的前提。他从法益论的立场出发,主张从不作为人和结果的关系中来探讨作为义务。其中,最大的难题就是如何确定谁的不作为是导致结果发生的原因。通常判断结果发生的原因时,是通过确认不为某一行为同结果之间具有条件关系就可以了。但是在有的情况下,即使可以确定引起结果的条件,但仍不能确定原因主体,或者说是归属主体。确定归属主体的唯一条件是作为义务,即具有一定作为义务的人的不作为才能成为不作为犯的主体。从此意义上讲,不作为犯是身份犯。其次,身份是指行为人所具有特定资格或特别的人身情况,足以影响定罪量刑,黎宏教授将刑法中的身份分成三类:一是事实身份,如背叛祖国罪的主体只能是中国国籍的人,不能是外国人。二是法律身份,如贪污罪的主体只能是从事公务的人。三是选择身份,即国家根据法益保护程度的需要而确定身份,例如非法剥夺公民宗教信仰自由罪,法律明文规定只有国家机关工作人员构成,但客观上一般公民也能实施。在这一点上,与在不防止结果发生的众多行为中只处罚具有作为义务的人的不作为的情况具有一致性。再次,关于为什么在身份犯中只有有身份的人的行为才能构成犯罪,黎宏教授认为除了说有身份的人的社会危害性更大之外,还必须强调有身份者和某种被侵害的法益之间,具有更加亲密的关系,其行为更加容易给法益造成侵害。在上述第三类身份犯中,之所以规定特定的人才能成为犯罪主体,一方面是因为具有身份的人"以其在社会上或法律上因具有人的关系,取得地位或资格,而负担特定义务"之外,另一方面是因为具有特定身份的人同某一特定法益具有很密切的关系。但是,"身份"仅仅是帮助理解不真正不作为犯的作为义务的因素,因为身份犯中的身份只是代表人的一定人身情况或者资格,而在不作为犯中并非只有具有一定地位或者资格者才能成为作为义务人。例如先前行为就是基于一定的事实要素而成为作为义务根据的。黎宏:《刑法总论问题思考》,中国人民大学出版社2007年版,第144-151页。

特定的义务时,违反该义务就成立身份犯罪。这样一来,归责的基础和重点也在于对这些特定义务的违反。此说是德国的通说,罗克辛、施特拉腾韦特、加拉斯等学者都支持此说,法院的判决常常体现出对义务重点考察;日本学者支持此说的有木村龟二、野村稔等;另外,在我国也有拥趸,如赵秉志教授、台湾地区学者高金桂等。[86]

相反,如果坚持认为法益侵害是犯罪本质、彻底贯彻结果无价值的话,就会在身份犯的问题上认为侵犯与该身份相关的特定的法益才是身份犯的本质,如果没有某种身份,就不可能侵犯该法益。法益侵害说得到了日本的平野龙一教授的提倡,"根据认为法益侵害(与危险)是违法性的实质的见解,特别是真正不作为犯,如果不是具有身份者,事实上,也许不可能侵害该法益"。[87] 张明楷教授也主张,"特殊身份是表明行为的法益侵犯性的要素"。[88]

本书主张,身份犯的本质并非义务违反,而是法益侵害。仅以刑法外的义务违反作为身份犯的可罚性基础的话,与刑法的法益保护目的相背离。此外,义务违反说也没法说明如何将刑法外义务违反转化成刑事不法。所以,脱离法益保护来谈论身份并不妥当。但是,持法益侵害说的学者在对身份犯本质的分析上存在缺陷。

其一,上述分析有循环论证之嫌。"只有有身份者实施实行行为,才可能侵害特别的法益或者使其危险化"这一表述存在明显的逻辑缺陷,即以"身份是法益侵害之果"来证明"身份是法益侵害之因"。实际上,以法益侵害的概念来阐释身份的本质,不可能脱离循环论证,这种界定下的身份不可能为客观不法提供积极根据;只是对事物现象的表述,而不涉及本质分析。当我们再问:为什么有身份的人实施实行行为才可能使法益面临危险或者侵害?目前持法益侵害说的学者之回答就显得无力。而以主体范围是否受到限制来判断该犯罪是否身份犯,由于这只是身份犯罪的"充分条件"而非"必要条件",因此不可能说明身份犯罪的本质。

其二,不能很好地区分一些"疑似身份"。由于目前的法益侵害说在判断身份犯的标准上不够准确,在面对一些疑似身份犯,即主体范围受到限制的犯罪时,很容易得出身份犯的结论。以我国刑法中的生产者、销售者(刑法第 140 条)、投标人(刑法第 223 条)、公司发起人、股东(刑法第

---

〔86〕 闫二鹏:《身份犯本质刍议》,《当代法学》2007 年第 5 期,第 35 页。

〔87〕 [日]平野龙一:《刑法总论Ⅱ》,东京有斐阁 1980 年版,第 149 页。

〔88〕 张明楷:《刑法学》,法律出版社 2016 年版,第 132 页。

159 条）为例,按照前述法益侵害说的逻辑,不是生产者、销售者的话,不可能以"生产""销售"的方式将产品投入市场,也就不可能侵犯特定法益;不是投标人的话,不相干的其他人也不可能"串通投标";不是董事、监事、经理,就更加不可能"违背忠实义务""利用职务便利"操纵上市公司从事不法活动损害公司利益,因为其他人不具有这种"忠实义务"和"职务便利"。目前立足于法益侵害说的研究似乎没有对此提出有力的区分方法。

张明楷教授认为,从刑法分则条文的表述来看,生产者、销售者、公司发起人、股东等似乎不同于一般主体,但是他们与其他特殊身份存在区别。以生产销售伪劣产品为例,既然每个人都可以从事生产、销售活动,那么每个人都属于刑法第 140 条意义上的生产者、销售者。据此,第 140 条的主体"并无特殊之处"。但是,贪污罪中,"不是任何人都可以依法从事公务、管理或经营国有资产,因而并非任何人都可以成为贪污罪的行为主体"[89] 看起来,关键词是某种身份的"特殊程度",笔者也将其理解为该主体群体的闭合性程度。不过,这种"特殊"要达到多大程度才可能成为"身份",是以职业门槛的高低还是其他更加合理的标准来衡量,仍然需要进一步分析。

本书认为,虽然义务违反说在根基上与以法益保护为目的的刑法背反,但并非一无是处,义务违反说将重点放在刑法外义务,这提醒我们思考,行为主体与法益之间在刑法外就存在着与其他主体不一样的关联,这种关联说明只有行为人才能侵犯该法益或者只有行为人的侵犯法益行为才达到值得处罚的程度,[90] 或者说这种身份对法益的影响比其他主体大得多,以至于刑法有必要单独对这类人的侵犯法益行为作出规定。

刑法和其他法领域都源自社会生活事实。义务违反说为寻找身份的本质走出刑法,却走入了其他法领域,而没有回溯到社会生活事实中,但是,从刑法回溯到与其并行之其他法领域以寻找刑法条文的根据,就使得刑法成为与其他法领域没有区别的法律,这不可能被接受。多数持法益侵害说的学者仅在刑法条文内部做"只有该主体才能侵犯该法益"这样的循环论证,将刑法和刑法赖以产生的社会生活事实这一源头切断,这种做法

---

〔89〕　张明楷:《刑法学》,法律出版社 2016 年版,第 134 页。

〔90〕　只有行为人才能侵犯该法益的情形包括:1. 只能由具有特殊身份的人实施的犯罪,例如刑法第 401 条徇私舞弊减刑、假释、暂予监外执行罪,本罪的行为只可能由司法工作人员实施,法益也只可能由这类人侵犯;2. 将某种犯罪和特殊身份结合而成的新的犯罪,旨在保护特定法益,职务侵占罪和贪污罪正是这样的情况。只有行为人侵犯法益的行为才达到值得处罚的程度,这种情况例如刑法第 251 条中规定的侵犯少数民族风俗习惯罪。张明楷:《刑法学》,法律出版社 2016 年版,第 132 页。

必然无法正确获得"身份"之本质认识。所以,应考虑该条文中主体和法益在刑法前的社会状态下是一种什么关系,思考刑法为什么规定某种身份是某个犯罪不可缺少的因素,考虑身份和法益侵害的内在关系。只有借助"身份"对"利益"的原始影响才能更加清楚"身份不法"。这种身份不法不是从将社会生活规范化了的其他法领域中寻得,也不能从刑法条文中寻找,而应回溯到社会生活事实之中获得。

　　本书认为,可以将身份界定为"事先对法益的密切支配"。所谓"事先"指的是并非临时取得,而是在社会生活中已然存在;"密切",即该主体对法益的影响力远远超过了其他主体。例如,滥用职权罪和玩忽职守罪是典型的身份犯,主体限于国家机关工作人员。这是因为在刑法领域之外,国家机关工作人员与职务相联,职务行使的好坏直接关系到"公共财产、国家和人民利益",进而联系"国家机关公务的合法、公正、有效执行以及国民对此的信赖"这一法益。再如,国家机关工作人员由于其"代表公权力"这样的社会角色,其行为对于少数民族风俗习惯的影响要远大于一般人,所以刑法将侵犯少数民族风俗习惯罪的主体限制在国家机关工作人员上。

　　本书对身份本质的认识可以更清楚地辨明刑法中的身份犯。根据笔者的观点,生产者、销售者这样的主体,并不是一个足够清晰的社会角色,刑法规定这样的主体,只是作为构成要件的塑型因素,是一种自然的语感表达:既然处罚生产、销售伪劣产品这种破坏市场经济秩序的行为,其行为主体当然是"生产者"、"销售者"。实际上,也可以将本条表述为"任何人对生产、销售过程中的产品掺杂、掺假,以假充真,以次充好或者以不合格产品冒充合格产品……,处……"。而事后抢劫罪、普通侵占罪都不是身份犯。我国刑法第269条规定:"犯盗窃、诈骗、抢夺罪,为窝藏赃物、抗拒抓捕或者毁灭罪证而当场使用暴力或者以暴力相威胁的,依照第263条抢劫罪的规定定罪处罚。"刑法理论中有认为本罪是身份犯的,即"犯盗窃、诈骗、抢夺罪"是一种身份,也有认为本罪并非身份犯,"犯盗窃、诈骗、抢夺罪"只是本罪的前行为,暴力和暴力威胁是本罪的后行为之主张。[91] 根据笔者的观点,实施盗窃、诈骗、抢夺行为的人,对于他人的财产法益之侵害已经完毕,与他人身体法益之间并无"事先的密切支配",所以并不是"身份"。[92]

---

〔91〕　张明楷:《事后抢劫的共犯》,《政法论坛》2008 年第 1 期,第 90－95 页。

〔92〕　关于侵占罪是身份犯还是非身份犯存在争议。我国台湾地区学者亦有此争论。持身份犯观点的有刘幸义:《侵占罪的特定关系问题》,《台湾本土法学杂志》2002 年第 4 期,第 164 页;郑逸哲:《侵占罪构成要件乃纯正不作为构成要件》,《月旦法学杂志》2004 年第 9 期,第 227 页。反对的观点是黄常仁:《刑法总论——逻辑分析与体系论证》(增订版),作者自版 2001 年版,第 232 页。

从身份本质看保证人地位,"事先对法益的密切支配"值得提倡。成立保证人,可以肯定的一点是必须客观上支配着该法益或者危险源,即保证人在物理上处于可以控制该因果流程的地位。这是从外观上看到的"支配"。但是,仅有这种支配是不够的,最明显的例子是,当路人偶尔经过事故现场时,在很容易救助伤者、现场仅有他一人、伤者能否活命完全依赖于该路人的情况下,路人对伤者有客观上的支配。但是如西田教授所说,这属于"偶然的取得支配领域"的场合。根据西田教授采取的事实化路径,此时既然有了排他支配,按理就应该存在保证人地位。但是他感到这并不妥当,所以又加上了"社会持续保护关系"来限定取得偶然支配的场合作为义务之成立。这俨然成为其理论的硬伤,一方面是因为他在标榜事实化的同时引入规范要素,另一方面则是因为西田教授没有对规范要素做进一步限定,发掘其内核,以致"社会持续保护关系"很可能被误读。例如,房屋管理人对于闯入院子里并昏倒的流浪汉并没有保护义务,但根据西田教授的观点则很可能入罪。

在本书看来,之所以排除"偶然的支配"场合行为人的作为义务,是因为虽然行为人在外观上有"支配"的形态("能够"支配),但缺乏"支配"的内核,也就是"事先的控制支配"("应当"支配),这也是保证人地位的规范要素之本质。而其获得途径,一是行为人通过自己的行为取得对危险中法益的支配,这就是通常说的"保护功能的承担"。不过,如果行为人停止救助也不会给被害人带来更大损害,其停止救助的行为并不成立不作为犯。比如,在马路中看见被撞伤的路人,行为人将其扶到车内,在下一个加油站让其下车的,不能说行为人接受了危险、自愿承担了救助义务,但因没有完全履行义务而应承担不作为犯罪的责任。二是当行为人承担着某种社会地位、角色时,行为人自身本就具备某种支配认同。此时并不需要像第一种途径那样通过某种物理上的行动获取支配,因为长期的社会生活形成的法益支配事实和支配意思已经内化于行为人的社会地位中。

以"身份"说明保证人地位之实质,身份的本质不是人与人的关系,而是人与(抽象的)构成要件保护法益的关系。身份与义务的关系是,有身份的情况下通常伴随义务,但是行为人是通过义务违反而侵害法益,义务只是一个中间站,是用以说明法益侵害的手段。一个刑法外的义务主体,当他对法益并不存在某种值得注意的影响力时就不可能具有刑法上的身份。进行了这样的确定后,可以通过认定不真正不作为犯的身份犯性质来帮助理解保证人地位,具体而言,保证人对法益应有在先的控制支配,这种在先的支配使得行为人对法益的影响压倒性地超过其他人,因此,保证人不履行义务时将对法益产生法律上的重要影响。综上,不真正不作为犯的"身份"特点与结果原因支配说强调的事先支配是契合的。

（二）结果原因支配说能够妥善处理义务认定

首先,关于夫妻间与亲子间的保证人问题。夫妻和亲子关系一起构筑了人类关系的核心圈,是人类繁衍、生存的根本,这种身份关系形成共同紧密生活的事实,由此产生高度的互相依赖状态使得夫妻在各自的生活中互为保护屏障,具有事先的常态的支配。因此,在夫妻一方患病、面临生命危险的场合,另一方支配着被害人的脆弱法益,具有救助义务。其不履行义务的,视法益侵害程度成立故意杀人罪或遗弃罪。但是,在夫妻一方自杀的场合,应区分考虑:一是夫妻一方经过理性思考后决定结束自己的生命;二是夫妻一方患病后影响了正常的思维判断（如抑郁等精神疾病）,进而自杀;三是夫妻吵架或者其他情况导致夫妻一方冲动实施自杀。对于上述第一种情形,由于自杀者行使了对自己生命的支配和处分,此时另一方对自杀者没有支配,因此不成立保证人地位,不构成故意杀人罪和遗弃罪。第二种情形则与此相反,由于自杀者自我决定的能力有瑕疵,其决定并非"自由"作出的,生病这一状态决定了其需要由另一方予以保护。成问题的是第三种情形,也是我国司法实践中最常见的情形。[93] 这里存在着司法实践和学界的巨大对立。[94] 本书认为,第三种情形和第二种情形更为相似,自杀者都是在非正常的思维状态下作出的决定,这种"自我支配"都属于有瑕疵的、欠缺稳定性的支配,考虑到夫妻关系是人类的核心圈关系、自杀是对生命这一终极法益的处分,应当认为,互为保护屏障的配偶不仅要在对方丧失支配时予以保护,在对方支配有瑕疵时也应予以保护。[95]

---

[93] 笔者目前看到的配偶对另一方自杀不救助的案件,都属于一方吵架后冲动自杀的案件。例如,孙多琴故意杀人案（新疆生产建设兵团芳草湖垦区人民法院[2008]芳刑初字第40号判决书）、李银建故意杀人案（重庆市第二中级人民法院[2003]渝二中刑一抗字第4号裁定书）、李家波故意杀人案（浙江省金华市中级人民法院[2000]金中刑终字第90号判决书）、王某故意杀人案（参见刘荣庆等:《吵架了,就可以不管妻子吗?》,《检察日报》2002年4月30日第7版）,等等。

[94] 司法实践一般认为成立故意杀人罪,仅有少数案件例外（如李银建故意杀人案）。但学界基本否定配偶对另一方自杀时的救助义务。参见冯军:《刑法问题的规范理解》,北京大学出版社2009年版,第52页;王钢:《自杀的认定及其相关行为的刑法评价》,《法学研究》2012年第4期。

[95] 有学者认为,德国联邦最高法院从共犯的角度来处理不救助自杀的问题,即不救助者是成立正犯还是共犯,前者成立故意杀人罪,后者则不成立犯罪。参见欧阳本祺:《论不作为正犯与共犯的区分》,《中外法学》2015年第3期,第729－730页。但是,法院在这两种情况都肯定了配偶的保证人地位,只是联系到教唆、帮助自杀不构成犯罪这一点,指出在认定为共犯的场合不具有刑事可罚性。

父亲对儿子处于保证人地位指的是：父亲是孩子法益的保护屏障，对他的孩子有保护的义务。现实生活中，就同一个法益而言，每一个法益主体的状态可能相去甚远，以生命法益为例，成年人和襁褓中的婴儿的生命法益就呈现出完全不同的状态。前者不仅可以自我维持生命，而且有较强的抵抗外界进攻的能力，而后者的生命法益要受到破坏是非常容易的。为什么刑法没有考虑这样显而易见的事实，特别保护婴儿呢？正是因为刑法并不是单纯考虑婴儿自身，而是将其父母、保姆等因素作为保护其法益的屏障一并考虑，这样一来，婴儿的生命法益受到破坏的可能性就和正常人无异。所以，父母这层保护屏障就不可擅自撤离，其撤离本身就是对婴儿生命法益的破坏，使婴儿的生命法益处于裸露状态的行为即当受到刑法的否定评价。可见，如果社会地位之存在是为了保护法益、成为法益保护屏障的话，那么处在这个社会地位的主体就通常有"事先的支配"。

其次，基于职务监督的保证人问题。警察面对正在发生的不法侵害故意不阻止，致使被害人死亡的，由于警察对实施犯罪者并无支配，因此没有阻止犯罪者的保证人义务；警察虽然有保护人民生命和财产的职责，但该被害人当时并不在警察的高度支配之下，故警察也不具备保护法益的保证人地位，仅成立滥用职权罪。[96] 但是，在警察能够对犯罪者进行支配而放任不管的场合，则应当肯定其保证人地位。在唐群泽玩忽职守案中，被告人作为值班民警，在带领保安出警的过程中，放任保安殴打被害人，在事后返回案发现场查看死者的时候，明知其伤势严重但没有救助，两次不作为造成了被害人死亡。法院认为，"在发现保安人员殴打被害人时，唐群泽有义务及时制止，在事后返回案发现场查看死者的时候，唐群泽有义务履行救助职责。在本案中，唐群泽不及时履行法定职责"，"其行为符合玩忽职守罪的刑法规定"。[97] 这一判决存在疑问。被告人对保安存在支配，其放任保安伤害被害人时具有故意，能够认定其构成不作为的故意伤害罪，被告人在自己的执勤时间和地段，发现自己放纵施暴导致严重受伤的被害人，理应救助而不救的，视情形也可能成立不作为故意杀人罪，再依罪数理论处理。

---

〔96〕　与遗弃罪和故意杀人罪的关系不同，滥用职权罪中，造成他人死亡结果和滥用职权的行为间并不具备归责关联，因此国家工作人员并不需要具备保证人地位，这是滥用职权罪（造成他人死亡结果）和故意杀人罪的根本区别。

〔97〕　云南省昆明市中级人民法院（2009）昆刑终字第 500 号判决书。

再次,关于场所管理者的保证人问题。根据结果原因支配说,支配的有无要综合考虑法益侵害原因和支配意志。在这里,支配是一个类型概念,包括两个可区分等级的要素。[98] 根据场所对法益侵害的重要性程度,可大致分为以下几种情形:一是场所本身缺陷导致的侵害,如屋顶灯饰;二是利用场所特点制造的侵害,如第三人利用了场所特点实施犯罪;三是与场所关联性最低,如被害人自身疾病造成的需救助状态。支配意志的强弱与场所的封闭性、私密性有极大关系,具体而言,对于封闭、私密的场所来说,主人对被邀请进入者之间的支配意向最为强烈,其次是有正当理由进入者,如物业管理人员,最后是无正当理由、非法进入者;对于公共场所而言,任何人都可以进入,场所管理者和这些人之间仅存在松散的关联,因此支配意愿较低。

根据类型概念的理论,是否存在支配,取决于上述两个可层升要素的"搭配"。支配意志越强,法益侵害原因的重要性程度越高,越应肯定支配的存在,反之则应否定。处于中间的组合应具体权衡讨论。本书初步认为,庭院主人对于进入庭院、突然发病的流浪汉不具备救助义务;小卖部主人对于第三人将被害人非法拘禁的,没有救助义务;[99] 肇事者将伤者带上出租车后逃逸,出租车司机缺乏支配意志,没有救助义务。[100] 但是,在出租车司机不阻止拼车者强奸案中,一方面,被害人进入出租车系双方达成了合意;另一方面,考虑到出租车这一空间的狭小、密闭和可移动的特点,出租车本身为成立车内强奸提供了不可缺少的条件,司机对于该空间具有极高的支配度,因此,完全可以认定司机的保证人地位。[101]

三、以刑事政策作为先前行为的理论根据

结果原因支配说虽然能够为大多数义务来源提供理论根据,但是,和大部分支配说一样,它与先前行为难以相容。然而,我国不论在立法还是

---

〔98〕　参见[德]英格博格·普珀:《法学思维小学堂》,蔡圣伟译,北京大学出版社 2011 年版,第 25 页。

〔99〕　韦世高、韦世番、黄作球、黄振康、班呈娟非法拘禁、开设赌场案(广西壮族自治区贵港市覃塘区人民法院(2014)覃刑初字第 147、188 号)。

〔100〕　杨兴培、李芬芳:《见死不救旁观者是否构成犯罪及救助义务探析》,《东方法学》2013 年第 3 期,第 60 页。

〔101〕　以"开车"这一作为来认定犯罪并不妥当。例如,在司机尚未发动车辆而拼车者就开始实施强奸时,司机就完全没有任何作为。

司法实践上,都一边倒地肯定先前行为。[102] 我国刑法第 133 条显示了立法对先前行为的态度。一般认为,该条"逃逸"的本质是"不救助",交通肇事逃逸致人死亡,实际上就是实施了先前行为后,没有履行结果回避义务导致结果发生。司法实践也大力支持先前行为,从本书收集的判决来看,先前行为类型的案件占了一半以上。这种做法"绝非凭空想象,而是很大程度上考虑舆情与法理"。[103] 既然"刑法并不仅仅是逻辑现象,更是社会现象",[104] 那么检验理论的方法就不是先找理论再用事实来"求对",而是先看事实需求再找理论来"求错";[105] 在确定了理论无法满足全部需求时,应进行相应变动,而不是"削足适履"。

如前文所述,那些希望通过规范地认定"支配"来容纳先前行为的做法都不合适。一种观点认为,先前行为人虽然只是偶然地、临时地与脆弱法益或危险源共存于同一空间,但根据社会分工的原理规范地考察,行为人"最应当"也"最容易"采取有效措施防止法益侵害结果发生,因此存在规范的支配。[106] 该观点在确定何为"规范的"支配时采用了"社会分工"的概念,结局是,以社会分工架空了"支配"概念。而且,在对"社会分工"的判断上,"最容易"仅仅表示一种支配可能性,无法以此推出支配本身的存在,"最应当"则对"应否承担义务"进行了预判,陷入了循环论证。另一种观点将"对结果的原因的控制"标准中"控制"的边界在规范上加以扩大,认为不仅在引发法益侵害的开始,在侵害继续升高、发展的过程中,人们也应当有义务阻止。[107] 但是,这只强调了认定先前行为的必要性,并不能说明先前行为符合"支配"的界定。将"控制"的边界规范化地扩展,会稀释结果原因支配说中"支配"的内涵,因为行为人对先前行为后危险升

---

〔102〕 在大陆法系一些国家中,先前行为型不作为犯被认为是第二类不作为犯。其违法性居于见危不救罪和不真正不作为犯之间。如根据法国刑法第 63 条第二款规定,在特定情况下不给予他人帮助的,当处以 3 个月到 5 年的刑期,单处或者并处 360 法郎到 20000 法郎的罚金。法国司法实践中,该款适用于"汽车驾驶员不救助事故中的伤者"等五大类案件。See Andrew Ashworth, Eva Steiner: Criminal Omissions and Public Duties: the French Experience. 10 Legal Stud. 153 1990, p. 162.

〔103〕 许成磊:《不纯正不作为犯理论》,人民出版社 2009 年版,第 347 页。

〔104〕 陈兴良:《刑法教义学与刑事政策的关系,李斯特鸿沟到罗克辛贯通——中国语境下的展开》,《中外法学》2013 年第 5 期,第 976、983 页。

〔105〕 参见张五常:《卖橘者言》,中信出版社 2010 年版,第 19 页。

〔106〕 参见张明楷:《个作为犯中的先前行为》,《法学研究》2011 年第 6 期,第 140－141 页,欧阳本祺:《论不作为正犯与共犯的区分》,《中外法学》2015 年第 3 期,第 726－727 页。

〔107〕 参见[德]克劳斯·罗克辛:《德国刑法学总论》第 2 卷,王世洲等译,法律出版社 2013 年版,第 572 页。

高过程的支配,既无法达到作为者对自己的手的支配程度,也缺乏基于社会关联而形成的支配意志。[108]

笔者认为,在通过修正无法达到目的的情况下,应大胆补正,将先前行为视为例外,在结果原因支配说之外单独考虑其理论基础。理由如下:

第一,既然由教义学而演绎的数量有限的理性原则无法涵盖所有值得刑法保护的价值,那就应将刑事政策融入刑法教义学,以避免后者的封闭化、僵硬化,[109]填补法益保护漏洞。所有偶然取得对法益支配领域的人都一样对法益不存在事先的控制支配,因此刑法就必须从中挑选一个角色来承担这种风险。具体而言,从刑事政策出发,应拣选一个对履行义务的负担相对而言最轻的主体,以便将侵犯个人权益的程度减小到最低。作为一个"法律上离风险最近的人",先前行为人最可能马上补救法益;"事前放置爆炸物的人,能轻易防止爆炸事故;事前拘禁了他人的人,能轻易释放他人"。[110]从刑事政策出发,还应拣选一个最应当回避结果发生的主体。人们普遍认为,考虑"在正义的感情上理所当然"、"恶恶相循"这样的习惯法法理,再综合考虑履行义务的可能性、对风险的了解程度、回避可能性程度等因素,[111]以及行为人面对救助法益的话还可能减轻免除处罚这样的"奖励",避免结果的义务落在先前行为人身上并不是一个难以获得的结论。先前行为人承担义务"在正义的感情上是理所当然"的,[112]制造了危险的人是法益侵害的始作俑者,道义上更应避免结果发生;当行为人不这样做时,对其进行谴责并不违背法感情。

第二,如前所述,除非保证人在现实中以某种法益保护屏障或者危险源监督者的姿态存在,否则不应在刑法上被赋予作为义务。获取保证人地位的方式有两种,一种是以自己意思将法益纳为自己支配,此时行为人通过自己的行为建立了和法益之间的保护关系;另一种是在社会生活中形成,此时行为人往往担有某个社会角色,为社会领域的正常运作而起着功

---

[108] 毋宁说,该观点想表达的是,先前行为作为义务的根据源于刑法规范本身,即法规范不仅反对引起危险的行为,而且反对在引起危险后任由侵害进一步发展。这难以和支配建立任何关联。

[109] 参见劳东燕:《刑事政策与刑法解释中的价值判断兼论解释论上的"以刑判罪"现象》,《政法论坛》2012年第4期,第30、34页。

[110] 参见张明楷:《不作为犯中的先前行为》,《法学研究》2011年第6期,第145页。

[111] 诚然,在很多情况下,制造危险者比一般人更清楚风险的情况,救助的可能性或许也更大,但是不可否认在另一些情况下,偶然获得领域支配者也可能有同等甚至更大程度的回避可能性,所以这些因素并不是起决定作用的。

[112] 参见许玉秀:《当代刑法思潮》,中国民主法制出版社2005年版,第679页。

能性的作用。但是,当行为人制造了某一法益侵害危险时,例如故意伤害了他人,行为人只有侵害的意思,并非基于保护他人的意思而将他人纳入自己的支配,所以他并没有通过自己的行为建立与法益之间的保护关系;同样的,先前行为人也只是一个侵害事件的当事人,这并不是某种社会角色,也不承担某个领域中的社会功能,先前行为人和法益之间只是一个侵害与被侵害的单线关联,并没有因此而成为法益保护的屏障,不具备不真正不作为犯中要求的保证人资格。换言之,不同于其他不真正不作为犯中保证人地位,先前行为人的"身份"与法益之间不存在保障关系,不具有保证人地位之实质;即使根据刑事政策的需要,为了对后来的不作为定罪而承认作为义务,这种义务也只是一个空壳,无法提供成立犯罪所需的违法性,所以,不宜说该"先前行为人"是一种"身份",即不宜从先前行为人的角度认定不作为犯,而应从先前行为的角度出发,先前行为型不作为的违法性实际上是先前行为本身的违法性之"承袭"。

以结果原因支配说为原则,以刑事政策为例外这种二元的保证人理论,固然存在教义学上的"不完美",但二元理论凸显出先前行为与其他义务来源在本质上的不同,为实践中区别对待不作为犯提供了基础。具体而言:第一,在先前行为人和其他义务人都在场的情况下,先前行为应让位于其他义务来源。先前行为是为了解决法益保护漏洞而被刑事政策所承认的,因此,在先前行为制造法益侵害的场合若恰好存在其他保护主体,例如警察、配偶、未成年子女的父母等,先前行为人应"退居二线"。在其他义务主体对被害法益具有支配,同时有结果回避可能,因而实施了结果回避措施的情况下,行为人不构成犯罪;其他义务主体客观上不能履行结果回避义务,行为人应承担救助义务;其他义务主体能够履行而不履行义务,行为人也不实施救助的,前者宜认定为正犯,后者宜认定为帮助犯。第二,先前行为型不作为犯在可罚性上要低于其他义务来源。由于先前行为不符合结果原因支配说,先前行为人只是在非常偶然的情况下才成为被害法益的屏障,这与那些在既定的社会圈中原本就是被害法益的屏障的义务不同,无法提供不作为与作为的等置。这一差异应在先前行为型不作为犯的处罚上有所体现。[113] 司法实践中,因先前行为产生作为义务、成立故意杀

---

　　[113] 有学者从不同角度出发得出同一结论。Vgl. Silva Sánchez, Zur Dreiteilung der Unterlassungsdelikte, Hrsg, Bernd Schunemann, Hans Achenbach, Wilfried Bottke, Bernhard Haffke& Hans-Joachim Rudolphi, Festschrift fur Claus Roxin zum 70. Geburtstag am 15. Mai, 2001, Berlin: de Gruyter, 2001, S. 641; Jacobo Dopico Gómez-Aller, Criminal Omissions: A European Perspective, New Criminal Law Review, Vol. Ⅱ, Number 3, 2008, pp. 448 – 449.

人罪的,处刑差异过大。一半以上的判决都在最低档法定刑处刑,但仍有相当多判决对行为人与被害人扭打致其落水后不救这类案件,以故意杀人罪处 10 年甚至 15 年有期徒刑。[114] 考虑到先前行为处在义务体系的末端,哪一种处理更为合适是显而易见的。[115]

---

〔114〕 湖南省娄底地区中级人民法院(2015)娄中刑一终字第 11 号、浙江省高级人民法院(2014)浙刑一终字第 148 号、江苏省南通市中级人民法院(2004)通中刑一终字第 74 号、浙江省杭州市中级人民法院(2013)浙杭刑初字第 74 号判决书。
〔115〕 姚诗:《不真正不作为犯的边界》,《法学研究》2018 年第 4 期,第 119 页以下。

第三编

先前行为型不作为犯的理论体系

导读：艰难走过了先前行为实质法理根据的探索之后，本书第三编将展开先前行为型不作为犯的理论体系建构。本部分的研究包含两个特点：一是理论体系的建立必须围绕本书所倡导的先前行为实质法理根据来进行，这是法学作为一门理论科学的应有之义；二是对理论体系的探索应当以解决司法实践中的疑问为目标，这是法学作为一门应用科学的根本宗旨。

本部分对先前行为不作为犯理论体系的建构，主要包含以下内容：第六章将探讨先前行为的界定。先前行为究竟是违法行为还是因果行为，如果是违法行为，"违法"的含义是什么；如果是因果行为，"因果"的含义又是什么，这些争议需要辨明。第七章探讨行为人实施先前行为之后，其不作为与结果之间的因果关系如何认定。第八章则将不作为犯和共同犯罪两个领域联系起来，重点讨论作为参与不作为类型的共同犯罪中，不作为人构成正犯的判断标准。同时，考虑到先前行为在整个保证人体系中的特殊性，提出特殊的正犯判断标准。第九章则讨论在先前行为本身构成犯罪的情况下，与不作为犯罪之间的罪数关系如何认定。

第六章　先前行为的认定

第一节　来自判决的疑问

本书共收集了 1995 年至 2018 年的不真正不作为犯判决 119 份,其中先前行为判决共 95 份。对这 95 份判决进行分析,[1] 大致有如下几种情形:

(1)由于被告人的原因,被害人跳车或跳河或不小心掉入水中,被告人没有救助,被害人最终身亡的,共 23 件。这里,被告人的原因包括:追打、厮打被害人(18 件),非法拘禁被害人(4 件),强奸被害人(1 件)。

(2)被告人争吵、骚扰致被害人自杀,被告人没有救助的,共 5 件。

(3)发生性关系以后,被害人陷入需要救助的状态,被告人置之不理的,共 4 件。

(4)轻微暴行(如推搡、斥责)致被害人发病或者受伤,被告人未救助而致死的,共 2 件。

(5)被告人驾车撞伤被害人,下车查看后没有救助,被害人身亡的,共 24 件。

(6)先前行为是共同犯罪行为,共犯人实施新的犯罪行为,被告人没有制止的,共 7 件。

(7)暴力伤害他人后不救助,导致被害人死亡的,共 10 件(其中被害人在机动车道被机动车碾压而死的有 6 件)。

(8)失火后不救的,共 5 件。

(9)相约自杀,被告人改变主意不愿自杀或者自杀没有成功,但没有救助被害人的,共 7 件。

(10)先前行为源于合法行为的共 2 件,其中,先前行为系紧急避险的有 1 件;先前行为系抓捕、捆绑小偷,行为人不阻止其他村民殴打小偷致死

---

[1]　这 95 份判决既包括以先前行为作为单一义务来源的判决,也包括以先前行为作为义务来源之一的判决。

的有 1 件。

（11）参与被害人自危以后不救助的,共 1 件。

（12）制造了危险源以后不监督危险源的,共 3 件。

上述类型中对是否都能够认定先前行为人的保证人地位,存在疑问。一是在整个因果关系中介入了被害人自身的行为或者存在被害人自身体质问题时(上述第 1、2、3、4、9、11 种类型),并非必然应由被告人承担不利后果。二是被告人的行为很多时候并不违法,是法律所允许的行为(上述第 2、3、4、10 种类型),此时要求其履行义务是否合适。三是前行为本身构成犯罪时,是否以及如何认定保证人地位,并对其不作为进行处罚(上述第 5、6、7、8、12 种类型)。总结来说,正是由于先前行为的认定缺乏明确的判断标准,才会导致上述问题。本章旨在讨论:什么样的行为能够成为先前行为? 是否只要与侵害结果之间存在某种关联就可以认定? 关联的程度又当如何?

第二节　先前行为的性质

一、因果关系说与义务违反说的对立

德国对先前行为的性质论争不断,形成了因果关系说(Verursachung-stheorie)和义务违反说(Pflichtwidrigkeitstheorie)的对立。[2] 因果关系说主张,只要对法益侵害结果来说"逼近"并且"相当"的危险是由某行为因果性地产生的,行为人就应当负有避免结果发生的义务。其进一步阐释道,每个人都有一种"责任感",促使其对由自己的行为,包括合法行为产生的非其所愿的影响承担责任,法律上不能恣意忽视这种责任感,因此,不必要求行为必须"违法"。而且,一些保证人地位同时来自前行为和其他来源,但是后者往往不具备义务违反性,此时要求前行为违反义务并不合适。比如,行为人购买了恶犬,有必要防止恶犬侵犯他人。这一义务既来自其对该危险源的控制,也来自先前的购买行为。既然对恶犬的实际控制并不违法,那么也不可能要求先前的购买行为违法。义务违反说反对上述观点,该说认为,首先,每个人的责任感程度都不相同,因果关系说不能将生活中的责任感随意套用在刑法领域中;其次,因果关系说错误理解了先前行为

---

〔2〕 在德国,少数学者还支持反先前行为理论。例如,许迺曼对实质保证人理论采"事实支配说",认为先前行为人因对其所造成的损害缺乏支配而不承担保证人义务。参见[德]许迺曼:《德国不作为犯法理的现况》,陈志辉译,载许玉秀、陈志辉合编:《不移不惑献身法与正义——许迺曼教授刑事法论文选辑》,台北春风煦日学术基金 2006 年版,第 629 – 668 页。

的范围,像行为人购买恶犬的行为本身就并不属于先前行为。行为人的保证人地位仅来自对恶犬这一危险源的控制。[3] 因此,危险的前行为必须违反义务,或者说必须违法地制造了某种程度的危险。

　　两说的分歧在于前行为是否必须是"违法的"、"违反义务的"。具体争议焦点是:第一,没有制造法益侵害的行为能否产生结果回避义务。因果关系说以紧急避险为例表示肯定,甚至认为即使在正当防卫中,必须将正当防卫限制在一定的程度内,防卫人也应承担保证人义务,否则就对侵权者判了死刑。义务违反说则表示反对,认为让被害人就自己合法的防卫行为承担额外的保护侵权人义务不可能让人接受。第二,虽然存在客观上的侵害,但行为人主观上对此没有认识的能否产生结果回避义务。核心焦点在于合法驾驶行为、合乎国家规定的制造与销售行为。因果关系说认为,制造法益侵害时即使没有过失,也应避免该侵害扩大;义务违反说则主张,先前行为中的"义务违反"包含主观和客观的违法,行为人在主观上也必须至少对法益造成的侵害有过失。因此,在合法的交通行为、产品制造行为中,行为人因未违反主观注意义务而欠缺主观违法性时,就不能产生保证人义务。[4] 因果关系说和义务违反说在德国都有著名学者支持。[5]值得指出的是,即使处于同一阵营,学者们对具体问题的看法也可能存在差别。更多学者是站在各自阵营进行修正,既不彻底坚持因果关系说以避免处罚范围过广,也不完全主张义务违反说以避免处罚范围过窄。例如,大多因果关系说的学者反对正当防卫产生保证人地位,大多义务违反说的学者认可攻击型紧急避险者的保证人义务。[6]

　　进一步细化因果关系说和义务违反说的对立,在先前行为主观方面体现为"行为人应否对其所引起的法益侵害有预见可能性"。德国法院在刑事政策需求下倾向于运用因果关系说。例如,被告人将折刀递给 S,S 在被告人不可预见的情况下用折刀伤害 V 的身体并造成了生命危险,但被告人并没有救助 V。法院认为,被告人递折刀的行为和 V 的死亡危险之间存在

---

〔3〕 Vgl. Thomas Hillenkamp, 32 Problemeaus dem Strafrecht, AT, Muenchen: Luchterhand, 1996, SS. 228 -232.

〔4〕 Vgl. Thomas Hillenkamp, 32 Problemeaus dem Strafrecht, AT, Muenchen: Luchterhand, 1996, S. 229f.

〔5〕 因果关系说和义务违反说都有有力的支持者。Roxin, Rudolphi, Schmidhaeuser, Wessels,Blei, Mezger 等坚持义务违反说,而 Jakobs, Welp, Arthur Kaufmann, Arzt, Freund 等则主张因果关系说。

〔6〕 Vgl. Thomas Hillenkamp, 32 Problemeaus dem Strafrecht, AT, Muenchen: Luchterhand, 1996, S. 229ff.

自然因果关系,被告人有避免 V 死亡之义务;无须考虑被告人是否能预见该危险。[7] 在其他案件中,判决看起来好像采用了义务违反说,但实质上忽略了行为人的预见可能性要求。以皮革喷雾剂案为例,法院虽然认为厂家生产销售喷雾剂的过程符合当时的技术标准和规范,没有违反注意义务,[8]但是仍然认为,该行为客观上产生了危险,这是成立先前行为保证人地位的关键。法院还解释道,先前行为中的"客观义务违反"(objektive Pflichtwidrigkeit)不包括主观违法,而过失犯中的"侵害注意义务"则包含主观违法,这是两者的重要区别;根据二元违法性论,仅违反客观义务的当然还不符合过失犯罪的行为构成,但由此造成的危险结果还是有必要进行法律上的谴责;至于先前行为是否违反注意义务、在责任意义上能否被谴责则并不重要。[9] 罗克辛对法院的判决进行了反驳:行为的主客观不法不能分而存在,先前行为中的"客观的义务违反"和"侵害注意义务"具有同一性(identisch),不可能出现只有前者而没有后者的情形;义务违反必须是在先(刑法前的)而不是事后从危险结果中确定,行为人不可能在制造不被允许的危险的同时又不违反注意义务;法院把注意义务和责任放在一起来谈,已经混淆了不法和责任,行为人有没有责任、其过失是否可避免,完全是另外一个问题。[10] 因此,在递折刀一案中,被告人没有预见到 S 会实施伤害行为,也就没有违反主观上的注意义务,被告人的行为就不是违法行为,被告人也就不应当承担结果回避义务。[11] 在皮革喷雾剂案中也是如此。罗克辛的批判收获了多数学者的赞同,"先前实施的行为只应

---

〔7〕 参见 BGHSt 11,353.

〔8〕 皮革喷雾剂案(Lederspray - Fall):A 公司生产皮革喷雾剂并由其子公司销售。1980 年秋该集团接到消费者在使用皮革喷雾剂过程中受到损害的通知,消费者呈现呼吸急促、咳嗽、恶心、发抖发烧等症状,并且必须进行治疗,诊断结果为肺水肿。公司内部开始针对回收的产品进行检验,但检验结果认为并没有制造上的过错,只是 Silikonoel 这种成分过高。1981 年该公司降低了 Silikonoel 的比例,又或者采用其他药品替代,但是仍然有消费者发回的损害通知。公司曾经一度做出停止制造和销售的决定,但不久后又再度制造。在公司专门的临时会议上,受邀列席的专家表示根据检验结果产品并不包含有毒物质,并建议委托外国机构做进一步检验以及在产品外部做出警告标示。会上大家一致认为,只有在检验结果显示确实存在制造上的错误或者可以证明对消费者存在风险的时候,才做出停止销售和回收产品的决议。之后公司继续销售皮革喷雾剂,损害也不断发生。具体参见 BGHSt 37,106.

〔9〕 Vgl. Claus Roxin, Srafrecht AT Band 2, Besondere Erscheinungsformen der Straftat, Berlin: Beck, 2003, S. 778f.

〔10〕 Vgl. Claus Roxin, Srafrecht AT Band 2, Besondere Erscheinungsformen der Straftat, Berlin: Beck, 2003, SS. 779 - 783.

〔11〕 Vgl. Claus Roxin, Srafrecht AT Band 2, Besondere Erscheinungsformen der Straftat, Berlin: Beck, 2003, S. 767.

为它所产生的可以预见的危险承担责任"这一规则成为主流观点。[12]

第二个焦点在于先前行为的客观方面如何界定。持因果关系说的学者讨论的是"什么样的合法行为能够成为先前行为",持义务违反说的学者则探讨对"义务违反"、"违法"如何进行解释。总而言之,就是要明确"先前行为所制造的危险与最终法益侵害结果间的关联度"。这里介绍三位学者的主张。

（1）罗克辛的不被允许的风险说。罗克辛认为,以"违法"来界定先前行为不够清晰,而应以是否制造了"不被允许的风险"来界定先前行为的"违法"。罗克辛指出,正是由于刑法对前行为进行谴责,才能要求先前行为人履行结果回避义务,先前行为与侵害结果之间若没有归责关联而仅有条件关系,刑法是无法发动谴责的。[13] 罗克辛进一步运用客观归责理论作为判断先前行为的标准:第一,前行为是否制造或升高了不被允许的风险。例如,乙邀请甲散步的行为产生了一个日常生活中的危险,若甲应邀出门却不幸遭遇车祸,乙的邀请行为与甲的车祸之间也没有归责关系。刑法若不能谴责乙,也就无法要求他承担救助甲的义务。第二,是否符合规范保护目的关联性要求,即前行为制造的危险是否在最终的法益侵害结果中存在。例如,房屋主人追赶小偷时不慎摔下楼梯受伤。虽然小偷的行为违反了盗窃罪的规定,但该规定只在于保护财产而没有避免财产所有人的身体伤害的目的,所以小偷不应承担救助义务。第三,前行为制造的危险处于被害人的答责范围内的,前行为人不成立保证人地位。[14]

（2）雅各布斯的特殊风险说。雅各布斯支持因果关系说,但也深知因果关系说不当扩大先前行为的弊端,故而提出"特殊的风险"（Sonderrisiko）概念来充实先前行为的客观方面。既然大家都认为,先前行为要产生作为义务,需要制造一个与法益侵害结果相关的临近、足够的危险,那么不如舍弃"违法"这一标准,用"特殊风险"能够更准确地表达先前

〔12〕　［德］冈特·施特拉腾韦特、洛塔尔·库伦:《刑法总论Ⅰ——犯罪论》,杨萌译,法律出版社 2006 年版,第 366 页。

〔13〕　Vgl. Claus Roxin, Strafrecht AT Band 2, Besondere Erscheinungsformen der Straftat, Berlin: Beck, 2003, SS. 764 – 766.

〔14〕　罗克辛还运用该说得出了以下结论:当先前行为制造的危险通过正当防卫被合法化时,不成立保证人地位;当先前行为制造的危险通过紧急避险被合法化时,成立保证人地位;当合法的先前行为继续的过程中,合法前提丧失,成立保证人地位;前行为是违反保证人义务的不作为时也能成立保证人地位;前行为是故意犯罪行为时,有结果回避义务,成立保证人地位。Vgl. Claus Roxin, Srafrecht AT Band 2, Besondere Erscheinungsformen der Straftat, Berlin: Beck, 2003, S. 766 – 777.

行为的本质要素。雅各布斯没有谈到"特殊风险"的判断标准,但其指出,无论行为是否合法,只要其制造了高于日常行为的危险,就应产生作为义务。有时候法律会基于某些行为对社会发展的必要而许可这些行为,但正是因为行为人实施的是"特别允许"的行为,享有比一般人更多自由的同时就应承担比一般人更多的义务。像皮革喷雾剂案这样的合法生产行为、合法驾驶、紧急避险等法律特别允许的行为,都制造了高于日常生活的"特殊风险",行为人实施了这些行为后都有义务避免可能造成的损害。[15]

(3)奥托的二元说。德国学者奥托将先前行为分为监督危险源和保护法益两种类型。他认为在监督危险源类型的先前行为中,即使是合法行为开启了一个导向法益侵害的因果流程,行为人也必须切断该流程,履行法益侵害回避义务。[16] 但是,这里存在自我答责原则的限定。如果危险并非来自先前行为,或者先前行为引发被害人自损、第三人犯罪的危险,又由被害人或者第三人的行为独立地导致法益侵害结果发生时,自我答责原则将否定前行为人的结果回避义务。奥托举下例加以说明:A 在合法驾驶车辆的过程中撞上了未尽注意义务的路人 B 而没有实施救助,B 被后来的车辆碾压死亡。由于此案中 B 的行为本身蕴含了结果实现的危险,A 的合法驾驶行为没有制造或者提高法益损害的危险,所以 A 无须承担保证人义务。再如,几名共犯人共同殴打被害人,其中一名行为人超出了共同犯罪的故意,产生杀人的故意并实施杀人行为的,其他共犯人也没有结果回避义务。[17] 而在保护法益型的先前行为中,奥托认为,当行为人的先前行为使被害人陷入需保护状态(Schutzbedürftigkeit)或者是一种无助的状态(Hilflosigkeit)时,行为人就在法律上成为被害人的保护屏障,必须采取措施使其避免来自第三人或是其他原因的任何新的侵害。[18] 综上所述,奥托的自我答责原则看似对先前行为进行了严格限定,实际上又另设保护法益类型偷偷扩大先前行为的范围。

---

〔15〕 Vgl. Jakobs, Vorangegangenes Verhalten als Grund eines Unterlassungsdelikts - Das Problem der Ingerenz im Strafrecht [EB/OL]. 2000 - 02 - 16 [2009 - 04 - 30]. http://www. akademienunion. de/_files/akademiejournal.

〔16〕 奥托认为,义务违反说有时会使先前行为的范围过宽,有时又会过窄,并不合适。具体参见 Harro Otto: Grundkurs Strafrecht, neubearbeitete, 6. Aufl, Berlin: Walter de Gruyter, 2000, S. 170.

〔17〕 Vgl. Harro Otto, Grundkurs Strafrecht, neubearbeitete, 6. Aufl, Berlin: Walter de Gruyter, 2000, SS. 169 - 171.

〔18〕 Vgl. Harro Otto, Grundkurs Strafrecht, neubearbeitete, 6. Aufl, Berlin: Walter de Gruyter, 2000, S. 168.

二、违法行为论之提倡

我国刑法学界对先前行为的研究主要还是以问题思考为主,体系性的研究有所欠缺,先前行为实质化根据和基本性质并没有成为讨论核心,反而先前行为的成立范围更吸引学者们的注意,例如对于"先前行为是否包括合法行为"这一问题,多数文献讨论缺乏深度,认为由于"合法行为也能产生危险",所以先前行为应包括合法行为;[19] 在论据的选取上,均以"甲带邻居家未成年小童乙去游泳,该行为不属于违法行为,但当乙溺水时甲显然有救助义务,这说明先前行为应包含合法行为"加以说明。[20]

近年来,我国有学者开始深入探讨先前行为的性质。张明楷教授即明确支持因果关系说,他对义务违反说批判道:第一,"先前行为是义务来源"与"先前行为是处罚根据"并不相同,不应将先前行为限定在违反义务的行为上;不少合法行为都能产生保证人义务,如阻却违法的紧急避险,再如"X 抢劫未遂后逃走,甲、乙、丙为了将 X 抓获归案而追赶,X 在前方无路可逃时坠入深水中,甲、乙、丙的追赶行为并不违法,但的确给 X 的生命制造了危险",[21] 因此有救助义务;此外,正当防卫造成过当的危险时,一样应产生作为义务。第二,对什么是"义务违反"未予明确,义务违反说的学者也没有人对此给出合适的标准。第三,我国相关法律规定对行为人赋予义务时,并不要求行为人违法。例如在《道路交通安全法》中规定,无论驾驶人是否合法驾驶,在发生交通事故后都应立即抢救伤者。

另外,在先前行为主观方面,由于我国学者多主张先前行为包括合法行为,所以不要求前行为人必须可能预见到侵害结果发生。[22] 在先前行

---

〔19〕 参见熊选国:《刑法中行为论》,人民法院出版社 1992 年版,第 185 页;高铭暄主编:《刑法学原理》(第一卷),中国人民大学出版社 1993 年版,第 545 页;陈兴良:《刑法哲学》,中国政法大学出版社 2004 年版,第 245 页。

〔20〕 参见刘士心:《不纯正不作为犯罪中先行行为引起的义务研究》,《北方法学》2007 年第 6 期,第 74 页;郑进:《论不作为犯罪中先前行为引起的义务》,《人民检察》1997 年第 4 期,第 43 页。

〔21〕 张明楷:《不作为犯中的先前行为》,《法学研究》2011 年第 6 期,第 145 页。

〔22〕 参见齐文远、李晓龙:《论不作为犯中的先行行为》,《法律科学》1999 年第 5 期,第 63 – 64 页;许成磊:《不纯正不作为犯理论》,人民出版社 2009 年版,第 295 页;刘士心:《不纯正不作为犯的等价性问题研究》,《法商研究》2004 年第 3 期,第 79 页。论者多用以下案例来加以说明:仓库管理员下班前经巡视后认为无人在仓库,将大门锁死,但离开前听到仓库内有人呼喊。管理员知道有人在内却故意不开门,导致被锁在内的人窒息而死。该管理员应基于其无过失的前行为产生作为义务。

为的客观方面,学者们的观点趋同,认为关键是先前行为是否因果性地对具体法益造成紧迫、现实的危险;[23]张明楷教授在此基础上还认为应当考虑"行为人是否对危险向实害发生的原因具有支配",即当下是否存在其他更应当保护法益的人。[24]在本书看来,上述学说仍不够细化,仍需要研究具体的判断要素。

本书认为,原则上对于先前行为的性质应采义务违反说,先前行为是违法行为时才能成立保证人义务。第一,法律在肯定某个行为合法后,不应当再以刑罚威慑强令实施该行为的人承担所谓的结果回避义务,这种前后矛盾的做法将让人无所适从。从这个角度来看,义务违反说较因果关系说更为合理。第二,"义务违反"的界限固然不甚明确,这需要在具体运用中逐步完善,因果关系说也是如此,同样需要发展具体的判断标准来说明先前行为的内容。第三,合法行为中只有阻却违法的紧急避险应产生保证人义务,其他情况下都不宜成立保证人义务。1. 通过正确区分先前行为和其他法义务,可排除一些表面看来合法先前行为应产生作为义务的情况。如在甲带小童乙游泳,应当避免乙溺水的情形中,甲的救助义务是来自于其带小孩去游泳时从其监护人那里所承接的保护义务,而不是由"带往游泳"这一合法行为产生。2. 如后文所述,不宜将正当防卫认定为义务来源。这种做法不仅违反民众的法感情和一般的法观念,而且也不符合实际。3. 在一些案件中,法益危险看似由合法行为造成,实则被害人自己的行为造成,故应由被害人自己答责。在前述追赶抢劫犯的案件中,甲、乙、丙的追赶行为本身并不会给抢劫犯带来生命法益危险;[25]抢劫犯在这种情况下跳入水中(而不是束手就擒)是一种自由选择,理应由其承担可能带来的危险,[26]若还将义务分配给合法行为者,则显得让人难以接受。

在先前行为的主观方面,本书认为,从我国的理论传统和现实需求出发,有必要对义务违反说进行一定的修正,即不应当要求行为人对侵害结果有预见可能性。理由如下:首先,德国学界强调预见可能性,这与其二元

---

〔23〕　参见栾莉:《刑法作为义务论》,中国人民公安大学出版社 2007 年版,第 179 页;刘士心:《不纯正不作为犯的等价性问题研究》,《法商研究》2004 年第 3 期,第 68 页。

〔24〕　张明楷:《不作为犯中的先前行为》,《法学研究》2011 年第 6 期,第 145 页。

〔25〕　当然,如果甲、乙、丙不仅仅是追赶,而且手持刀、棍砍杀,有威胁抢劫犯人身安全之虞的,三人的行为就不再是正当权利行为,而属于违法行为。

〔26〕　试想两种情形:第一,抢劫犯甲对欲抓其扭送至公安局的公民乙说,"如果你再追赶,我就跳河";第二,不愿分手的女性甲对男友乙说,"如果你要分手,我就自杀"。这两种情形本质是一样的,乙都没有制造侵犯对方法益的危险,甲都是基于自己的意志作出了损害法益的决定。

违法理论的盛行有密切关系。威尔采尔(Welzel)的目的行为论提出以后，行为无价值与结果无价值共同决定不法，[27]连故意和过失也不再仅限于责任要素，还成为违法要素。正因为如此，义务违反说中的"违法"，必然要求行为人主观上对侵害结果有预见可能性，即行为人的反规范态度。但我国刑法则不然，目的行为论在我国并没有形成根深蒂固的影响，相反，我国多数学者主张违法的本质是结果无价值，"不法"只需从行为客观方面理解，故意和过失应按责任要素来理解。[28]由此出发，我国亦没有必要认为先前行为型作为义务的成立条件应包含"行为人有预见可能性"。其次，在先前行为的成立上排除"预见可能性"的要求更符合我国的社会治理现况。处在转型期的中国，公共安全责任事件频发，有必要对关键的社会角色赋予作为义务、在其不能回避结果发生时令其承担刑事责任，以此来遏制风险。倘若此时还要求先前行为人必须满足"预见可能性"的要求，则几无可能达到这一目标。例如在产品安全领域中，我国产品生产的安全细则尚未完善，在一些领域缺乏合理、科学、明确的安全标准，此时，只有承认前行为人对侵害结果无预见可能性情况下也要承担作为义务，才能使企业承担相应的刑事责任，达到保护消费者身体健康法益的目的。否则，由于生产行为符合标准、行为人对于结果不存在过失，就不得不在这一领域排除刑法的介入。

在先前行为的客观方面，本书主张将"义务违反"解读为"违法"，而对违法的界定，从两种先前行为类型分别探讨。其一，先前行为使法益处于脆弱的、需保护状态时，行为人具有保护脆弱法益的义务。在这一类型中，行为和最终的法益侵害之间不要求有类型性的、直接、紧迫的关联，只要先前行为使被害人的自我保护功能丧失，前行为人就应承担保护义务。以绑架犯罪为例，绑架者剥夺了被害人基本的生存能力，所以其有义务保障被害人的饮水、进食等基本生活需求。[29]其二，先前行为本身即属危险源，它开启了导向法益侵害结果的因果流程时，前行为人即被赋予安全义务。例如，当行为人违规驾驶撞伤路人时，就制造了一个针对生命法益

---

〔27〕　[德]克劳斯·罗克辛:《德国刑法学总论》第1卷，王世洲等译，法律出版社2003年版，第154页。

〔28〕　参见张明楷:《行为无价值论的疑问——兼与周光权教授商榷》，《中国社会科学》2009年第1期，第99-115页；黎宏:《行为无价值论批判》，《中国法学》2006年第2期，第160-173页。

〔29〕　这是西班牙学者Jacobo所举案例。他表示，当行为人剥夺了他人的自我保护途径时，就破坏了他人的"自治领域"，应中断这种风险。See Jakobo, Dopico Gómez-Aller: Criminal Omissions: A European Pespective, New Criminal Law Review, Vol. Ⅱ, Number 3, p. 442.

的风险,开启了风险转向实害的因果流程。行为人有义务阻断该损害流程,防止危险进一步扩大。若先前行为引起第三人犯罪行为介入时,行为人在一定条件下仍有承担阻止他人犯罪义务之可能,不应简单适用自我答责原则排除对前行为人的归责。下文将对先前行为的内涵及范围展开更详细的探讨。

第三节　先前行为的内涵及范围

正如本书在先前行为保证人地位的法理根据中所述,不同于其他保证人地位,先前行为人的"身份"与法益或危险源之间不存在支配关系,不具有保证人地位之实质;即使根据刑事政策的需要,为了对后来的不作为定罪而承认作为义务,这种义务也只是一个空壳,无法提供成立犯罪所需的违法性。所以,不宜说该"先前行为人"是一种"身份",即不宜从先前行为人的角度认定不作为犯,而应从先前行为的角度出发,先前行为型不作为的违法性来自于对前行为违法性之"承袭"。换句话说,对最终的法益侵害结果而言,不救助的行为阶段并不产生新的不法,该阶段实际上是对先前行为阶段的不法之"巩固"和"维护"。这是笔者思考先前行为问题的基本出发点,先前行为不作为犯罪的正共犯之区分,以及罪数处理的问题都与此相关。那么,对于先前行为的"不法"或者说"违法",应如何界定呢?

一、先前行为的不法内涵

首先,通常情况下,先前行为必须是与最终的法益侵害结果之间存在刑事违法关联的行为,即法益侵害结果可客观归责于先前行为。

既然不救助阶段不产生新的违法,法益侵害结果实际上是由先前行为所产生的,则先前行为必须满足以下条件,即先前行为必须是在刑法上被评价为违法的行为,如果该行为制造的是一般的社会风险,或者存在违法阻却事由(前者如合法的驾驶行为,后者如正当防卫行为)则不属于先前行为。如果前行为不能获得刑事违法的客观评价,则之后的不作为也不具备刑事违法,因为此时的前行为只是与最终的结果有自然意义上的因果关联,无法提供成立先前行为型不作为犯罪所需要的违法性。

所谓"先前行为和法益侵害结果之间必须存在刑事违法关联"还意味着,虽然前行为制造的危险并非被允许的危险,但该危险在最终的法益侵害结果中并没有实现,此时保证人地位不应成立。例如,证人有作证的义务,但行为人想让被害人败诉,因而没有作证。若被害人因缺少其证言遭到败诉和财产损失的,也不可能认定该证人成立财产犯罪,因为证人作证的义务是为了确保公正判决,而不包含保护当事人的财产利益。[30] 所以,当前行为制造出了一种危险,避免该危险是被违反规范之目的时,保证人地位成立,反之则否。同样,在即使限速也不可能通过刹车或者转向来避免交通事故时,违反限速的行为制造的危险就与事故无关。再如,由于刑法规定盗窃罪的目的并不在于避免财产所有人的身体伤害,因此房屋主人追赶小偷时摔下楼梯受伤,小偷并不成立保证人地位并承担救助义务。[31]

其次,在特殊的情况下,可突破刑事违法关联性要求。这里的"特殊情况"必须满足下面两个条件:(1)限制在先前行为之后介入了其他异常因素而最终造成法益侵害结果的场合;(2)先前行为人使得被害人丧失自我保护能力。这里试举以下两个例子来加以阐释。

例1:行为人过失给被害人造成无法行走的伤害,此时突然发生火灾,行为人本可以背被害人逃离火灾但行为人独自离开。

例2:行为人攻击被害人,导致其受伤,此时被害人心脏病发,但由于受伤而拿不到药瓶,行为人没有将药瓶递给被害人,被害人死亡。

按照前述第一点的要求,结果能够客观归责给前行为时才能成立不作为犯,然而在例1、例2中,介入了独立导致死亡结果的因素,根据禁止溯及的原则,如果介入因素过于异常,结果就不能在客观上归责给行为。这样一来就无法肯定行为人的作为义务了。但是,如果积极运用禁止溯及的原则,将法益侵害结果和先前行为的关联切断,从而否定作为义务的话,就与处罚先前行为型不作为犯的初衷相违背。大多数人都不能接受这种结论。承认先前行为人的救助义务本来就是出于刑事政策的考虑,而且司法实践中几乎将这种情况限定为生命、身体法益以及公共安全法益等重大法益,如果否定作为义务,保护法益这一目的将大部分落空。德国法院曾经有这样的判例:甲、乙二人在丙的住所殴打丙后离开,当二人再次经过丙的住所时听到丙的呻吟声,于是二人再次进入其住所。此时甲再次对丙实施暴力并最终将丙殴打致死,乙在一旁并未阻止。如果乙阻止,则甲不可能杀害丙。法院判定乙对丙有基于先前行为而产生的保护义务。然而,在这个案

---

〔30〕 但是如果证人作伪证导致当事人败诉受到财产损失的,则可能成立诈骗罪。

〔31〕 本书的观点和罗克辛以客观归责理论来确立先前行为的路径在思路上有一致之处,即都认为先前行为必须是刑事违法行为,但是本质上有值得注意的区别,在判断先前行为是否具备刑事违法时,只要从客观判断其违法性就可以了,即使行为人在行为时对侵害结果没有认识,也不妨碍其产生作为义务。但是在德国,"义务违反说"不可能不强调主观违法性。

件中,乙最初的殴打行为只是造成了丙受伤和不能反抗的状态,并没有死亡的危险,丙的死亡是甲再次实施犯罪的结果。该判决显然也赞同,在这种场合,先前行为和最终的法益侵害结果之间存在条件关系就可以认定保证人地位。

二、先前行为型不作为犯的成立范围

(一) 合法行为不宜成为义务来源

根据本书观点,先前行为之后不作为的违法既然是对前行为违法的承袭,那么前行为如果是合法的,就不可能产生作为义务。不具有刑事违法性的行为,包括不符合构成要件的行为,以及具有违法阻却事由的行为,都应排除其保证人地位的成立。但是也有极少数例外的情况。以下讨论紧急避险、正当防卫和扭送罪犯三种情形。

1. 紧急避险

本书认为,紧急避险应成立保证人地位。不论持义务违反说还是因果关系说,都肯定避险人的保证人地位。紧急避险具有"正对正"的特质,其违法与否建立在两个利益的衡量基础上,这是对它进行特殊处理的重要原因。在利益发生冲突的当下有进行规范评价、衡量法益大小的必要。但是,当行为人的利益得到保护后,利益衡量的必要性不再存在,此时他人的法益面临继续扩大的危险,行为人就应当实施结果回避行为。我国司法实践中已经存在这样的判决,在王某某破坏交通设施案中,王某某等人驾驶机动渔船靠近航标船时,其船的螺旋桨被航标船的钢缆绳缠住。在渔船存在翻沉的危险情况下,王某某持砍刀砍钢缆绳没有成功,即登上航标船将钢缆绳解开后,将船开离现场。航标船由于脱离钢缆绳而顺江漂流了两公里,造成直接经济损失人民币一千余元。法院认为,被告人为紧急避险解开钢缆绳,但危险消除以后没有报告管理部门防治危害,没有履行结果回避义务,因此成立犯罪。[32]

2. 正当防卫

持义务违反说者当然否定正当防卫人的救助义务,但持因果关系说的人则存在分歧。有的认为,正当防卫是"正对不正",攻击者的利益本来就不受刑法保护,所以也就没有必要再考虑作为义务,正当防卫是因果关系说的例外,正如紧急避险之于义务违反说。这主要是因为,让没有违法的人承担保护违法者的义务,未免强大多数人所难,也和大部分人的法感情

---

[32] 重庆市第一中级人民法院(2004)渝一中刑终字第 183 号。

相违背。从判例来看,英美法系和大陆法系都持这样的立场。例如 King v Commenwealth 案。被告人为了保护其父免受 X 的攻击而向 X 射击并将其打伤,之后被告人叫了警察但却没有做任何救助,也没有及时叫医生(不过,5英里之内没有可以出诊的医生,被告人也没有电话或者车)。被告人被判杀人罪(manslaughter),但是在上诉审中有罪判决被推翻。理由是,如果一开始是一个违法的枪击行为,那么被告人不进行救助,导致被害人加速死亡,或者使得一个不致命的伤口变成致命伤,就可能构成谋杀罪(murder)。该案中,陪审团被指示道,被告人的刑事责任必须建立在最初枪击行为(initial shooting)的违法性(unlawfulness)上,而陪审团又确定了被告人的枪击行为确实是为了保护其父,所以,法庭最终推翻了之前的有罪判决。[33] 德国最近的判例也明确指出,正当防卫并不产生保证人地位。[34]

　　张明楷教授持因果关系说,认为正当防卫的救助义务问题需要分不同情形来判断:当正当防卫造成被害人死亡也不过当时,防卫人没有救助义务;若防卫致人伤害没有过当, 而且该伤害不可能导致死亡时,也应否定防卫人的救助义务。但是,如果正当防卫造成了伤害,该伤害本身不过当,但该伤害具有死亡的紧迫危险,发生死亡结果就导致过当成立的,则应肯定防卫人的救助义务。例如,防卫人导致了加害人的重伤结果,但不报警也不将其送往医院,导致加害人没有得到及时救助而死亡的,防卫人就应当承担不救助的刑事责任。张明楷教授认为,不认定为防卫过当是不合适的,但如果认定为防卫过当则说明承认行为人对死亡结果的回避义务;将死亡结果归给前面的防卫行为以认定防卫过当的做法,"否认了不作为的原因力,也不符合案件事实","应当承认先前的作为与后来的不作为共同导致了防卫过当"。[35] 本书反对这样的观点。

　　首先,若构成防卫过当当然需要考虑行为人的救助义务。但是如果认为重伤时不过当,因"不救助"导致了死亡才过当,如张明楷教授所说,是"先前的作为与后来的不作为共同导致了防卫过当",那么其实际上在判断这种情形是防卫过当的同时,已经预判了防卫人具有救助义务,存在循环论证之嫌。

　　其次,对于"正当防卫造成了伤害,该伤害本身不过当,但该伤害具有死亡的紧迫危险,发生死亡结果就导致过当成立"这种预设,笔者持怀疑态

---

〔33〕　See Graham Hughes:"Criminal Omissions",The Yale Law Journal, 1958,67(4),p.624.

〔34〕　BGH, 2 StR 582/99.

〔35〕　张明楷:《不作为犯中的先前行为》,《法学研究》2011 年第 6 期,第 147 页。

度。这种做法来判断过当与否,纯粹是从事后的角度、从结果的角度来看。而近来我国对正当防卫的整体研究表明,判断防卫过当与否,应当站在行为时的角度,仅从结果去进行比较是大忌。[36] 在行为时,行为人的防卫行为是否适当是关键。若防卫人的反击合理,则其防卫就属于正当防卫,重伤和死亡之间相隔非常近,防卫人在反击的时候,是很难拿捏这一尺度的。站在行为时的立场看过当与否的话,一个行为可能导致重伤时,也很有可能导致死亡,防卫人在反击的时刻采用的工具、力度、打击的部位等,对于造成重伤或者死亡的结果来说,差别应该是比较微小的。因此,如果说造成重伤就属于正当防卫,重伤后不救助而死亡的也应该是正当防卫。

即使进行纯粹的法益比较,也不能说发生了死亡结果就超出了正当防卫的限度,相反,通常情况下造成重伤的防卫都是针对指向重伤甚至死亡的侵害行为。这一点,从张明楷教授自己的论述也能看出来。在加害法益和防卫法益的对比上,"除了考虑不法侵害者的行为可能造成的损害之外,需要考虑不法侵害者已经造成的损害,及不法侵害者在被防卫过程中实施的新的侵害与危险。不能仅将防卫行为及其造成的损害与不法侵害人先前的不法侵害进行对比,应当将防卫行为及其造成的损害与不法侵害者原有的不法侵害、新的暴力侵害、可能继续实施的暴力侵害进行比较"。[37] 也就是说,如果防卫人的防卫行为导致了加害人重伤是正当的,那么说明行为人的加害行为很可能造成重伤甚至死亡的这一结果非属不当。

再次,对防卫人而言,要求其在防卫之后承担义务,无疑是刑法上的一种"负担",限制了防卫人的自由。防卫人如果不想要这种束缚,必须在实施防卫时,精确把握重伤和死亡之间的界限。即必须在因防卫造成重伤以后,还要确保加害人不至于因未获救助而死亡,这对于防卫人而言未免苛刻。而且,绝大多数防卫人在面对严重的侵害而实施了造成加害人重伤程度的防卫之后,其精神处于极度紧张、无法正常思考的状态,要求其即刻救助,未免强人所难;防卫人还可能无法判断加害人的具体情况,当时其是否受到了"重伤",是否处在不及时救助就会死去的状况,防卫人轻则可能成立过失致人死亡罪,重则成立故意杀人罪,未免不合情理。

---

[36] 张明楷老师自己也认为,"对于不法侵害的程度只能是事前判断,而不可能是事后判断。因为防卫人只能根据不法侵害行为本身可能造成的损害进行防卫,而不可能根据事后已经造成的损害进行防卫"。参见张明楷:《防卫过当:判断标准与过当类型》,《法学》2019 年第 1 期,第 15 页。

[37] 张明楷:《正当防卫的原理及其运用》,《环球法律评论》2018 年第 2 期,第 75 页。

3. 扭送罪犯

我国刑法中没有明文规定这一违法阻却事由,但刑法理论肯定这一行为的正当性。将小偷扭送到警察局,表面上看实施了剥夺他人自由的行为,但这种行为不应论以犯罪。[38]

司法实践中不少关于先前行为的案例与此有关。行为人追赶小偷的过程中小偷摔倒的,或小偷跳入河中,因体力不支而溺水的,司法实践一般认定行为人有救助义务。行为人因没有履行义务而导致小偷身亡的,可能构成不作为的故意杀人罪。如前所述,本书认为追赶小偷的行为本身并不违法,即使行为人手持木棍追赶,也不宜认定该行为“违法”。因此,在追赶的过程中,小偷跳入河中的,行为人并没有救助义务。

值得研究的是下面这种情况:小偷进屋行窃,行为人将小偷捆绑起来以后,屋内突然着火。行为人是否基于其先前行为承担救助义务? 行为人不救助小偷,导致其被烧死的,其不作为是否成立故意杀人罪? 笔者认为,之所以说将行为人捆绑起来予以扭送这个行为是正当的,必须是该行为本身没有造成除了扭送本身之外的其他利益损害,即暂时性地剥夺其人身自由。扭送行为属于持续性地剥夺他人自由的行为,在这一过程中环境发生了变化,使得该扭送行为增加了其他额外的风险时,该行为就不再正当。例如,行为人捆绑小偷后,屋内突然着火的,此时该捆绑行为不仅限制了小偷的自由,还给其生命、身体法益带来了风险,所以,该捆绑行为不再是正当的扭送行为。

另一个问题是,行为人将小偷扭送到公安局的过程中,有人持棍伤害该小偷,行为人是否有阻止的义务以及救助的义务,并因未履行该义务而承担过失或故意犯罪的刑事责任?

以兰某欢等故意杀人案为例。[39] 2011 年 5 月 10 日凌晨 1 时许,被告人兰某欢、兰某洋与其父亲兰某生在村头代销店看人打牌后返家,兰某生走在前面,兰某欢、兰某洋及妻子韦甲稍后跟着。兰某生回到家中时见一陌生男子(被害人周甲)在房内,边喊“抓小偷”边追赶跑出房外的周甲。兰某欢、兰某洋见状即参与追赶且与周甲发生扭打,后将周甲摔倒在地并将周甲的双手反绑在身后,押在自家门前的晒坪上。后兰某生打电话报警并到村口等候公安人员,途中遇见马河宾、兰甲、谢彪等人

---

〔38〕　在有的国家,明确规定这是一种法定的权利。在德国刑法理论中,这被称为“正当的法令行为”。

〔39〕　参见广西壮族自治区河池市中级人民法院(2013)河市刑一终字第 78 号判决书。

时即告知"抓到小偷了"。马河宾、兰甲、谢彪等人就跑到兰某生家对周甲进行殴打。兰某洋亦到村中高喊"抓得小偷了",部分村民闻讯赶到兰某生家对周甲进行殴打。其中,马河宾用脚踢周甲的头部和身体,韦某继持铁水管打周甲肩部并用脚踢,谢彪用脚踢后又用扫把击打,兰甲、韦某卫用脚踢,公安人员到来后村民才停止殴打。民警见周甲受伤,即拨打120急救电话将其送往河池市人民医院救治。同月14日,周甲经医治无效死亡。

一审法院认为,被告人谢彪、马河宾、韦某继、兰甲、韦某卫故意伤害他人身体,造成周甲受伤后经救治无效死亡,其行为均已触犯刑律,构成故意伤害罪。被告人兰某洋抓获周甲后到村里大喊,有召集村民、示众的心理,应当对其行为的后果有预见,其未有效防止后果的发生,应当以共犯论,亦构成故意伤害罪。被告人兰某欢制服周甲后,无伤害周甲的主观故意,也没有再实施伤害行为,不构成犯罪。

检察院对此提出了抗诉,认为一审认定原审被告人兰某欢不构成犯罪违背客观事实,适用法律错误;兰某欢、兰某洋等不属于抓捕现行犯,行为不合法。二审法院认为,原审被告人兰某欢及上诉人兰某洋因怀疑于凌晨时分无正当事由进入自家住宅的被害人周甲为"小偷"而把周甲抓扣、捆绑,并在制服后报警,兰某欢、兰某洋此前的行为并无不当,但此后其应承担保护处于被捆绑控制状态下的被害人人身安全的义务,而其在场目睹同案人对被害人实施踢打时,自己虽没有再实施伤害行为,但亦未能有效地阻止他人实施踢打行为,最终导致被害人因被群殴致伤死亡的严重后果,其主观上已明知自己的行为与同案人的共同行为会发生危害社会的结果而放任了被害人死亡结果的发生,具有认可他人实施伤害行为的主观故意,其行为与其他同案人构成共同故意犯罪,依法应承担相应的刑事处罚。

笔者认为,兰某生参与抓住被害人的行为,打电话报警并到村口等候公安人员的行为,以及向村民告知抓到小偷的行为,都是合法行为,并不能产生救助义务。在本案中,被告人兰某生并不在现场,而是去村口等候公安人员,小偷现实支配存在于兰某洋之手,兰某生也没有救助的可能性。

对于兰某洋和兰某欢而言,在其捆绑小偷之后,因果流程中介入了第三人伤害小偷的行为,然两被告人和该行为之间并无法律上的引起与被引起的关系,同时和其他村民之间也不存在监督关系,看起来似乎并无阻止义务。但是,剥夺小偷自由这一先前行为的合法性。仅建立在"防止其逃跑,促使其接受法律制裁"这个利益上。若外部环境变化,使得对小偷的捆绑超出了这一限度,那么就需要赋予行为人结果回避义务。不过,是否构成犯罪还需要考虑作为可能性,判决指出行为人"未能有效地阻止他人实施踢打行为",在当时的环境下,行为人是否能够做到"有效"回避结果发生,要求行为人付出多大代价来阻止结果发生,在理论上都值得研究。应该说,在没有明确现场环境的情况下,"有效"与否的判断仅仅依赖于结果是否发生,这种判断并不合适。

（二）犯罪行为可以成立先前行为

我国很多学者认为先前行为不包括犯罪行为。例如,黎宏教授的基本观点是,"行为人所不阻止的损害后果通常包含在其先前的作为加害行为之中,只要评价其先前的犯罪行为,就足以评价其后所引起的行为不法与结果不法,没有必要再单独考虑其后的不作为行为"。[40] 因此,前行为是过失犯、结果加重犯、基本故意犯时,行为人在侵害行为结束后没有救助,导致发生了更重的侵害结果时,对该行为人以之前的过失犯、结果加重犯和故意犯处理即可。其理由是:

第一,在过失犯或者结果加重犯的场合,行为人对被害人不进行救助的,立刻成立故意犯罪,原本系教唆犯和帮助犯的也能立刻被论以正犯,这种对不作为犯的处罚范围之扩张是不合理的。第二,在故意犯中认定犯罪后的救助义务与中止犯的规定相冲突。基于现行刑法对中止的规定,立法者并不指望行为人在实施加害行为之后主动防止侵害结果发生。第三,认为故意犯罪属于先前行为的重要原因是,为了能够处罚事后的不救助行为的共犯。但这一理由并不充分,而且还会引起坏的后果。"如 A 以杀人故意将乙砍成重伤后离开。无关的 B 经过此地,准备救助乙。C 劝阻 B 别管闲事,结果乙死亡。"而如果 C 劝阻 A,就构成犯罪。但 C 的行为,从外观和产生的实际效果来看并无区别。既然犯罪的本质是侵害法益,那么完全相同的侵害法益行为产生截然不同的法律后果,这是难以理解的,尤其是故意杀人罪这种不要求特定身份的犯罪。特别是,当 C 并不知道 A 系犯罪者时仍需要承担责任,比较 C 对 B 的劝阻不承担责任而言,C 受到处罚仅仅是由于不认识杀人者。黎宏教授认为,这是追究偶然责任的做法。第四,认定故意犯罪产生作为义务,在方法论上有循环论证之嫌。在证明 C 对 A 的劝阻应当承担刑事责任时,一方面强调若 A 的行为不属于先前行

---

〔40〕 黎宏:《排他支配设定:不真正不作为犯论的困境与出路》,《中外法学》2014 年第 6 期,第 1591–1592 页。

为,就无法处罚 C,另一方面指出由于可以合理地处罚 C,故 A 的行为是先前行为。这无疑是互为因果。第五,这样做会违反个人责任原则:为了追究 C 的刑事责任,将 A 原本的故意伤害致死的行为升格为故意杀人行为。[41]

陈兴良教授也有类似的看法。他在《不作为犯论的生成》一文中有这样一段论述:

"我国学者论及失火向放火转化时,指出:由于失火而引起火灾的危险,能够及时扑灭,但故意不扑灭,而任其燃烧,失火可以转化为放火。比如某人无意之中就把一个未熄灭的火柴头扔到仓库里的草堆上了,草堆立刻燃起火。他知道如果不踩灭,有可能引起大火,但扬长而去,根本不管,以致大火将仓库烧毁。这样,就应当以放火罪论。因为,这个时候他有义务灭火,而且他也明知自己不去灭火有可能发生火灾。即使他不是希望发生火灾,也是持放任态度,完全具备了故意放火的特征。显然,按照灭火义务—不履行的思维方式,就会得出不作为的放火的结论,这也是一种形式的作为义务论,对于以上观点,我曾经做过以下评论:造成火灾本身就是失火行为的后果,仅仅由于对这一结果的不防止,就能转化为放火罪吗? 如果这一观点能够成立,则不作为犯罪的范围将大为扩张。例如,过失致人重伤,产生了救助义务,如果不救治,扬长而去,也可以理解为对死亡结果持放任态度。如果被害人不治身亡,也就从过失致人死亡转化为故意杀人罪。"应该认为:"只要某一结果是包含在过失犯罪的构成要件之内的,则该过失犯罪不能转化为同一行为的故意犯罪。除非这一结果是超出某一过失犯罪的,该过失行为才有可能成为不作为的先行行为。"[42]

从先前行为的性质来看,不论持义务违反说还是因果关系说,从逻辑上都不可能否认犯罪行为。那么,是否需要对先前行为的范围进行额外的限定? 从先前行为的处罚根据来看,既然包含违法行为,就应当包含犯罪行为。有的学者认为,由于先前行为人触发了法益侵害流程,则其自由就受到了限制,应当承担不自由的后果;有的认为,先前行为人的义务源自古老的法感情;有的主张,刑法既然对造成法益侵害结果进行否定评价,那么也必然对法益危险升高的过程持否定态度,要求先前行为人履行结果回避

---

〔41〕 黎宏:《排他支配设定:不真正不作为犯论的困境与出路》,《中外法学》2014 年第 6 期,第 1592 页。

〔42〕 陈兴良:《不作为犯论的生成》,《中外法学》2012 年第 4 期,第 673 页。该段文中引用了我国学者王作富的论述,参见王作富:《中国刑法研究》,中国人民大学出版社 1988 年版,第 419 页。

义务就是来自刑法本身的要求；笔者主张，由于先前行为造成了不能容忍的处罚漏洞，将该风险分配给先前行为人最容易也最可能回避结果，因此应当承担责任。不论是采取哪一种处罚根据，都不可能排除犯罪行为。至于学者们的担心，并不成为问题。笔者认为：

首先，先前行为包含故意犯罪的观点与刑法关于中止的规定并不矛盾。中止包含的范围要大于先前行为后避免结果发生这一情形。故意犯罪而中止的，刑法给予奖励，但不避免结果发生的给予处罚，这种做法拉大了救助和不救助两种情形之间的刑罚差距，刑法的导向性更为明显。

其次，黎宏和陈兴良两位教授都提到，过失实行行为不能产生作为义务，这会导致不作为犯的范围大为扩张。但是，却没有论证这种扩张是否"不当"。陈兴良教授主张，那些认为前述失火案中行为人存在灭火义务、没有履行就成立放火罪的观点是一种形式法义务的观点，但实际并非如此。主张该案存在灭火义务，并不是未经分析直接采取形式法义务。失火行为本身开启了一个法益侵害的因果流程，失火行为和最终的法益侵害结果之间确实存在归责关联性，此时行为人有义务避免结果发生。同时，赋予行为人防果义务也确实能够填补法益保护漏洞。因此，虽然认可犯罪行为产生义务，确实会扩大不作为犯的适用，但这种扩大既是合理的，也是有益的。

再次，在黎宏教授所举的案件中，追究 C 的责任并非追究偶然责任。C 对 A 的劝说和对路人 B 的劝说并不相同。要认定 C 和 A 成立共同犯罪，还必须是 C 知道 A 是义务人，知道 A 有义务履行结果回避义务。否则，C 并不成立犯罪。显然，对于帮助犯或教唆犯来说，要和有身份的人共同构成犯罪，必须明知对方具有该种身份。

又次，这里并不存在循环论证。循环论证是指前提中预设了结论。但是，在要求 C 就劝阻 A 不救助而承担刑事责任的问题上，赞成者是通过论述此处处罚 C 的必要性来说明有必要认可 A 的救助义务。C 的处罚必要性并不是通过 A 的救助义务得出的，而是通过基本的价值判断。也就是说，这里并不是一个封闭的论证环，在 C 的处罚必要性这个环节，已经引入了一个闭环外的判断因素。[43]

最后，并不是为了追究 C 的责任才要求 A 承担原本不应承担的责任。从先前行为的处罚根据和性质来看，犯罪行为都不应排除在外，因此，这里 A 承担的不作为故意杀人的责任符合整体理论。相反，要求 A 不承担责任

---

〔43〕　［德］英格博格·普珀：《法学思维小学堂》，蔡圣伟译，北京大学出版社 2011 年版，第 15 页。

才属于例外。既然原本就要求 A 承担责任,则不存在违反个人责任原则。换言之,这里强调 C 的处罚漏洞,并非 A 承担义务的正当性基础,而是对"故意犯罪不成立先前行为时不会造成处罚漏洞"这一观点的反证。

（三）先前行为应限于损害他人人身法益的行为

先前行为应限制在对生命法益、公共安全法益以及重大的身体法益造成侵害的行为上。可以肯定的是,对于拥有"支配"特点的其他法义务主体来说,并不存在这种限制。例如,管理员明知小偷进入仓库内盗窃而不阻止的,可能成立盗窃罪。但是,要求先前行为人承担作为义务,并非因其处在事先控制支配法益的地位,而是为了保护法益而在刑事政策上作出的以牺牲先前行为人的自由为代价的决定,是对两种利益进行的权衡取舍,因此,在法益保护的需求不大时,应向先前行为人的自由利益倾斜,否则,将对后者造成不公平。因此,行为人砍伤了他人一个指头,即使没有将他人送往医院也不会因为该不作为而承担刑事责任。在本书开篇也介绍了西班牙学者雅科布对这一问题的看法,他认为行为人 X 开车撞伤一只价值 1 万元的宠物,但没有立即将宠物送去兽医治疗,导致宠物流血过多而死的,不能认定 X 成立不作为的故意毁坏财物罪;为民事官司作证的证人 Y,在开庭结束后发现自己的证词存在疑问,但并没有向法官报告,也不宜认定 Y 成立伪证罪。[44] 显然,无论是一般的身体法益、财产法益还是司法公正法益,都不是刑法上特别重大的法益,为了这类法益而令行为人基于危险前行为背负作为义务,有过度处罚的危险。

第四节　具体判断

根据笔者对先前行为的性质、内涵所采取的观点,本节对实践中争议较大的几种情况分析如下。

一、交通驾驶行为

（一）合法的交通驾驶行为

雅各布斯认为,行为人被允许实施这类行为是享有"特殊的自由",强制汽车保险说明驾驶是一种高出日常生活的危险行为,因此,合法的交通

---

[44]　See Jacobo Dopico Gómez-Aller, Criminal Omissions: A European Perspective, New Criminal Law Review, Vol. Ⅱ, Number 3, 2008, p. 450.

行为可以成立先前行为。[45] 但根据本书的观点,合法的交通驾驶行为不应产生保证人地位。一方面,如今的驾驶行为早已经成为社会中一个极为平常的行为,而不是立法者经过利益衡量,最终咬牙在一定比率的交通事故和社会发展之间做选择。诚然,驾驶也有准入门槛,人们需要有驾驶证才能享有这种自由。但是,几乎各行业都有证件准入,相较而言,能够取得驾驶证的条件不高,将其视为一种"特殊的自由"似乎并无说服力。另一方面,强制汽车保险制度虽然说明驾驶行为具有一定危险,但这与是否应当赋予作为义务没有必然的关联。强制汽车保险制度并不是单纯指向交通参与人的生命、身体安全,还涵盖财产安全。那么是否能说明财产也需要刑法赋予救助义务来保障? 虽然驾驶带来的危险确实高于吃饭、聊天、散步这类日常行为,但是否要刑法介入,还需要更详尽的证明。

理论上认定合法驾驶行为不产生刑法上义务,并不会导致法益保护上的不周全。这主要是因为,我国《道路交通安全法》和相应的实施细则对于驾驶员这一群体的注意义务要求很高。在这些法律规定下,绝大部分与死亡结果有自然因果关系的驾驶行为都具有一定的违法关联性。例如,在右转时,在 B 柱盲区和右外后视镜盲区的共同"致盲"作用下,驾驶员无法知道该处存在行人而将其撞死的,即使行人违反交通规则在机动车道上行走,驾驶员的责任程度一般也都在主要责任以上,因为既然知道有盲区,无视这一情况而继续前行、拐弯或者后退,都要承担过失责任。应当说,在这样严格的注意义务下,驾驶者很难存在毫无违法关联的情形。

不仅如此,在我国若承认合法驾驶者的救助义务,则不履行此义务时可能成立故意杀人罪、遗弃罪或者过失致人死亡罪,而司法实践中往往会因为存在死亡结果而认定行为人"放任"的心态,对其以故意杀人罪处理。这显然是罪刑不相适应的。例如,被告人丁某驾出租车,在小桥下坡处碾压了醉倒在地的被害人。丁某下车查看后,想将被害人从车底拉出来,但没有拉动,随即用千斤顶将车顶起,将被害人从车底拉出来丢弃路边,然后驾车逃离。被害人经抢救无效死亡。根据开车实验,事故发生在夜间,被害人的位置很难被发现,即使发现了也来不及采取措施。法院认为,被告

---

[45] Vgl. Jakobs, Vorangegangenes Verhalten als Grund eines Unterlassungsdelikts – Das Problem der Ingerenz im Strafrecht[EB/OL]. 2000 – 02 – 16 [2009 – 04 – 30] http://www.akademienunion. de/_files/ akademiejournal/2002 – 2/ AKJ _2002 – 2 – S – 08 – 10_jakobs. pdf.

人没有履行法定的救助义务,且放任死亡结果的发生,构成故意杀人罪,但仅判处行为人有期徒刑 3 年。对此刑罚,法院并没有说明任何理由。在本书看来,这实质上说明该罪名存在疑问。

行为人是否有救助义务,是本案被告人是否成立犯罪的关键。[46] 判决中将道路交通法上的救助义务直接视为刑法上不作为的故意杀人罪中的作为义务,采取了形式法义务的观点。这并不合理。道路交通法规定车辆驾驶人停车、报警和救助义务的目的是尽快处理纠纷、减少损失,这些义务既适用于合法驾驶者也适用于违法驾驶者。若认为该义务属于刑法上的义务,那么在合法驾驶者和违法驾驶者共同造成了交通事故后都不救助的情况下,两者都应有救助义务。可是,一方面,在这类情形中司法实践很可能仅处罚违法驾驶者;另一方面,若对合法者和违法者都进行处罚,又可能出现不恰当的结论:若违法驾驶者构成交通肇事罪后以放任的故意逃逸,致人死亡的,有可能成立交通肇事逃逸致死,最高处 15 年有期徒刑;而合法驾驶者不救助,只可能成立故意杀人罪,理论上最高能处死刑。这显然是不合适的。那么,是否能够从先前行为的角度认定行为人的作为义务呢? 从本书的观点来看,既然行为人的驾驶行为本身并没有违规,而且,驾驶行为和被害人的死亡结果之间缺乏结果回避可能性,则其碾压被害人导致的死亡危险就不宜归责给行为人,行为人的先前行为就不应产生刑法上的结果回避义务。也就不能在此基础上以行为人没有履行义务导致死亡为由认定其成立故意杀人罪。[47] 行为人没有必要为自己的合法行为承担刑法上的义务。

(二) 违法的交通行为

如前所述,德日在违法的交通行为能否成立作为义务上分歧极大,对这一问题的处理可谓是该国对先前行为态度的风向标。德国通说认为,违反义务的前行为制造了法益侵害的危险时,行为人作为德国刑法第 13 条中的保证人对"不发生法益侵害"承担刑法上的保证义务。[48] 理由是,先前行为人基于其行为制造了一个开启损害结果的危险,因此,有义务避免

---

〔46〕 江苏省常州市天宁区人民法院(2002)天刑初字第 279 号判决书。

〔47〕 该判决还存在其他问题。例如,判决书里只强调"没有履行法定的救助义务"、发生了死亡结果,以及被告人有放任的故意,但是并没有说明对于结果归责而言重要的因果关系。仅仅有可能发生结果还不足以认定因果关系,法官必须证明,如果被告人实施了救助行为,立即将伤者送医,就能够在相当的程度上确保被害人的生命安全。关于这一点,法院的判决书中并没有通过专业人士证明被告人及时送医能挽救被害人的生命。

〔48〕 Vgl. Hans-Joachim Rudolphi, Fälle zum Strafrecht, AT4, Berlin: Beck, 1996, S. 200.

该结果发生。[49] 于是,如果驾驶者撞伤路人而不救助,导致其因没有及时获得救助而死亡的,驾驶者就可能成立不作为的故意杀人罪。在日本,关于先前行为能否产生刑法上救助义务则有疑问。除了对实质法义务理论持危险创出说和先前行为说的学者之外,理论和司法实践通常认为单纯撞伤人后不救助的,没有刑法上的义务,不产生保证人地位。[50] 只有将被害人抱上车、置于自己的支配下后不送医,导致其死亡的,才可能成立不作为的故意杀人罪。

在我国,不论是理论还是实务,均认为违法的交通驾驶行为应产生作为义务,只是在构成何罪的问题上存在争议。有的争议属于事实认定问题,例如不救助的行为是故意还是过失、是否有结果回避可能性,等等。有的争议则属于规范解释的问题,主要是涉及交通肇事罪的理解。我国交通肇事罪与其他国家的交通犯罪相比,[51] 最主要的不同即在于,将逃逸、逃逸致人死亡作为法定刑升格的条件。对逃逸、逃逸致死如何理解? 与第一档刑的成立条件之间是什么关系? 这些问题,决定了违法驾驶行为后不救助伤者构成何种犯罪。

第一,在对"逃逸"这一规范的理解上,存在"逃避法律责任"和"不履行救助义务"两种对立的观点,[52] 显然,若认为逃逸的实质是不履行救助义务,则违法驾驶行为之后的不作为可能成立交通肇事罪,反之则只能求诸过失致人死亡罪、故意杀人罪、遗弃罪等规定。笔者赞同不履行救助义务说,并曾撰文进行论证。在此,针对持逃避法律责任说近来的观点,再进行一些补充。

其一,论者认为,"在交通肇事的场合,被害人的法益毫无疑问是值得保护的。但是,通过什么方式去保护被害人,是值得讨论的",要求行为人救

〔49〕 Vgl. Marco Deichmann, Grenzfälle der Sonderstraftat-Zum Problem der Subjektsqualifikation durch besondere persönliche Merkmale bei den Aussage-und Verkehrsdelikten, Berlin: Dunker & Humblot GmbH,1994,S. 180.

〔50〕 此时即使被害人因未获救助而死亡的,因为仅违反了行政法上的义务,不成立刑法上的保护责任者遗弃罪或者不作为杀人罪,而只成立《道路交通法》中的违反救护义务罪。

〔51〕 我国刑法第 133 条规定:"违反交通运输管理法规,因而发生重大事故,致人重伤、死亡或者使公私财产遭受重大损失的,处三年以下有期徒刑或者拘役;交通运输肇事后逃逸或者有其他特别恶劣情节的,处三年以上七年以下有期徒刑;因逃逸致人死亡的,处七年以上有期徒刑。"

〔52〕 持救助义务说的观点参见侯国云:《交通肇事罪司法解释缺陷分析》,《法学》2002 年第 7 期;姚诗:《交通肇事"逃逸"的规范目的和内涵》,《中国法学》2010 年第 3 期;劳东燕:《交通肇事逃逸的相关问题研究》,《法学》2013 年第 6 期。持逃避法律责任说的观点参见高铭暄、马克昌主编:《刑法学》,北京大学出版社 2017 年版,第 358 页;陈兴良:《规范刑法学》(上册),中国人民大学出版社 2013 年版,第 514 页;邹兵建:《论交通肇事罪中的逃逸问题》,《法治现代化研究》2020 年第 6 期。

助被害人"并不是保护被害人的唯一方式,也未必是保护被害人的最佳方式",相反,"只要行为人不逃跑,其命运就会和被害人的命运息息相关,行为人自然就有动力去救被害人"。[53] 诚然,要求行为人履行救助义务并不是唯一的方式,但是,认为通过惩罚行为人逃跑来保护被害人的方式更精巧和实效,恐怕缺乏论证。行为人不逃跑和救人之间并没有必然联系,相反,如果最终目的是要保护被害人,直接在条文中包含这一义务更为直接和有效。

其二,逃避法律责任说认为,逃避救助义务说没有抓住交通肇事罪的特殊性。该罪的特点并不在于有需要被救助的被害人,故意伤害罪、过失致人重伤罪中都存在这样的被害人。该罪的特点是行为人成功逃跑的概率更高。所以,逃逸这一规定是为了提高逃跑成本,抑制行为人逃跑。[54] 虽然天网工程实施后使得交通肇事逃逸的机会降低,但其他犯罪的侦破率也提高了。这样的说法也有疑问。

天网工程实施以后,各类犯罪要想逃避法律追究都困难了许多,如果认为摄像头在交通道路和其他地方是平均分布的(实际上交通道路中的摄像头应当更多),那就意味着所有犯罪被发现的概率都相当,那么按照这种观点,要对交通肇事罪和故意伤害罪、过失致人重伤罪区别对待的原因就显得不明朗。而且,正是由于天网工程的存在,使得行为人要想逃避法律追究已经不太可能,但是天网工程并不能促使行为人救助被害人,所以刑法才有必要予以规定。

实际上,交通肇事和故意伤害罪、过失致人重伤罪都需要救助被害人,这一点三种犯罪没有区别。在后两个犯罪的场合,虽然没有法律明确规定"逃逸"时要提高法定刑,但根据本书所持的先前行为理论,这些行为都属于先前行为,都引发结果回避义务。在不履行该义务并满足其他条件时,行为人都可能因的不作为而构成更重的犯罪。立法者之所以在交通肇事罪中规定逃逸,最主要的原因是单个犯罪来比的话,交通事故中导致死亡的人数多得多。针对这类犯罪,立法者有必要特别加以提醒。

其三,论者认为,"逃避救助义务说的初衷是促进对被害人的救助,但在司法实践中适用这个学说,可能会鼓励行为人不踩刹车并且在撞人后逃跑,从而与这个学说的初衷完全相悖。而如果采用逃避法律责任说,则完全可以避免这种道德风险。"[55] 上述设想过于纸面化。驾驶员在面对突然

---

[53][54][55]　邹兵建:《论交通肇事罪中的逃逸问题》,《法治现代化研究》2020 年第 6 期,第114 页。

的状况时,一般没有思考时间,只能服从于本能踩刹车。如果行为人还有时间思考该不该踩刹车,然后得出不踩刹车的结论并加以执行,这显然不是一个交通肇事的问题了,而是应当考虑是否成立故意杀人(在无论如何也会撞到时也存在未遂的问题)。逃避法律责任说实际上也并不会鼓励行为人踩刹车。

其四,针对逃避救助义务说对逃避法律责任说的批评,即"按照逃避法律责任说,肇事后将被害人送到医院再逃跑的行为人构成刑法逃逸,而肇事后留在事故现场眼睁睁看着被害人因得不到救助而死亡的行为人却不构成刑法逃逸,有违罪刑均衡",论者回应道:"根据行为人是否履行了救助义务,可以将刑法逃逸分为履行了救助义务的刑法逃逸和未履行救助义务的刑法逃逸。显然,前者的不法程度低于后者"。此外,行为人在现场却不救的数量很少,这种情形还可能受到更重的刑事处罚。[56] 这一解释也站不住脚。

当将第二档刑分为履行了救助义务的逃逸和不履行救助义务的逃逸时,由于第二档刑只有3—7年,那么如何显示这种区别? 论者自己也认为,处罚逃逸最终的目的也是被害人的生命、身体法益。于是,不逃逸并且救助的和不逃逸但不救助的就应当有明显的刑罚区别(例如,前者只判3年,后者判7年),这样一来,在刑罚区间上显示的就是,是否履行救助义务得到了更多的违法和责任的评价。反之,如果认为这两种情形的刑罚不需要很大区别(如不救助判7年,救助判5年),这恐怕不符合大众的认识,也不利于交通参与人的法益保护。

第二,需要讨论"逃逸"与第一档刑的成立条件之间是什么关系。可以肯定的是,当违法驾驶行为达到了交通肇事罪的成立条件,之后再实施逃逸行为,不救助被害人,但被害人并未因此而死亡的,应按照交通肇事罪第二档刑处理。但是,当违法驾驶行为仅仅违反了交通法规,但尚未达到交通肇事罪的成立条件时,如何处理就存在疑问。例如,根据2000年最高人民法院《关于审理交通肇事刑事案件具体应用法律若干问题的解释》(法释[2000]33号)的规定,交通肇事致一人重伤时,只在负事故全部责任或者主要责任,并且存在酒后驾驶等六种情形之一的,才成立本罪。如此一来,若行为人交通肇事致一人重伤、负事故主要责任,但不具备六种情形之一时,就不构成交通肇事罪。此时,行为人逃逸而导致被害人得不到救

---

[56] 邹兵建:《论交通肇事罪中的逃逸问题》,《法治现代化研究》2020年第6期,第115页。

助的,应当成立何罪? 本书赞同加重法定刑应当以满足基本刑的条件为必要的观点,故上述场合,一方面行为人逃逸的行为属于六种情形之一,结合前面的致一人重伤、负事故主要责任的条件,已经满足了交通肇事罪基本刑;另一方面,将交通肇事的行为视为先前行为,事后的不救助行为若系过失且致人死亡,成立不作为的过失致人死亡罪。最后再按照罪数理论来处理。

二、缺陷产品销售行为

我国的产品责任问题愈演愈烈,急切需要法律对此给予回应。在我国,规定了生产销售伪劣产品的系列犯罪,但这只是对生产销售过程进行控制。若生产者销售者并没有生产销售伪劣产品的故意,但实际上制造出危害消费者健康的产品,不向社会告之或者不回收产品的,不承认生产者销售者有回收产品的义务就无法从刑法上对这种行为给予打击。本书将首先从皮革喷雾剂案入手,分析德国法院的处理办法,再讨论国外学者对实质法理基础的争论。最后,根据本书的先前行为理论分析三鹿问题奶粉案件。

A 公司生产皮革喷雾剂(Lederspray)并由其子公司销售。1980 年秋该集团接到消费者在使用皮革喷雾剂过程中受到损害的通知,消费者呈现呼吸急促、咳嗽、恶心、发抖发烧等症状,并且必须进行治疗,诊断结果为肺水肿。公司内部开始针对回收的产品进行检验,但检验结果认为并没有制造上的过错,只是 Silikonoel 这种成分过高。1981 年该公司降低了 Silikonoel 的比例,又或者采用其他药品替代,但是仍然有消费者发回的损害通知。公司曾经一度做出停止制造和销售的决定,但不久后又再度制造。在公司专门的临时会议上,受邀列席的专家表示根据检验结果产品并不包含有毒物质,并建议委托外国机构做进一步检验以及在产品外部做出警告标示。会上大家一致认为,只有在检验结果显示确实存在制造上的错误或者可以证明对消费者存在风险的时候,才做出停止销售和回收产品的决议。之后公司继续销售皮革喷雾剂,损害也不断发生。[57]

本案判决因涉及因果关系、保证人理论、罪数、不作为共犯等问题而成为经典。德国联邦最高法院(BGH)做了如下的分析:第一,在因果关系上

---

〔57〕　皮革喷雾剂案参见 BGH, 37, 160。

采用疫学的因果关系认定,即虽然不能确定是产品中的哪一种成分导致损害,但只要其他原因能被排除,就可以肯定产品与损害之间有因果关系;第二,产品制造者因制造危险物这样的先前行为而产生保证人地位;第三,所有参与作出不回收产品的决议的人都成立不作为共犯;第四,没有成功阻止这一决议的参与者,也该对最终的决议结果承担责任;第五,虽然有多起损害,但由于源自一个不回收决议,所以仅成立一个不作为犯的责任。在这里,我们主要就保证人地位的来源之争进行分析。

第一,来自先前行为的观点。德国关于先前行为有因果关系说和义务违反说的对立。二说也都从自己的观点出发对制造物责任问题进行了解释。

德国联邦最高法院采用了先前行为中的义务违反说来认定厂家有回收产品的义务。虽然在生产喷雾剂的过程中,厂家没能检测出任何对人体有害的物质,主观上不具有预见可能性,但法院以先前行为无须在责任意义上被谴责来为自己的立场辩护。[58] 弗霍依德(Freud)等人采用因果关系说,并不强调先前行为是否违反义务,重点在于危险是否"不寻常"。他们认为,既然行为人已经获得了相应的好处(通过制造商品获利),那么就必须承担相应的责任,包括注意不使这种超出日常生活的危险转变成实害。[59]

罗克辛反驳道,法院的错误在于,行为的主客观不法不能分开,行为人不可能在违反了客观不法、制造了不被允许的危险后,又不违反主观的注意义务;义务违反必须是在先(刑法前的)而不是事后从危险结果中确定;法院把注意义务和责任放在一起,其实是混淆了不法和责任。[60]因果关系说的问题则在于,首先它和先前行为的思想就是背离的,其次它不能提供一个标准来区分什么是一般的危险,什么是特殊的风险。[61]不仅如此,罗克辛还提出了一个有力的反驳意见:如果认为先前行为是制造物责任的义务来源,那么后任管理者对于企业前任期间生产出来的

---

〔58〕 Vgl. Claus Roxin, Strafrecht AT Band 2, Besondere Erscheinungsformen der Straftat, Berlin: Beck, 2003, S. 778f.

〔59〕 Vgl. Claus Roxin, Strafrecht AT Band 2, Besondere Erscheinungsformen der Straftat, Berlin: Beck, 2003, S. 779f.

〔60〕 罗克辛同意许迺曼的看法,认为在制造物责任的问题上应以"保护功能的接受"来说明作为义务。Vgl. Claus Roxin, Strafrecht AT Band 2, Besondere Erscheinungsformen der Straftat, Berlin: Beck, 2003, S. 783.

〔61〕 Vgl. Claus Roxin, Strafrecht AT Band 2, Besondere Erscheinungsformen der Straftat, Berlin: Beck, 2003, SS. 779 – 783.

瑕疵产品为何会有召回义务呢？德国联邦最高法院认为后任者在就职后就承受了这一保证人地位。但是，这样一来，保证人地位就不是来自先前行为了。

第二，来自其他法律的观点，这是德国联邦最高法院考虑的另一种观点，即回收义务来自民事的产品责任法。如果采用这种观点，则基本上是遵循形式法义务理论了。本来是规定在民法上以损害责任为导向的义务如何能够成为一个有效的刑事法义务，这是形式法义务理论始终都必须解决的问题，或者说刑法外的义务什么时候可以、什么时候又不能成为刑法上义务，始终没有得到解决。不仅如此，采取形式法义务理论者认为，由于违反了刑法外的法律（这些法律禁止在往来交易中给对方带来健康损害），因而为危险前行为的义务违反提供了根据，但这样一来，又回到了先前行为理论面临的难题。

第三，来自监督危险源义务类型。如布哈姆森提出，召回义务来源于危险源监督，制造者对于危害健康的商品有召回的义务。他认为危险源监督义务来自对物体的一种有形的现实的支配关系，[62] 制造物回收义务与他的社会期待理论相符合，商品是否在企业的范围内被发现还是已经到了销售者或者消费者手中并不重要。[63] 类似的观点也被耶赛克所主张，即生产者对于产品的危险有控制的义务，不管产品是在生产者、消费者还是销售者的支配下，生产者都基于对产品的危险之控制产生作为义务。[64] 但是，当物品从生产者手中到达消费者或者中间销售商时，就由后者拥有该物品，生产者不可能对物品有控制和监督。

第四，来自生产者对保护义务的接受。这一观点得到了罗克辛和许迺曼的主张。[65] 首先，罗克辛认为这里并不存在监督危险源的义务，而是保护法益的类型。因为只有当制造物进入消费者等的手中，并且有了潜在的

---

〔62〕 Vgl. Joerg Brammsen, Die Entstehungsvoraussetzungen der Garantenpflichten, Berlin: Duncker&Humblot GmbH, 1986, S. 193.

〔63〕 赞同的有奥托。他指出，这也从反面说明了许迺曼观点的错误之处，即如果坚持事实的支配理论，就不可能让生产者承担已不在其支配范围内的产品的责任。Vgl. Otto, Die Strafrechtliche Haftung für die Auslieferung gefährlicher Producte // Thomas Weigend, Georg Kuepper. Festschrift fuer Joachim Hirsch zum 70. Geburtstag am 11. April 1999. Berlin; New York; de Gruyter, S. 298.

〔64〕 Vgl. Jescheck, Weigend, Lehrbuch des Strafrechts Allgemeier Teil, 5. Aufl, Berlin: Duncker & Humblot, 1996, S. 626.

〔65〕 Vgl. Claus Roxin, Strafrecht AT Band 2, Besondere Erscheinungsformen der Straftat, Berlin: Beck, 2003, S. 782f.

危险时,才可能产生刑法上的义务,此时必须减少损害、防止结果发生,所以生产者应该履行的是保护法益的义务。其次,在现代社会,购买者已不可能对其购买的产品进行关于是否危害健康等事项的检查,不得不依赖于生产者。生产者不仅必须遵守所有的安全标准,而且要通知消费者可能出现的损害。基于这样的社会事实,在民法上产生了产品追踪观察、回收等义务。虽然并不能从民法上导出刑法上义务,但前者无疑是后者的重要考量因素。

本书认为,在制造物责任问题上,首先,生产者对消费者的法益并不处于保证人地位,生产者这个角色并不是为了消费者的法益而特别存在的,只是因为生产者的生产行为和中间商的销售行为以及消费者的购买行为等一系列随机事件而发生的联系。试想,当消费者因产品而招致健康损害、送医救治时,若生产者不提供医疗费,岂不是也可能成立故意杀人罪?其次,生产者对其制造的产品也不再有支配的可能。因为生产者在制造出产品之后,产品就脱离其控制范围,已经不是他自己的物品。也许有人会说,生产者和其他人相比,不同的地方在于:一是更可能通过各地消费者的反馈信息判断出产品是否存在危险,以便能做出及时的反应;二是可以进行召回或者警告,并且其召回或者警告的行为让消费者信赖(换一个普通消费者,即使其知道内情,向大家警告,也不一定能收到效果)。但是,现在产品信息反馈途径早已多样化,比如消费者可以通过消基会、媒体、工商管理部门等反应(实际上也是如此),生产者早已经不是唯一、甚至也可能不是最早的知情者。虽然生产者可以召回或者警告,但上述其他机构或者部门也可以采取有效措施。所以,要说生产者对产品有"支配",并不能令人信服。

生产者、销售者的警告和产品召回义务只能来自先前行为。只要比较一下生产销售伪劣产品和交通肇事,就更清楚这一点。交通肇事中肇事者创出了危险后,危险源就转移到伤者上,并且在伤者的"组织领域"自行上升,肇事者并没有支配法益(想象一下有路人、有同车人在旁边的情况),也没有支配控制危险源。这和生产者控制潜在的危险是一样的。罗克辛在分析先前行为时,强调它表面上是监督危险源义务,其实是保护法益义务,产品召回和警告义务又何尝不属于这种具有双重性质的情形?

以三鹿公司的问题奶粉销售案为例。三鹿公司在2007年12月开始接到问题奶粉的损害通知,于2008年8月1日,确切得知奶粉中某种物质超标,是化工原料,对人体有害,并且召开会议。于2008年8月13日,召开第二次会议,做出继续销售的决定。[66] 在这个案件中,对于该公司高管2008年8月1日以前的行为,成立重大责任事故罪,这一点并无疑义,亦非此处讨论的重点。三鹿公司高管在8月1日以后的行为是研究重点。

第一,8月1日以后的作为。作为的部分,成立销售伪劣产品罪和销售有毒有害食品罪,根据法条竞合原则,成立销售伪劣产品罪。具体而言,由于实际上不能证明损害是8月2日以后的产品造成的,所以不能根据刑法第144条以生产销售有毒有害食品罪对三鹿公司高管处以10年以上有期徒刑、无期徒刑或死刑,从案情来看至多处5年以上10年以下有期徒刑;另外,由于8月2日至9月12日,三鹿公司集团共销售4000多万元的奶制品,因此可根据第140条生产销售伪劣产品罪,处15年有期徒刑或者无期徒刑。两罪形成法条竞合关系。根据刑法第149条第2款,最终成立生产销售伪劣产品罪。

第二,8月1日以后的不作为。不作为的部分,成立以危险方法危害公共安全罪。具体来说,三鹿公司生产了问题奶粉投入市场,该当重大责任事故罪的同时,也是一种"先前行为",必须防止损害发生。也就是说,当公司高层确定损害和其产品有直接关系时(2008年6月),就已经具有作为义务,必须公告和召回产品,更不用说在2008年8月1日确定三聚氰胺这种成分之后了。三鹿公司在8月1日召开的会议表明他们并没有履行回收义务。

辩护律师称,"判决书认为2008年8月2日以后三鹿公司集团生产的婴幼儿奶粉给消费者造成了伤害,事实上目前根本没有证据能证明这一事实";"现有证据证明给消费者造成伤害的,是2008年8月2日之前三鹿公司集团生产的婴幼儿奶粉,判决书竟然认为,三鹿公司集团8月2日之后的行为,造成了8月2日之前的后果,这显然是说不通的"。[67] 律师所说不无道理,若确无证据显示上述论证,则法院的判决存在错误。但是,由于先前的重大责任事故行为产生了回收义务,所以,损害是否8月2日以后的奶粉导致并不重要,即使是8月2日以前由于过失流入市

〔66〕 案情具体参见朱峰:三鹿集团被控生产销售伪劣产品案开庭审理[EB/OL].2008-12-31. http://www. chinamil. com. cn/site1/xwpdxw/2008-12/31/content_1604488. htm.

〔67〕 朱峰:三鹿集团被控生产销售伪劣产品案开庭审理[EB/OL].2008-12-31. http://www. chinamill. com. cn/site1/ xwpdxw/2008-12/31/content_1604488. htm.

场的,只要能证明,若公司高管能在确知损害和奶粉有直接关系的时点(2008 年 6 月)就告知消费者并开展回收工作则极有可能不发生损害,就能确定公司高管的不作为犯罪责任。根据笔者对先前行为罪数的观点,先前行为犯罪和之后的不作为犯罪侵犯同一法益,成立补充关系,因此,本案中重大责任事故罪和以危险方法危害公共安全罪二罪构成补充关系,最终成立以危险方法危害公共安全罪。三鹿公司高管应论以(不作为的)以危险方法危害公共安全罪以及生产销售伪劣产品罪,二罪并罚。

三、共同犯罪中共犯人的作为义务

共同犯罪中,知情共犯人对实行过限者实施的法益侵害是否有结果回避义务,是理论和司法实践中关注的重要问题。

（一）目前的解决路径之疑问

从我国目前的研究来看,对知情共犯人的归责存在两种思考路径。第一,以共犯人与实行犯是否构成作为的共同犯罪来判断共犯人应否对过限行为承担刑事责任,代表学说是容忍说。该说由陈兴良教授于 20 世纪 80 年代提出,[68] 现已成为我国通说。该说认为,若共犯人对实行犯所实施的超出谋议之行为是知情的,即表明其主观上对该犯罪行为的容忍态度,尽管没有亲手实行,也应该承担刑事责任。此后,又有学者提出精神支持说进行补充,主张不管行为人表面上是作为(积极参与、予以协助)还是不作为(不予制止、袖手旁观),都对实行犯产生了精神支持或者鼓励,对被害人形成心理压力或恐惧,说明其在主观上对过限行为处于积极追求或放任的状态,与过限者构成临时起意的共同犯罪。[69] 第二,以共犯人是否具有避免过限行为发生的义务、是否成立不作为犯来判断共犯人的刑事责任,代表学说是义务说。该说认为,即使共犯人知情,也不能简单认为其与实行犯之间形成新的共同故意;对共犯人追究刑事责任必须以其负有作为义务为前提。义务说中又有两种观点,其中否定说认为,由于共犯人对实行犯不负监督义务,故不应要求其承担不作为之责;[70] 折中说认为,不应全盘肯定或否定共犯人的责任,应进行区别判断,负有作为义务而没有阻止

---

〔68〕　陈兴良:《论共同犯罪中的实行过限》,《法学杂志》1989 年第 6 期,第 14 页。

〔69〕　赵丰琳、史宝伦:《共犯过限的司法认定》,《法律适用》2000 年第 8 期,第 38 页。

〔70〕　聂昭伟、吴郁槐:《共同犯罪中的实行过限与一体转化》,《人民司法》2009 年第 4 期,第 13 页。

犯罪的,应对该犯罪承担刑事责任,反之则不应归责。[71] 在本书看来,上述观点要么存在疑问,要么有待完善。

根据容忍说所采取的归责路径,由于共犯人并未实施任何积极参与行为,不可能与实行犯构成共同正犯,故应以共犯人和实行犯对过限行为是否达成共同故意、共犯人是否实施帮助行为来判断二者间是否成立共同犯罪。但是,容忍说无法对这两点作出合理论证。

首先,"知情"的事实不能说明共犯人与实行犯达成共同故意。众所周知,对于实行犯超出谋议所实施的行为,共犯人的同意必须是双边性的,共犯人单方面的知道和同意,不能成立共同故意。[72] 根据容忍说,若共犯人在一旁目睹实行犯实施超过谋议的行为,即便内心并不同意,其容忍的态度也体现了事实上的同意,与实行犯达成了新的共同故意,因而成立共同犯罪。简言之,"知情"等同于"容忍","容忍"即可拟制为"同意",甚至是"犯意沟通"。但是,这一论断有偷换概念之嫌,"知情"充其量只是"单方面知道",即使按照容忍说将其拟制为同意,也不能代表"双边同意"或者"沟通后的同意"。不仅如此,该论断也不符合事实。共犯人袖手旁观时,对实行犯的行为可能并不赞同,亦不打算帮助;实行犯也能明显感觉到同伴"不干涉、不加入"的态度,若认为此时双方又重新达成了共同犯意,显属牵强。

其次,"在场"的事实不能表明共犯人实施了帮助行为。容忍说一再表示,共犯人"知情"这样一种容忍的态度就足以使其承担刑事责任,但这仅仅涉及对共犯人主观方面的拟制,如上文所述,这种拟制并不合理,即使合理,也还必须考察共犯人是否实施了帮助行为,否则,经过犯罪现场的路人也能成立犯罪。因此,当知情共犯人并未实施望风、言语刺激、眼神鼓励等传统的帮助行为时,容忍说必须将"在场"这一事实本身评价为一种心理帮助,唯此才能认定共犯人实施了帮助行为。但是,这一评价难获肯定。

(1)如精神支持说所言,只要共犯人在场,都会"对实行犯产生精神支持或者鼓励,对被害人形成心理压力或恐惧",但仅凭此并不能说明被害人实施了帮助行为。假设甲、乙二人一起出游途中,甲突然起意抢劫,乙只在一边观看,对甲来说,乙的存在提供了某种程度的精神支持,对被

〔71〕 夏强:《过限犯认定问题研究》,《法制与社会发展》2002 年第 4 期,第 138 页。
〔72〕 参见[德]约翰内斯·韦塞尔斯:《德国刑法总论》,李昌珂译,法律出版社 2008 年版,第532 页。

害人来说,乙会被视为与甲一伙而给被害人带来更大的心理压力,可是我们不会就此得出乙成立帮助犯的结论。这一点从国外学说和判例中亦能得到印证。例如,美国学者约书亚·德雷斯勒(Joshua Dressler)在总结判例后认为,"出现在犯罪现场"并不构成对犯罪的鼓励,不是一种心理帮助,甚至当在场者有"在需要时提供帮助"这种隐藏的意图时,亦不足以认定其行为成立帮助。[73] 德国联邦最高法院也在判例中否定了这一点。[74]

(2)将"在场"这一事实视为帮助行为,会令共犯人承担不公平的责任。诚然,若行为人与实行犯协议后主动去犯罪现场为其"造势",即使其没有实施任何行为,也应肯定行为人的共犯责任。但在共同犯罪中,实行犯临时起意实施新的犯罪时,共犯人的"在场"是其参与前一个共同犯罪的附随状态,不应对此再次论责。此外,认为"在场"就成立犯罪,会不当加重共犯人的刑事责任。例如,甲、乙相约对丙进行伤害,但甲另有强奸的故意,乙有非法占有财物的目的,二人对丙实施了伤害行为后,甲对丙实施了奸淫行为,而乙将丙身上的财物取走。根据共同犯罪理论,甲、乙成立共同犯罪,甲成立强奸罪,乙成立抢劫罪。但是,若根据容忍说,只要甲、乙目睹了对方的后续行为,即可直接认定甲、乙构成强奸罪和抢劫罪的共同犯罪,这一结论显然不合适。

(3)容忍说并没有对"在场"是否帮助行为作出说明,反而指望借助"义务说"来论证知情共犯人的刑事责任,殊有不当。容忍说提出,若共犯人采取了"不容忍"的措施,就无须承担实行犯的责任。问题是,什么情形属于"不容忍"。共犯人目睹过限犯罪发生后可能实施四种行为:在场观看、继续实施原定犯罪、离开现场、阻止犯罪行为。前两种情形无疑属于容忍说所指的"容忍"。在第三种情形,共犯人离开现场最多表明其不同意该犯罪,远未达到"不容忍"的程度,共犯人不加干涉,使实行犯顺利实施该行为也应属于

---

〔73〕 参见[美]约书亚·德雷斯勒:《美国刑法精解》,王秀梅译,北京大学出版社 2009 年版,第 439 页。

〔74〕 被告人 A 与另两名被告人 B 和 F 商议,趁 K 女士领取失业救济金的那一天,去她家拿走这笔钱,若必要时使用暴力。B 和 F 还决定利用这个机会强奸 K。A 对 B 与 F 的行为表示不满,然而 B 与 F 并未改变主意。当 A 离开客厅时,回头看见 B 对着 K 的脸打了一拳,使 K 停止了反抗。B 脱 K 的裤子时,K 的钱包从裤子口袋里掉了出来,A 于是走过来,拾起了钱包并继续翻找 K 的裤口袋。A 清楚地知道 B 正违反 K 的意志强行与 K 发生性关系,也知道自己正在利用这个机会获取财物。B 因数次尝试勃起不成功而没能强奸 K,于是 A、B 和 F 三人拿走价值 100 多马克的钱财离开 K 家。对于在现场的 A,多特蒙德地方法院认为被告人 A 构成强奸罪的共犯,但德国联邦最高法院认为,A 既没有实现强奸罪的意图,也没有实施帮助行为。参见 BGH, 15.04.1997, 4 StR 116/97.

"容忍"。于是，只有上述第四种情形，即共犯人实施了阻止犯罪的行为时才是容忍说所谓的"不容忍"。[75] 但要求共犯人阻止犯罪，必然以承认共犯人的作为义务为前提。容忍说实际上已抛弃了自己的立场，向义务说转变。

在笔者看来，容忍说之所以存在不能容忍的缺陷，乃在于该说所依循的归责路径存在根本疑问。以共犯人是否与实行犯构成作为的共同犯罪来判断共犯人应否承担刑事责任的思路值得反思。当实行犯实施超出谋议之行为时，在场的共犯人倘若没有通过言语、动作、眼神等对实行犯进行心理上的鼓励，与实行犯达成新的犯罪协议，仅凭其"在场"的事实，无论如何不可能成立共犯。因此，容忍说应予抛弃。

义务说主张，判断共犯人是否承担刑事责任的关键在于考察其是否具备作为义务。若共犯人有阻止实行犯的义务而不履行，未避免法益侵害结果发生的，应承担不作为的刑事责任。然而，无论是义务说中的折中说还是否定说，都存在理论缺陷，更无法运用于司法实践。例如，折中说仅仅以"共犯人有作为义务则承担刑事责任，反之不成立"这样的空洞表述作为观点，而没有说明共犯人何时有义务，何时没有。否定说以"共犯人没有监督其他共犯人的作为义务"为由全盘否定共犯人责任，但是，即使共犯人没有这类义务，也可能基于其他原因产生作为义务，该说的考虑显然欠周全。总之，义务说虽然在归责逻辑上清晰可行，但其内容远未完善。

折中说和否定说的缺陷告诉我们，要采取义务说必须解决两个问题：第

---

[75]　司法实践中的认定更为严苛，认为没有实施"明确、有效的制止行为"的都是"容忍"。以王某某等故意伤害一案为例。被告人王某某预谋找人教训被害人，其得知被害人与妻子在地里干活，即纠集了被告人韩某、王某央及崔某某等人。被告人王某某指认了被害人后分给王某央等人4根铁管。被告人王某央等即冲入田地殴打被害人。在这一过程中，被告人韩某掏出随身携带的尖刀捅刺被害人腿部数刀，致其多处创伤、失血性休克死亡。被告人王某央看到韩某捅刺被害人没有制止，后与韩某等人一起逃离现场。法院在判决书中指出，被告人王某央发现被告人韩某持刀捅刺被害人时并没有制止，所以被告人韩某的行为不属于实行过限。裁判理由对该问题进一步分析道："在共同实行犯罪的情形下，判定实行行为过限的基本原则是看其他实行犯对个别实行犯所谓的'过限行为'是否知情。如果共同实行犯罪人中有人实施了原来共同预谋以外的犯罪，其他共同实行犯根本不知情，则判定预谋外的犯罪行为系实行过限行为，由实行者本人对其过限行为和后果承担责任；如果其他实行犯知情，除非其有明确、有效的制止行为，则一般认为实行犯之间在实施犯罪当场临时达成了犯意沟通，其他人对实行者的行为予以了默认或支持，个别犯罪人的行为不属于实行过限，其行为造成的危害结果由各实行犯共同承担责任。"显然，法院在采取容忍说的基础上，为了提供共犯人出罪机会，提出了构成"不容忍"的条件，即是否存在"明确、有效的制止行为"。但是，这一标准很难得到满足。在过限行为突然发生，共犯人虽然想制止或者实施了制止行为，但不可能做到有效制止的情况下，按该标准也应否定实行过限、成立共同犯罪。如此高的要求，使得实际案件中"没有犯意沟通"的情况少之又少，共犯人几乎都以入罪告终。具体参见牛传勇：《王兴佰、韩涛、王永央故意伤害案——共同故意伤害犯罪中如何判定实行过限行为》，载熊选国主编，《刑事审判参考》总第52期，法律出版社2007年版，第5－10页。

一,知情共犯人阻止过限行为的作为义务来源是什么;第二,知情共犯人在何种情况下能够成立作为义务。在第一个问题上,可以肯定的是,共犯人并不具备"监督他人的义务"。该类义务是指,当行为人缺乏答责能力或者限制答责能力时,或当监督者和行为人之间具有某种等级关系时,监督者有防止行为人犯罪的义务。[76] 在共同犯罪中,共犯人之间结合的同盟关系,既不会使任何一个共犯人的答责能力降低,也不会令相互间产生监督与被监督关系,故共犯人不可能基于此而产生作为义务。检视不作为犯的义务来源,[77] 值得进一步考察的是先前行为。先前行为理论的思想基础是,行为人实施的某种行为有导致法益侵害发生的危险时,行为人有义务避免结果发生。例如,驾驶者撞伤路人,即因该行为而承担救助义务;过失导致起火者应承担灭火义务。在共同犯罪中,虽然过限行为由某个实行犯直接造成,但若共犯人之前参与的犯罪行为给侵害的发生提供了客观助力,其亦可能因此承担结果回避义务。无疑,这一义务的履行内容既包括阻止其他共犯人实施过限行为,也包括阻止不及的情况下对被害人予以救助。

据此,在第二个问题上,有必要借助"先前行为"来判断具体案件中共犯人是否有作为义务。我国学者对先前行为做过恰当的表述,如先前行为是"制造了法益侵害的危险"的行为,[78] 先前行为"使某种合法权益处于遭受严重损害的危险状态",[79] 等等。德国司法界则认为,当行为人违反义务地制造了临近某个构成要件结果发生的危险时,即应承担作为义务。[80] 但是,仅凭这类抽象的概念还难以对具体案件作出准确判断,应深入研究先前行为理论来寻找答案。

（二）共犯人作为义务之确定

当实行犯超出共同谋议实施其他犯罪行为时,共犯人是否承担避免结果发生的作为义务,应以其所参与的共同犯罪行为是否属于"先前行为"来决定。根据上文对先前行为的性质及主客观特征之讨论,可着重从以下两点展开分析。

一是共犯行为的主观方面。根据德国通行的观点,当前行为人对其制

---

〔76〕　Vgl. Claus Roxin, Srafrecht AT Band 2,Besondere Erscheinungsformen der Straftat, Berlin: Beck, 2003, S. 754f.

〔77〕　[德]约翰内斯·韦塞尔斯:《德国刑法总论》,李昌珂译,法律出版社 2008 年版,第 434 - 442 页。

〔78〕　参见张明楷:《刑法学》,法律出版社 2011 年版,第 156 页。

〔79〕　陈兴良:《本体刑法学》,中国人民大学出版社 2011 年版,第 209 页。

〔80〕　参见 BGHSt 34,82,84; BGHSt 37,106,115; BGHSt 44,196.

造的风险有预见可能性时,才能产生作为义务。据此,在共同犯罪中,也应要求共犯人在实施原定犯罪行为之时,对实行犯超出共同谋议所实施的犯罪有预见可能性。例如罗克辛指出,当某个抢劫犯违反共同计划地强奸被害人时,如果其他共犯人在共同实施抢劫过程中即能够认识到该人有实施强奸行为的倾向,则应成立保证人地位;反之,不应要求行为人承担结果回避义务。[81] 但是,根据本书的观点,先前行为人在无过失的情况下制造了法益侵害危险的,也应有义务避免结果发生,因此,在共同犯罪中,若共犯人无法预见实行犯将实施超出共同谋议的犯罪,亦不妨碍共犯人作为义务之成立。对于上述罗克辛所举的案例,共犯人即使无法从言语、暴力方式、眼神等等预见到实行犯将实施强奸行为,也不会因此而免除阻止强奸发生的义务。再如,在共同抢劫的过程中,行为人之一为了灭口,超出事先谋议,打算杀死被害人的,其他共犯人即使在抢劫时无法预见该行为,只要共犯行为符合先前行为客观方面的要求,共犯人也应承担结果回避义务。

二是共犯行为的客观方面。由于先前行为分为监督危险源与保护法益两种类型,这里结合各类型的特点分别进行讨论。

1. 监督危险源的先前行为类型

根据监督危险源的先前行为理论,先前行为制造了危险源、开启了导向法益侵害的因果流程时,行为人有义务切断该流程,防止法益侵害之产生。在共同犯罪的场合,若共犯人的共犯行为类型性地引发了实行犯实施新的犯罪,则该共犯行为即为先前行为,共犯人必须因此承担阻止新的犯罪之义务。这里,义务存否的关键在于确定共犯行为与过限行为之间是否存在"类型性的引发"关系。本书主张按照以下流程进行判断。

首先,应进行法益关联度考察。若共犯行为与过限犯罪所侵害的法益之间并无关联性,则不应认为共犯人有结果回避义务。这是因为,先前行为人只应对其行为性质所可能涉及的法益侵害承担责任,当过限行为制造的法益侵害不在此范围内时,不应要求前行为人对此负责。在德国,持义务违反说的学者们对这一点已达成共识,[82] 法官亦普遍遵循此点来判断作为义务。例如,数被告人进入一昏暗的房间盗窃时点燃火柴照明,离开房间时丢弃了火柴(法院不能确定是由哪一名被告将火柴丢弃),结果引

---

[81]　Vgl. Claus Roxin, Srafrecht AT Band 2, Besondere Erscheinungsformen der Straftat, Berlin: Beck, 2003, S. 768.

[82]　德国学者以"义务违反关联性",又称"规范保护目的关联性"来强调这一点。更详细的研究参见 Michael Kahlo, Das problem des Pflichtwidrigkeitszusammenhanges bei den unechten Unterlassungsdelikten, Berlin: Duncker & Humblot, 1990.

起火灾,但被告人没有救火即迳行离去。在这个案件中,共犯行为是"盗窃","丢弃火柴引起火灾"属于某个共犯人过失超出共同谋议的实行过限行为;盗窃行为能否产生灭火义务,是追究各被告人不作为放火罪的前提。石勒苏益格(Schleswig)高等法院认为,判断本案中各共犯人是否负有救火义务的关键在于,"数被告人实施的盗窃行为是否包含引发火灾的危险,以及盗窃行为是否'直接'导致了火灾结果"。[83] 由于共同盗窃行为侵犯的是财产法益,该行为无论如何不可能侵犯公共安全法益,火灾的发生与盗窃行为无关,[84]因此共犯人没有灭火的义务。

其次,若上述判断得出肯定结论,再考虑共犯人的行为是否"促使"过限行为发生,即是否为该行为的发生提供了较大的可能性。过去法院认为,只要先前行为和过限结果之间存在自然因果关系就肯定作为义务,但这样的观点已被联邦最高法院所否定。例如,被告人醉酒后,在另一被告人 W 的住所内,与多人一起共同殴打被害人 T。后被告人因酒意发作而睡着,没有继续参与殴打过程。T 被殴打了几个小时后,一些共犯人注意到 T 不再有生命迹象,W 主张把 T 丢出去。此时被告人醒来。当 T 被拖出屋外、弃至车库边时,被告人正站在旁边,发现 T 还没有死,但其没有采取任何措施,而是和其他共犯人饮完酒后回家。青少年法庭(Jugendkammer)认为,虽然被告人短暂的殴打行为不负"殴打致死"的责任,但只要其一开始积极参与了殴打就应处于保证人地位。但是,德国联邦最高法院否定了这一判决,认为被告人参与殴打的行为并没有促使其他共犯人实施更长时间的可能致人死亡的殴打,因此被告人不应因其行为承担结果回避义务。[85]可见,前行为是否对过限行为的发生起了较大的推动作用是问题的关键。在具体判断上,本书认为可以从以下两方面进行考虑:

(1)共犯行为侵害法益的程度是否严重。从客观上来说,共犯行为本身越严重,过限犯罪发生的可能性也越大。以生命法益为例,轻微的殴打和严重的殴打以致伤害这两种情形比较起来,后者更易促成对生命法益的

---

〔83〕　Vgl. Joerg Brammsen, Die Entstehungsvoraussetzungen der Garantenpflichten, Berlin: Duncker&Humblot GmbH, 1986, S. 325.

〔84〕　当然,丢弃火柴的共犯人基于丢弃行为而产生灭火义务。在可以查明丢弃者的情况下,灭火义务的归属没有疑问。在无法查明是哪一共犯人丢弃火柴的情况下,由于丢弃火柴的行为不能视为所有盗窃犯共同的行为,全体共犯人均不能因未灭火而被归责。

〔85〕　BGH 4 StR 157－00－23_ Mai 2000,举似的案件还有前文所提及的抢劫强奸案。多特蒙德地方法院认为,由于被告人是抢劫犯罪的起始者,因此有义务干涉事件的发展、阻止其他共犯人实施强奸行为。但德国联邦最高法院指出,被告人与其他共犯人共同商议实施抢劫的行为,并没有为强奸行为的发生制造临近的、紧迫的风险,被告人无须承担不作为强奸的责任。

侵害。不仅如此,共同侵害行为越严重、使被害人陷入越软弱的状态,就越有可能引起同伴的攻击欲望,[86]越容易促使其实施新的犯罪。关于这一点,本书举以下两个案例进行对比说明。

例1:二被告人 B 和 W 商议一致,对被害人实施严重的殴打行为。在这个过程中,W 又决定继续实施更严重的侵害行为,并在没有 B 参与的情况下,最终杀死了被害人。[87]

例2:A 和 M 在 A 的住所内殴打 T,并未危及 T 的生命。由于 M 的暴力非常严重,A 向 M 表示,他并不想有什么麻烦。M 产生杀死 T 的想法,尽管 A 可以阻止这个行为,但是他什么也没有做。M 杀死了 T。[88]

在这两个案件中,被告人都实施了共同殴打行为,被害人也最终被另一名被告人杀死,但例1中 B 一开始实施的是严重的殴打行为,而例2中 A 参与的殴打行为是较轻的、"未危及生命"的。德国法院在例1中肯定了 B 的保证人地位,在例2中则否定了 A 的保证人地位。法院指出,共犯人实施的殴打行为是否向被害人死亡的方向创设了较高的风险是判断的关键。[89] 在例1中,由于前行为属于严重的暴力行为,制造了一个值得法律注意的向死亡方向升高的危险,另一个被告人在此基础上"顺势而为"地实施了杀人行为,因此,前行为人必须承担结果回避义务。在例2中,A 的行为虽然也侵犯了被害人的身体法益,但鉴于其侵害程度,对于被害人的生命法益来说并没有创造一个值得注意的风险。[90]

---

〔86〕 Vgl. Jakobs, Vorangegangenes Verhalten als Grund eines Unterlassungsdelikts - Das Problem der Ingerenz im Strafrecht [EB/OL]. 2000 - 02 - 16 [2009 - 04 - 30]. http://www. akademienunion. de/files/akademiejournal.

〔87〕 BGH NStZ 1985 S. 24.

〔88〕 Vgl. Harro Otto, Grundkurs Strafrecht, Neubearbeitete, 6. Aufl, Berlin: Walter de Gruyter, 2000; Brammsen, Die Entstehungsvoraussetzungen der Garantenpflichten, Berlin: Duncker und Humblot, 1986. S. 169.

〔89〕 BGH NStZ 1985 S. 24.

〔90〕 奥托对例2中法院的判决作了批评。他认为,M 的杀人决定并非从之前的共同殴打中产生,死亡结果属于 M 的自我答责范围,因此,A 并无对于 T 的保证人地位;同样持此立场的屈尔(Kühl)认为,A 的殴打行为只是作成某种行为倾向(Tatgelegenheit),但是利用这一倾向实施故意犯罪行为的人,在完全的答责状态下做出了杀人的决定,故应否定 A 的保证人地位。然而,这一主张受到学界的有力批判,罗克辛即认为,自我答责原则尚不足以排除作为义务。例如,倘若乙应甲的要求递刀给正在打斗的甲时能够认识到甲要用刀子实施犯罪,乙的认识并不会改变甲的"自我答责",但乙必须因此而承担保证人义务。Vgl. Harro Otto, Grundkurs Strafrecht, Neubearbeitete, 6. Aufl, Berlin: Walter de Gruyter, 2000; Brammsen, Die Entstehungsvoraussetzungen der Garantenpflichten, Berlin: Duncker und Humblot, 1986. S. 169;Kristian Kühl: Strafrecht Allgemeiner Teil, neubearbeitete, 3. Aufl, Muenchen: Verlag Franz Vahlen GmbH, 2000, S. 687;Claus Roxin, Srafrecht AT Band 2, Besondere Erscheinungsformen der Straftat, Berlin: Beck, 2003, S. 767.

（2）共犯行为客观上是否起到引导过限行为发生的作用。即使共犯行为侵犯法益的程度并不那么严重，但当该行为本身的一些特质客观上起到了促使实行犯实施更严重犯罪时，共犯人的作为义务也应成立。例如，共犯人虽然实施了较轻的暴力，但其通过言语或者行为攻击的方式，令实行犯产生强奸被害人的故意，也应肯定共犯人有阻止强奸的作为义务。再如，在共同殴打过程中，乙通过演示殴打方式、为甲的殴打行为叫好等做法，促使甲决意实施更长时间的殴打行为，甚至产生杀害被害人的意图进而杀死被害人的，即使乙只参与了部分时段的殴打，也要承担阻止被害人死亡的作为义务。

2. 保护法益的先前行为类型

根据保护法益的先前行为理论，在共同犯罪中，当共犯人使被害人陷入无法抵抗侵害的状态，实行犯利用该种状态实施新的犯罪时，共犯人的行为即符合保护法益的先前行为类型，应对被害人承担保护义务。例如，甲、乙二人共同入室抢劫，甲将被害人丙女的手脚捆绑住，乙则在一旁搜索钱财。若乙又打算强奸丙女，由于甲捆绑丙的行为使得丙陷入无法反抗乙之强奸的状态，因此甲有义务阻止乙的行为。同样，若甲、乙一起对丙实施暴力，乙再对因受伤而无力抵抗的丙实施强奸，甲也应承担阻止乙的义务。但是，若甲只是对丙女使用了一般的暴力或者胁迫，则并不构成对丙女保护能力之剥夺，甲的行为不符合保护法益的先前行为类型。[91] 德国判例亦持此观点。例如，A 和 K 抢劫 F，对其实施了严重暴力后离去。当二人再次从 F 家经过时，听到 F 的呻吟。二人进入 F 家，K 起杀意并通过殴打、掐脖子等方式杀死 F。A 仅仅要求 K 停手，但是并没有阻止其行为。对于此案，法院认为 A 通过其先前行为而使得 F 丧失了自我保护能力，因此 A 应承担对 F 的保护义务。[92]

需要说明的是，与监督危险源的先前行为类型要求先前行为与过限行为之间存在类型性的引起与被引起的关系不同，保护法益的先前行为类型不要求共犯行为与实行犯的过限行为之间具备这样的关联。当共犯行为剥夺了被害人的自我保护能力时，即使实行犯超出共同谋议侵犯的法益与共犯行为侵犯的法益无关，或者实行犯的行为完全不是由共犯行为所"促成"的，也应肯定共犯人的保证人地位。例如，甲、乙二人对丙实施非法拘

---

〔91〕 可根据甲的暴力、胁迫情形来判断甲是否成立监督危险源的保证人类型。

〔92〕 Vgl. Harro Otto, Grundkurs Strafrecht. Neubearbeitete, 6. Aufl, Berlin：Walter de Gruyter, 2000；Brammsen, Die Entstehungsvoraussetzungen der Garantenpflichten, Berlin：Duncker und Humblot, 1986, S. 168.

禁,将丙困在封闭的房间里。若乙又起了放火烧死丙的犯意,则甲应对此有阻止义务。在这一案件中,虽然甲开始实施的共犯行为只是侵犯丙的人身自由,与乙另打算实施的杀人行为之间并无法益上的关联,但甲参与剥夺了丙的自我保护能力,使丙无法抵抗新的法益侵害,故应对丙的生命法益承担保护义务。[93]

综上,当共犯行为符合监督危险源或保护法益的先前行为类型时,共犯人即对实行犯的过限行为产生结果回避义务,共犯人不履行该义务时可追究其不作为的责任。值得注意的是,从作为犯的角度来看,共犯行为本身已经构成犯罪,因此在讨论共犯人的刑事责任时必然涉及罪数问题。无疑,若后一阶段的不作为侵犯的法益与前一阶段的作为侵犯的法益不同,应对共犯人论以数罪,按并罚处理。但是,若不作为侵犯的法益包含作为侵犯的法益,或者两者侵犯的法益相同,由于最终只有一个法益遭到侵害,按重罪处理即可。例如,共同故意伤害他人后不阻止实行犯杀死被害人的,共犯人既成立作为的故意伤害罪又成立不作为的故意杀人罪,按后者定罪处罚;[94]共同故意伤害他人时对实行犯导致他人死亡的行为有预见可能性,有能力阻止该结果发生而没有阻止的,共犯人既构成作为的故意伤害(致死)罪,也构成不作为的故意杀人罪。在这种情况下,虽然故意伤害(致死)罪和故意杀人罪的法定刑相当,但后者的罪质更重,因此也宜对共犯人按不作为的故意杀人罪论处。[95]

(三)具体应用

从我国司法实践来看,很多共同犯罪案件中都涉及知情共犯人对过限行为是否存在阻止义务、是否构成不作为犯罪的问题。

例1:胡某、李某、陈某(女)共谋由陈某到车站勾引男子至预先租用的暂住房,以为男子敲背为由窃取财物。某日,陈某将张某从车站骗到暂住房,骗其脱下外裤,打算由胡某、李某盗窃财物。但张某因故未脱下外裤。

---

[93] 至于义务履行的内容和程度是另一个问题。甲有义务松开捆绑住丙的绳索,但是否有义务把丙救离火场,还要根据捆绑时间、被害人的身体情况、火势情况等作具体讨论。

[94] 关于共犯人(不作为)和实行犯(作为)是否成立故意杀人罪的共同犯罪,有不同的观点。一种观点认为不作为犯属于义务犯,和作为犯无法构成共同犯罪,因此共犯人和实行犯均成立故意杀人罪的正犯。另一种观点则认为不作为和作为可以构成共同犯罪,因此实行犯为故意杀人罪的正犯,共犯人为该罪共犯。在后一观点下,适用从一重处罚的原则对共犯人论以罪质更重的故意杀人罪(共犯)时,应在考虑了"故意伤害罪之正犯所处刑罚"之后,以此为最低限度确定故意杀人罪之刑罚以避免造成不公平的结论。

[95] 在德国,则多以"不纯正竞合"理论来讨论这一问题。详细的论述参见张明楷:《不作为犯中的先前行为》,《法学研究》2011年第6期,第150页。

胡某、李某见状冲进房内,以暴力手段取得张某人民币 2 万元。陈某对二人的暴力过程没有参与也没有阻止。事后陈某、胡某从劫得财物中分得赃款 15000 元,李某分得赃款 5000 元。[96]

李某与胡某在盗窃不成的情况下以暴力劫取被害人财物的行为,已构成抢劫罪。有疑问的是,在场的陈某是否也成立抢劫罪。对此可从两种途径进行考察,一种是从作为犯的角度,认定陈某和胡某、李某成立抢劫罪的共犯。根据前文介绍的容忍说的观点,陈某在场并且知情,对胡某和李某的行为采取了放任态度,应成立共同犯罪。但是,陈某的"知情"不表示其有抢劫故意,陈某的"在场"也不能说明其对抢劫提供了客观上的帮助,故不能据此认定陈某构成抢劫罪。另一种是从不作为犯的角度,认定陈某未阻止胡某、李某的抢劫行为,与二人构成共同犯罪。这里关键是判断陈某是否产生作为义务。根据本书的观点,陈某并不具有阻止犯罪的义务,不构成抢劫的共犯。首先,虽然陈某共谋盗窃以及将被害人诱骗至暂住处的行为与胡某、李某的暴力取财行为都侵犯了财产法益,但前者本身不包含引发侵犯人身法益的危险,两种行为间不具有违法关联性;陈某的行为并没有起到"促使"另两名被告人实施抢劫的作用,因此,其不属于监督危险源的先前行为类型。其次,陈某虽然将被害人带至暂住处,但并没有使被害人陷入软弱的需保护状态,也不属于保护法益的先前行为类型。

根据上述分析,实践中经常讨论的事后抢劫的共犯问题也有了答案。例如,甲与乙共同入室盗窃,乙在里屋行窃,甲在外屋行窃。适逢室主 A 回家,甲为了抗拒抓捕,对 A 实施暴力,将 A 打昏。乙知情但没有参与实施暴力。对于乙而言,不论从作为犯角度还是从不作为犯角度,都不能认定其构成事后抢劫的共犯。[97]

例2:2005 年 8 月 12 日上午 8 时 30 分许,被告人廖某携带一把单刃尖刀,同被告人周某、被告人王某前往王某的邻居郑某家抢劫。廖某指使王某以自家停电为由敲开被害人的家门,发现只有郑某和两个儿子在家,廖某于是决定实施抢劫,三人还分了工。随后,三人一起到被害人郑某家门口,王某以邻居的名义敲开郑某家的防盗门,廖某即持刀和周某、王某进入

---

〔96〕　"盗窃不成改抢劫同伙不作为是否同罪",http://www.njlsw.cn/html/anlidaquan/xingshianli/200805/10 - 10455.html,最后访问时间 2013 年 6 月 28 日。

〔97〕　张明楷教授亦通过否定容忍说和共犯人义务,认定此类情形不构成事后抢劫的共犯。参见张明楷:《事后抢劫的共犯》,《政法论坛》2008 年第 1 期,第 99 页。

郑某家。在郑某家中,廖某将郑某带进主卧室去取存折,并要周某去捆绑郑某的两个儿子。周找来围裙、毛巾等在客厅将郑某两个儿子的双手捆绑,交给王某看守,自己也进入主卧室。主卧室内,廖某以持刀刺杀郑的儿子相要挟,威逼郑某交出存折并说出了密码,周某则从抽屉内搜出了一叠人民币。之后,廖某又要周某将郑某捆住,周某就用一根手机充电器的电线将郑某双手反绑,然后便拿着郑某的存折到上饶市中行胜利路营业部去取钱。大约20分钟后,周某返回被害人家里,告知廖某取到了4.2万元现金,廖某便决定杀人灭口。之后,廖某一人进入主卧室,将门关上,将被害人郑某杀死。随即回到客厅指使周、王杀死郑某两个儿子,周、王两人均表示不敢杀人。于是,廖某返身又将郑某两个儿子分别带进主卧室,将两人杀死。之后,三人迅速逃离现场。[98]

　　本案中,被告人廖某的行为较易认定,其在实施抢劫之后再杀人灭口,应以抢劫罪和故意杀人罪并罚。周某、王某也参与了抢劫行为,无疑成立抢劫罪的共犯,有疑问的是二人应否对被害人的死亡负责、若需负责应承担何种责任。法院认为,周、王二人虽然明确拒绝廖某提议的杀人行为,但其"在抢劫犯罪阶段中实施的大量行为,已延续到故意杀人犯罪阶段,所以应按故意杀人罪来处理"。显然,法院所说的"抢劫行为延续到故意杀人阶段",实际上强调的是二人在抢劫罪中所实施的行为对廖某后来的杀人行为起到客观上的帮助作用,再加上本案性质恶劣,不让二被告人承担故意杀人责任似乎不符合情理,因此法院综合考虑作出周、王二被告人成立故意杀人罪的判决。但是,这一判决不符合法理。被告人廖某有杀人的故意且实施了杀人行为,这对于另外两个仅想实施抢劫罪的被告人来说属于过限行为。若要认为周某、王某二人与廖某就故意杀人罪成立共同犯罪,必须证明二人有杀人的故意和行为。但是从案情来看,周、王二人在廖某要求其杀人的情况下都表示不敢杀人,说明其并无杀人的故意,且二人仅实施了抢劫行为,没有参与廖某的杀人行为。因此,法院的判决值得商榷。

　　本书认为,有必要从不作为角度考虑二被告人的刑事责任。被告人周某在共同抢劫过程中,实施了捆绑被害人的行为,周某应基于这一行为而对被害人的生命法益承担保护义务。其理由是:首先,周某的行为剥夺了被害人的反抗能力,属于应承担保护法益义务的先前行为,周某有义务防止被害人遭受更严重的侵害;其次,周某将被害人捆绑起来,后者由此陷入

<hr />

　　〔98〕 "三青年入室抢劫4.2万67刀杀死一家三口",http://info. secu. hc360. com/2006/10/101637106615. shtml,最后访问时间2013年1月17日。

无力抵抗的状态,这不仅使另一被告人廖某的杀人行为更容易得逞,且更易激发其杀死被害人的故意,即客观上起到促使廖某实施杀人行为的作用。周某有结果回避义务,在可以履行的情况下却没有履行,根据案情可综合考虑成立不作为故意杀人罪。至于被告人王某,从案情描述来看,虽然王某在抢劫罪中实施了为同伙提供作案对象、骗开被害人家门、看守被捆绑的被害人等行为,但这些行为和廖某的杀人行为之间仅存在自然意义上的因果关联,其整个过程中并没有实施暴力行为,且并没有达到促使被告人实施杀人行为的程度,因此其先前参与的共犯行为并不会产生阻止廖某杀人的义务,对王某以抢劫罪处理更为合适。

例3:2011 年 11 月 14 日凌晨零时 30 分许,被害人王某某 2 进入被告人范某某 1 及包某某(无刑事责任能力,已释放)暂住的广州市人和镇西城工业区齐富路 1 号对面的废旧工棚内,被告人范某某 1 以为被害人王某某 2 对其不利,遂持木棍击打被害人王某某 2 肩部,后将该木棍交给包某某,包某某随后又持该木棍和瓦煲击打被害人王某某 2 头部、肩部等身体部位,致被害人王某某 2 受伤倒地(后经鉴定,被害人王某某 2 头面部有多处挫裂创及头皮挫伤,下颌骨骨折,左侧第十肋骨在腋中线处骨折、右中指掌指关节背侧表皮剥脱,右小腿外侧有见中空性皮下出血,以及解剖见左额部、枕部、右额部头皮下出血,右侧颞肌出血,左小脑及右颞叶可见少量蛛网膜下腔出血,以上损伤符合钝器作用所致,为非致命伤)。后在被告人范某某 1 旁观下,包某某对被害人王某某 2 进行焚烧致被害人王某某 2 死亡。

本案中,法院非常正确地认定,“被告人范某某 1 的先前行为导致被害人处于危险的状态,其应对其行为可能造成的危险后果承担制止义务,虽然其可能不知道包某某患有精神疾病,但其作为具有完全行为责任能力的人,当被害人被击倒在地,丧失继续侵害能力,包某某随之焚烧被害人,而被告人范某某 1 对包某某进行焚烧行为可能造成被害人的死亡持放任的态度,未对包某某进行劝阻和有效制止”,应构成不作为的故意杀人罪。[99]

例4:2014 年 4 月 23 日凌晨零点左右,被告人旺青顿多、欧周、俄金久美、南某某、尕某某、丁增曲朋、永中、扎西巴久等人在香曲南路桥头的面食馆里饮酒吃饭。期间被告人旺青顿多因在饭馆门口向一辆行驶的墨绿色猎豹车扔烟头而与车里的人引起争执、被告人丁增曲朋见状就上前向坐在副驾驶的人打了一拳,就此双方引起打斗,被告人旺青顿多拔出刀子向被害人扎某某腿部刺了几刀,猎豹车司机见情况不妙便开车逃离现场,这时

---

〔99〕　参见广东省广州市中级人民法院(2012)穗中法刑一初字第 399 号刑事判决书。

将手臂还未从车窗里抽出的被告人旺青顿多拖倒在地,被告人丁增曲朋骑上摩托车紧追那辆汽车,但未追到,后被告人旺青顿多等又看见那辆车驶过去,便坐车追赶到十字路口,看到被害方的车驶向县医院,被告人旺青顿多、丁增曲朋便再次骑着摩托车追到了县医院,和前来送被害人扎某某医治的罗某某、东周、索南尼玛等人发生打斗,后被告人欧周、南某某、尕某某等人也坐着俄金久美(在逃)开的车来到县医院,在打斗中上述被告人和俄金久美将被害人罗某某(死者)追到医院急诊楼内打倒在地,被告人旺青顿多手持藏刀向被害人罗某某连砍数刀后逃离现场。被害人罗某某经抢救无效当场死亡。经鉴定,被害人罗某某系他人用单刃锐器刺伤股动脉造成急性休克死亡。被害人扎某某被他人致伤肢体为轻伤二级。

法院认为,"被告人南某某不能证明其直接参与打斗,但在第一现场打斗后其应知道还会打架,但仍然参与。同时在第二现场应预见到伤害的结果,可他并未阻止,他的不作为、放任了危害结果的发生,所以其行为对伤害结果的发生负有一定的责任。"[100] 法院的说理存在疑问。首先,既然没有证据显现南某某参加了打斗,则必须弄清楚南某某究竟在第一现场起到了什么作用。从判决对案情的描述来看,仅提到南某某在第一现场和其他被告人饮酒吃饭。被告人丁增曲朋和旺青顿多对被害人施以拳击和刀刺时,南某某仅仅是"在现场"。在第二现场,南某某也没有实施任何打斗行为。难以说南某某的行为违法。其次,退一步说,即使公诉机关证明南某某参加了打斗,也还必须证明这一打斗和最终的法益侵害结果之间存在关联。在笔者看来,南某某的行为既没有达到引发其他被告人继续实施侵害的程度,也没有使被害人陷入需保护状态,不应成立保证人地位。

四、其他情形

从笔者搜集的判决书来看,它们在保证人的论证方面都不充分,一些判决在结论上亦有不尽合理之处。以下分析几类常见的问题。

(1)被告人和被害人发生性关系后,被害人因自身疾病而陷入需要救助的状态,被告人没有救助的,不应将"性关系"视为先前行为,进而认定行为人存在作为义务。

例如,在李家波案中,法官认为,"原审被告人李家波具有与项兰临发生性关系致其怀孕的行为,其对项兰临及腹中胎儿所负有的不仅是道德意义上的义务,当项兰临喝农药后处于危险状态,其在场有义务施救而不履

行义务,造成项兰临死亡的严重后果,故原审被告人李家波负有对此法律事实而产生的特定法律义务",[101] 这是将"发生性关系致被害人怀孕的行为"视为先前行为;在张淑平、冀长海故意杀人案中,判决指出"被害人到被告人张淑平的住处去嫖娼,二人同处一室,因被害人在与被告人张淑平发生两性关系时心脏病发作而不省人事,被告人张淑平应当预见被害人得不到救治会产生死亡的后果而放任这种后果的发生,在张淑平家中只有其与被害人的特定环境中,被告人张淑平负有救助义务",也认定了发生性关系作为先前行为,但同时也强调了被告人的场所管理身份。在本书看来,发生性关系或者发生性关系致人怀孕本身,并没有开启法益侵害的因果流程,不应当构成先前行为。

(2)被告人的轻微暴行(如推搡、斥责)致被害人发病或者受伤,被告人未救助而致被害人法益侵害的,不宜认为成立不作为的犯罪。

例如,在蒲某1过失致人死亡案中,某日13时许,张某2去马元镇瓦沟村赵丽平家吃饭喝酒后来到佛孔寺庙会戏场,在戏场期间,张某2多次去王某1开设的饭馆,手提一瓶白酒与饭店里的客人搭讪,被告人蒲某1指出张某2将唾沫星子溅到了其饭碗里,遂将自己的饭碗搁在冰箱上,斥责并用手推搡张某2让其离开饭馆,张某2在后退时脚下一绊遂仰面倒在饭馆门前的水泥路面上,致张某2后脑部着地受伤。张某2兄弟张某4电话得知信息后来到庙会戏场,与张某5等人用摩托车将张某2接回家中,以为其喝醉酒而将其安顿睡下。第二天,张某4发现张某2已经死亡。[102] 对于该案蒲某1的行为,由于仅仅是推搡、斥责,并不能够成立所谓过失的实行行为,因此也并非先前行为。

(3)追打、扭打致被害人跳水或落水,被告人没有救助,被害人身亡的,应当视情况判断被告人的救助义务。

先前行为必须是具有刑事违法性的行为,所以,在一般的追打情况下,如果根据当时环境、情势,不至于使被害人跳河,而被害人基于对自己水性的自信等原因,选择跳入河中,不慎溺水的,应当认为,被告人没有作为义务。不能为了平衡被告人和被害人双方利益,对被告人以过失致人死亡罪处理。[103] 但是,如果追打行为使得被害人不得不选择跳河,被害人介入因素并不异常,则追打行为和被害人的死亡之间客观上存在因果关系,

---

〔101〕 浙江省金华市中级人民法院(2000)金中刑终字第90号刑事判决书。
〔102〕 甘肃省陇南市西和县人民法院(2018)甘1225刑初86号刑事判决书。
〔103〕 实际上,增设见危不救罪有一定道理。

应当认为被告人存在救助义务。应该说,多数判决在这一问题上论证都不甚清晰,很少交代现场环境和情势,无从判断追打行为的严重性及其与结果之间的关联度。在扭打的情况下则不同。被害人和被告人扭打在一起时,扭打行为直接导致了被害人落水,因此,应当认为被告人存在救助义务。

以颜克于等故意杀人案为例。2007 年 5 月 25 日 11 时许,颜等发现被害人周有盗窃自行车的嫌疑,遂尾随追赶周至码头,对周用拳头、石块、扳手等击打其头部,致使周头破血流。周挣脱后,颜等分头继续追赶周。周被迫跳入河中。数被告人看到周因体力不支沉入水中,但都没有对周实施任何救助行为。周溺水身亡。[104] 在这个案件中,被告人对于被害人的行为已经超出了正当逮捕的程度,以石块、扳手击打被害人的头部,迫使被害人跳入河中,其行为具有刑事违法性,且与最终的法益侵害结果存在关联性,应认可作为义务的成立。

(4)参与他人自杀或者自危的,应当根据行为是否在刑事上具有违法性来判断其有无救助义务。

在我国,帮助自杀的行为是犯罪,帮助自杀宜成立先前行为。但是,什么情况下属于"帮助自杀",需要慎重认定。例如,在楼下观看被害人跳楼,对被害人不停喊"跳呀,跳呀",被害人受到刺激跳下来的;被害人情绪消沉,被告人说了一句"你去死吧",被害人决定自杀的;被害人对是否要寻死征求被告人意见,被告人说"可以"的;被告人不愿意与被害人复合,被害人以死相逼,进而自杀的。在这些情况下,被告人的行为对于被害人最终决定跳楼来说,诚然起到了一定的作用,但是否具有刑事违法性,进而成立作为义务,则颇值得商榷。笔者认为,这些行为都没有达到刑事违法的程度,客观上不具有可罚性,司法实践中不会对上述案件中的被告人进行刑法上的否定评价。因此,上述被告人不救助被害人的,都不成立犯罪。

司法实践中存在很多相约自杀类型的不作为犯,对于相约自杀,也需要进行上述判断。相约自杀的情况、程度都有所不同。若被害人产生了自杀的意图,在网上认识了被告人,了解到后者也想自杀,两个人决定一起自杀,而被告人反悔停止了自杀行动的,这种"相约",只是约定了时间、地点等形式上的因素,两人仍然属于互相"独立"的情况,不宜认为被告人有救助义务。但是,如果自杀决定的产生和自杀过程的助推与被告人有关,则应认定被告人的行为具有刑事违法性,被告人存在救助义务。例如,被告

---

〔104〕 浙江省湖州市南浔区人民法院(2007)湖浔刑初字第 280 号刑事判决书。

人姚新丰与女友李文珍恋爱遭到女方父母反对后商议自杀,并于当晚达成共同自杀的协议。同居一夜后,姚新丰改变了主意,但碍于情面未向女友说明。次日早,李文珍从市场买回毒药,以为被告人会同她一起自杀,喝下毒药。此时被告人对女友的自杀却不加劝阻,当目睹其中毒并露出痛苦的表情时,才忙将李送往医院,但李终因抢救无效而死亡。法院以故意杀人罪判处被告人有期徒刑三年。[105] 应该说,被害人产生自杀的意图与被告人有直接的关系,这种"相约"具有实质性,作为"相约自杀"当事人一方的被告人有义务阻止女友自杀。[106] 另在傅锐林等故意杀人案中,被告人傅锐林和段元斌与另外三名被害人相约自杀,并且一同入住宾馆,共同商议自杀方式并购买自杀工具。之后,两名被告人反悔离开,三名被害人自杀身亡。[107] 这里,共同的商议和自杀准备使得"相约"具备了实质性,被告人有结果避免义务。

参与他人自危的情况也是如此。以刘某某故意杀人案为例。[108] 被告人刘某某与被害人徐某戊系情人关系。2014 年 6 月 2 日,两人相约次日前往盐城市区开房间发生性关系,并商议饮用吸食甲基苯丙胺的过滤水(俗称"冰水")以增加刺激。2014 年 6 月 3 日上午,被告人刘某某至被告人陈某甲住处索要"冰水",被告人陈某甲明知饮用"冰水"可能会致人死亡,且明知被告人刘某某索要"冰水"目的是和情人一同饮用,仍应被告人刘某某要求向其提供了 300 毫升左右冰水。当日上午 10 时 40 分左右,被告人刘某某携带被告人陈某甲提供的"冰水",和被害人徐某戊一起至某某宾馆房间内,被告人刘某某和徐某戊各喝了一半"冰水",二人均出现皮肤变黑、发热等症状。被告人刘某某胃抽搐呕吐后症状有所缓解。徐某戊因身体不适躺在床上休息,中毒症状逐步严重。至 6 月 4 日 7 时许,被害人徐某戊的身体衰弱至昏迷。被告人刘某某发现无法处理后电话联系被告人陈某甲。被告人陈某甲至房间后称给被害人徐某戊"挂水"就会好,并在宾馆附近寻找医生欲给徐救治未果,后将其朋友陈某乙喊至房间。陈某乙到房间后告诫被告人刘某某若再不抢救会导致被害人徐某戊死亡,并劝被告人刘某某赶快打 120 急救电话。被告人陈某甲在听到陈某乙告诫后,亦

---

〔105〕 "恋人相约自杀男子中途反悔　违约者被判刑三年",http://news. 163. com/41118/3/15EKOV5V0001122B. html. 最后访问时间 2019 年 7 月 13 日。

〔106〕 但是,是否成立故意杀人罪则有待商榷。

〔107〕 广东省东莞市第一人民法院(2013)东一法刑初字第 1888 号刑事判决书。类似的还有陈世文故意杀人案,湖南省衡阳市中级人民法院(2017)湘 04 刑初 6 号刑事判决书。

〔108〕 江苏省盐城市中级人民法院(2014)盐刑初字第 00026 号刑事判决书。

一同劝被告人刘某某打 120 急救或打 110 报警求助。被告人刘某某因害怕与徐某戊的奸情暴露和吸食冰毒被公安机关处理而拒绝拨打 120 急救电话或 110 电话。被告人陈某甲见劝说无效,遂和陈某乙一同离开。被告人刘某某在被告人陈某甲和陈某乙二人离开后,仍未报警求助或打 120 急救电话,致徐某戊死亡。在该案中,法院正确地认定了刘某某和陈某甲的结果避免义务。

（5）表面上看似不违反刑法的行为,实际升高了结果发生的危险时,应当认为存在作为义务。

例如,在邱晓志故意杀人案中,被告人明知被害人吸食了毒品,扶神志不清的被害人到鱼塘边休息,被害人掉入鱼塘,被告人没有救助。[109] "扶被害人去鱼塘"表面上看是一个合法的行为,但是,在被害人处于神志不清的情况下,扶到较为危险的鱼塘旁边,显然增加了法益受损的风险。因此,被告人有救助义务。再如,在刘天赐故意杀人案中,被告人掌掴被害人致其癫痫病发,被告人将被害人拖至自己的屋内,没有救助被害人,致其死亡。[110] 通常来看,"掌掴"的行为本身难以评价为一个刑事上的违法行为,属于轻微的暴行,但被告人将被害人拖到自己屋内,实际上消除了被害人获其他人救助的可能性,这一行为属于增加了风险的行为,被告人基于掌掴和将被害人拖入屋内这一系列的行为负有救助义务。

此外,产品制造者在制造产品的过程中,遵守了国家关于产品安全的各项标准,但消费者仍然接二连三地出现了损害,能够证明,该损害和所使用的产品之间存在高盖然关联度的,或企业按照国家标准排放污水,但该污水导致了公众健康的危害的,企业应否就其完全符合国家标准的合法行为产生的危险履行结果回避义务？在本书看来,这两种情形都属于表面合法实际违法的行为。所谓表面合法,是指行为没有违反国家规定,没有违反相关的行政法规和规章。但是,这些行为实质上是造成法益侵害结果的重要原因,只是由于技术发展的局限或者其他原因,使得人们没有在前刑法中做出"违法"的判断。例如,根据国家标准处理了污水,但实际上该标准遗漏了一个重要指标,使得该污水排放到自然水域时给环境带来了较大污染。

合法的交通行为看似与此类似,实则不同。一方面,交通规则并不像排污标准那样,极少存在因为技术问题而导致的不清晰;另一方面,根据交

---

[109]　广东省高级人民法院（2018）粤刑终 864 号刑事判决书。
[110]　天津市高级人民法院（2014）津高刑一终字第 39 号刑事判决书。

通规则,行人的利益在任何时候(即使行人违规)都必须得到保护。因此,合法的交通行为仅限于驾驶者没有过错且无法回避结果发生的情形。驾驶者的行为和最终的法益危险之间,仅有归因意义上的关联,但无归责意义上的关联,换言之,仅有因果关联而没有违法关联。但是,表面上不违反其他法律法规的排污行为或者说产品制造行为,本身确实包含了对法益的侵害,其"合法性"只是源于人们的认识错误而拟定的一个错误的规定,因此,从实质上来看是"恶"的,刑法也应评价为"恶"。当这两种行为开启了法益侵害的因果流程时,行为人应履行结果回避义务。

第七章 先前行为与因果关系

要成立先前行为型不作为犯,因果关系也是至关重要的要素。不作为犯的因果关系认定近来发生了重要变化,先前行为型不作为犯的因果关系自然也受此影响。

一、不作为犯因果关系认定的近期变化

不作为因果关系可谓"假定的因果关系",必须满足"如果履行了义务就能够阻止结果发生"这样的要求。对于这里的"能够阻止",主流意见认为必须达到"十拿九稳"的程度,否则就有疑罪从有的嫌疑。但是,因果关系错综复杂,在很多情况下,证明某个行为和结果间达到十拿九稳的程度几乎是不可能的,这就容易导致处罚漏洞。因此,应否松弛认定不作为因果关系就成了关键。

德国司法实践中,为了将不作为的因果关系对归责的阻碍降到最低,采取了以下几种做法。

第一,对"十拿九稳"的标准进行修正。例如,在企业监督者对下级的监督问题上,"十拿九稳地阻止任何损害结果发生的监管措施是不存在的",监督者即使履行了监督也不一定能制止危害结果的发生,因此因果关系难以证明。于是,有的判例将"十拿九稳"表述为"相当于一般生活经验的较高可能性",或者"实施该行为本来会在很大程度上"回避结果来肯定因果关系[1] 再如在医疗领域,能够十拿九稳地避免结果发生的医疗措施并不多见,通常的情况是,手术成功的概率只有一半,或者即使手术成功,病人也可能因为发生率较高的排异反应等其他原因而死亡。联邦法院在一些判决中指出,医生如果采取正常措施,该病人的生命本来能够延长一天,就能肯定医生的责任[2] 对于进行如此修正的理论根据,一些学者采取风险降低理论。但另一些学者则认为该理论违反了罪疑唯轻原则,应

---

〔1〕 BGHSt 25,163；RGSt 75,328.
〔2〕 BGH NStZ 1981,219；BGH NStZ 1985,27.

采取其他方法。[3]　如许迺曼就认为,应该在德刑第 13 条加入规定:"如刑法构成要件所设定之结果,是由工厂所属人员为了工厂所为的行为,或由需要加以监督的工厂所属物品所引起的,而且假设其行为在合序的监督下,将变得有显著困难时,则负监督之责者依据此法具有可罚性,但依第49 条必减其刑。企业与工厂同视。"[4]

　　第二,使用循环论证等"诡计"消除因果关系认定的障碍。以对经济组织的集体决策者归责为例。在著名的皮革喷雾剂案中,面对缺陷产品极可能造成消费者损害的事实,董事们都对"不召回缺陷产品"的决议投了赞成票。根据传统的因果关系理论,每个董事都能够抗辩说,其他人都投了赞成票,因此即使自己投了反对票也无法阻止结果发生,并不成立不作为犯罪。但是,联邦最高法院对每一个投赞成票者,甚至对于并未到会、仅事后对会议决定表示同意的董事都认定了因果关系。其理由是,只有多名董事共同决定才能召回产品,"每一个人,尽管具有共同作用的能力,但对作出自己的贡献不作为的,就都成为所要求措施的不作为的一个原因";事后同意者对于"达成不回收的同意,提供了必要的贡献"。[5]　实际上,判决并没有提出什么有说服力的理由,[6]不外乎是将导致结果的原因描述为结果本身,展开了循环论证:不投反对票是不投反对票的原因;不投反对票是该决议被赞同的原因。

　　在日本,却没有将不作为犯的因果关系所要求的"十拿九稳"作松弛认定的趋势。这主要是因为,日本对不作为犯赋予了弱功能性定位,使得不作为犯所涉及的治理范围仍停留在传统领域,像企业、医疗等领域的刑事治理则托付给了过失犯。日本整体从监督过失、管理过失出发来考虑问题,根据风险升高理论,以"假定的合义务替代行为"讨论过失行为和结果之间的因果关系,[7]在实施了该行为较实施合乎规定的行为显著地升高了危险时,就可以认定存在因果关系,进而归责。据此,日本学界没有动力去突破传统的不作为犯的因果关系之认定。

---

〔3〕　Vgl. Claus Roxin, Strafrecht AT Band 2, Besondere Erscheinungsformen der Straftat, Berlin: Beck, 2003, S. 644.

〔4〕　[德]班德・许迺曼:《过失犯在现代工业社会的捉襟见肘》,单丽玟译,载许玉秀、陈志辉合编:《不疑不惑献身法与正义》,春风煦日学术基金 2006 年版,第 528 页。

〔5〕　BGHSt 37,104.

〔6〕　[德]英格博格・晋珀:《法学思维小学堂》,蔡圣伟译,北京大学出版社 2011 年版,第152 页。

〔7〕　[日]岛田聪一郎:《管理・监督過失における正犯性、信頼の原則、作為義務》,山口厚编:《クローズアップ刑法総論》,成文堂 2003 年版,第 98 页以下。

在实在不能回避不作为的场合,日本学界和司法实践都严守高度盖然性的结果回避可能性要求。例如,针对集体决策的问题,若董事都没有在会议上提出回收决议这个问题,[8]而最终发生损害结果,并且同时认为不存在过失的共同犯罪,那么就必须证明每一个单独的不作为与损害结果之间存在因果关系。由于存在"因其他董事反对提案而遭到否决的可能性",因此所有的董事都不对因不召回产品造成损害而承担责任。再如,在损害结果多样,通过作为能够防止的结果数量有限的场合,行为和各结果之间因果关系论证也面临困难。在 5 个人从船上掉入海里,行为人没有把仅有的 3 个救生圈扔下,5 人全部淹死的场合,由于即使扔下去也不一定能救人、不知道哪 3 个人会获得救生圈、5 人争抢救生圈可能导致无一人获救等原因,难以认为行为人的不作为与任一个人的死亡结果之间存在因果关系。这在德国司法实践中,很可能会将法益侵害结果修正为"至少 3 人死亡",并运用风险降低理论,来认定每一个不扔救生圈的行为和结果间存在因果关系,以三罪的观念竞和来处理。但是,日本并不采取这样的观点,而是认为应首先考虑各个具体死亡结果与行为之间是否存在因果关系,在确定成立犯罪之后,对各罪再根据观念的竞合来处理。在该场合,因果关系是难以认定的。[9]

二、本书的观点

本书认为,在我国,对于不作为犯因果关系的认定宜采取宽松的态度。因果关系对于不作为犯的成立影响极大,尤其在过失的不作为犯罪中。诚然,违反逻辑、采用循环论证的方式扩张因果关系并不妥当,但在结果回避可能性存疑时,不作为犯因果关系是应当以"十拿九稳"的标准从严认定,还是可以风险降低理论松弛认定,值得探讨。

我国理论界在这一问题上讨论不多。许成磊认为,不作为犯的因果关系只要达到"相当"的程度即可,对于一些专业领域这个标准还应当放松;[10]李川强调,不允许的危险必须有可能转化为危害结果,危险绝无可能实现时应排除归责,[11]但对结果回避可能性似并未表态。风险降低理

---

[8]　若董事就"是否不召回"投了赞成票,则此后发生损害后果的,由于日本在存在作为时就倾向于认定作为犯的惯性,极有可能按照作为犯来处理。

[9]　参见[日]松宫孝明:《刑法总论讲义》,钱叶六译,中国人民大学出版社 2013 年版,第 54 页。

[10]　许成磊:《不纯正不作为犯理论》,人民出版社 2009 年版,第 228 页以下。

[11]　参见李川:《不作为因果关系的理论流变与研究进路》,《法律科学》2016 年第 1 期,第 47 页。

论在不作为犯中的运用,则尚未有专门的研讨。有学者在过失犯的研究中讨论了该理论的适用,反对者如车浩认为,风险降低理论违反罪疑惟轻原则,不宜采用;[12]赞成者如陈璇认为,"结果避免可能性达到了占据优势的程度,就足以肯定义务违反和结果之间的关联"。[13]学界的懈怠也影响了实践。判决几乎从不论及对结果回避可能性的证明,即使少数案件中律师提出相关疑问,由于证明的困难和不追究刑事责任将带来的压力,法院也并不作出说明。值得注意的是,近来出现了适用风险降低理论论证因果关系的判决。例如,在杨×1故意杀人案中,法官论证因果关系时表示:"如果杨×1在看到肢体冲突时,立刻进入房间,关上房门,开窗呼救、报警或者利用手机拨打110,理应能增加犯行被制止和被害人获救的可能性,且未必能增加其受人身伤害的风险";又表示,"现有证据无法证明二被害人的具体死亡时间,不排除二被害人此时即使得到医疗救助,仍旧会死亡的可能,但被告人杨×1在先于丁×2走出房间,自身已经脱离所谓的危险状态时,仍未立刻向邻居求救或打电话报警……事实上将二被害人获救的可能性降至最低。"[14]笔者的观点认为:

第一,不作为犯的因果关系没有必要也不宜采用十拿九稳说。至今滥觞于德日的十拿九稳标准,是德国帝国法院开始采取并流行至今的。其时,从作为犯出发,强调"没有前行为就没有后结果"的条件理论,因此在不作为犯的因果关系认定上需要反过来主张"如果有义务行为,就能够避免结果发生"。由于这是假设性的过程,考虑到"人类认知能力的有限性",要证明到百分之百的程度即绝对不会发生结果的程度是不可能的,因此法院退一步要求达到十拿九稳的程度。十拿九稳说旨在通过将概率推到极致(仅保留了人类认知的有限性)来证明事实因果关系,可以看出,该说希望通过向作为犯的因果关系的证明看齐来证明不作为犯,但是,条件说是解决归因层面的问题,不作为犯的因果关系是假设的、拟制的,其本质是一个归责的问题,适用条件说倒置之后的"十拿九稳"说显然不妥当。而且,所谓"十拿九稳",就是"几乎可以确定"的意思。在过去,不作为犯仅限于少部分核心犯罪,最为常见的是父母不照顾孩子导致其死亡的情况。在这种情况下,造成结果的原因简单明了,以"十拿九稳"来判断是完

---

〔12〕　参见车浩:《假定因果关系、结果避免可能性与客观归责》,《法学研究》2009年第5期,第145页。

〔13〕　陈璇:《论过失犯的注意义务违反与结果之间的规范关联》,《中外法学》2012年第4期,第683页。

〔14〕　北京市海淀区人民法院(2015)海刑初字第2799号刑事判决书。

全没有问题的。但是,现在不作为犯适用的领域复杂了许多,要证明某个不作为与结果之间达到"几乎可以确定"的程度相当困难。而且,科技进步使得事实判断越来越困难,无法预知的模糊地带扩张了许多,人们对因果关系的认定更是不可能完成的任务。再考虑到我国宽松认定不作为犯、降低不作为犯的处罚的整体功能定位,传统的"十拿九稳"的观点显然已不合时宜。

第二,不作为犯的因果关系可以采用风险降低理论。既然不作为犯的因果关系实质上是归责标准的制定,则必然要考虑风险分配的法理。不作为犯中,是否发生结果就始终是一个概率问题,永远不可能像作为犯那样证明到"有无"的程度。在履行义务之后,就能够较大概率不发生结果的话,义务的履行对法益侵害避免来说就具有实质意义。此时,将不利后果交由不履行义务的行为人来承担完全是合理的。这种做法在作为犯中也存在。例如,在公害犯罪等领域,即使查不清楚行为人的行为和结果之间的作用机制,也会因为发生侵害结果的概率来要求行为人承担刑事责任。风险降低理论受到两种质疑:一是使结果犯变为危险犯。本书认为,即使是采取十拿九稳的标准,也只是大概率可能实现结果,其证明的仍然是一种结果发生的危险,永远也无法像作为犯那样证明某个行为和结果之间有确实的关联。在某种意义上说,"结果犯变为危险犯"其实是不作为犯的本质。二是违背了罪疑唯轻原则。本书主张,疑罪从无只是属于诉讼法上的一种证明标准,而不是实体归责标准。履行义务能够大概率避免结果发生时肯定因果关系,这是实体法上的标准,与疑罪从无、罪疑唯轻原则并不冲突。在确定了这一标准后,只要在事后能够"排除合理怀疑"地证明,在当时的环境下,行为人履行义务能够显著地降低结果发生的危险,就可以认定存在因果关系。

第三,在具体应用上,应当分两种情况讨论。首先,在传统的核心犯罪领域,履行义务会大概率地避免结果发生时,即超过50%的概率不发生时,就应当肯定因果关系。在不及时送医导致被害人死亡、不喂奶导致婴儿死亡等场合,只要能够认定履行义务后很有可能避免结果发生,就应当肯定因果关系。据此,前述杨×1故意杀人案的论证并不充分。该案属于典型的核心类犯罪,判决仅仅从"增加获救可能性"和"可能性降至最低"的角度论证因果关系是不够的,应当证明被告人履行以后,被害人获救的可能性达到50%以上。否则,行为人应仅认定为故意杀人(未遂)。其次,在技术极端复杂、因果关系的确定概率较低(通常难以达到50%)、关涉到重要的人身法益、公共安全的领域,如环境、医疗领域,本书倾向于认为若能够肯定一旦履行义务即可降低风险,不履行义务的不作为与法益侵害结果之间就应当认为存在因果关系。这些领域对安全要求极高,而且,社会对这些行业从业人员履行义务的期待度极高,一旦不能履行义务,将造成无法挽回的侵害结果,更会导致社会信任基础的动摇;这些领域一般是过失犯罪,如果因为该领域因果关系本身的特点而否定因果关系成立,它们将成为"(刑)法外之地"。因此,只要从事后来看,采取规定措施能够使风险降低,就应当承认不履行义务的行为和结果之间存在因果关系。[15]

　　我们以马二力故意杀人案为例,讨论先前行为型不作为犯的因果关系问题。被告人马二力系被害人马某某堂侄孙。2005 年 6 月 26 日上午 9 时许,被告人马二力无证驾驶其×××号摩托车捎带马某某前往马家堡街道,行至马家堡镇养殖场附近翻车,二人摔倒在地。马二力起身见马某某头部受伤,眼鼻流血,拦住严某驾驶的农用三轮车,声称要送马某某到马家堡镇卫生院救治,途中严某听到马某某仍在呻吟。行至马家堡镇卫生院门口时,马二力见马某某伤势严重,产生惧怕心理,又指使严某送他们回家,三轮车行至马家堡镇马集村铧尖社路段时,马二力示意严某停车回去。马二力将马某某抱下车弃于路边水沟旁后潜逃。同日上午 10 时许,群众发现时马某某已死亡。经法医鉴定,马某某系生前因交通肇事造成颅脑闭合性损伤死亡。2016 年 1 月 22 日,青岛市公安局民警在青岛市李沧区将马二力抓获。事故发生后,被告人马二力亲属向被害人方赔偿经济损失4000 元,并写了协议。

　　针对因果关系问题,本案辩护律师指出:"公诉机关没有证据证明被害人是得不到及时救助而死亡。整个案件证据,能说明白的是被告人交通肇事后抛弃了被害人,不能说明白的是被害人的死与抛弃得不到及时救助而死亡之间有因果关系,没有证据能证实被害人马某某死亡的确切时间,也没有证据能证实被害人马某某如得到及时救助就必然不会死亡。""取得的所有证据能证实发生交通事故后,被害人的伤势非常非常的严重。法医鉴定结论更证实了被害人的死是交通肇事造成颅脑闭合性损伤死亡,而不是得不到及时救助造成失血过多的休克性死亡。公诉机关提供的证据不足以证实被害人是因为被抛弃,得不到及时救助而死亡,故对被告人马二力犯故意杀人罪的指控证据不足,指控的罪名不能成立。"

　　法院认为,"被告人马二力违反道路交通安全法规,在交通肇事后本应

---

〔15〕　某一个义务履行对于结果发生的概率大小,应当采取定量分析的方法,进行统计学上的归因研究。

积极施救,但其为逃避法律追究,不积极履行驾驶员特定的救助义务,将被害人抬上车后带离事故现场,遗弃于地处偏僻的小树林水沟旁,最终导致被害人死亡结果的发生,被告人马二力在将被害人拉到距离事故现场只有800米左右的卫生院门口,发现被害人的腿子蹬了几下,就以为被害人已经死亡,作为一名并无医学专业知识的普通人,且没有其他证据认定被害人在交通事故发生时已经当场死亡,对被害人是否死亡无权认定;被告人应当明知自己将被害人带离事故现场后遗弃的行为可能会造成被害人死亡的后果,但仍放任这一结果的发生。这种行为从主观上来讲,不再是过失的心理,而转化为故意的心理,即明知被害人可能会死亡,或严重残疾,却放任这种结果的发生,因此被告人具有放任被害人死亡的主观故意;从客观上讲,遗弃被害人这种行为是一种不作为的行为,它违反了先前行为而产生的特定义务,即应该救助被害人而不实施救助,致使被害人因无法得到救助而死亡。因此被告人马二力的这一行为符合故意杀人罪的构成要件,应当以故意杀人罪定罪量刑。"[16]

法院的回应存在疑问。一方面,虽然被告人"作为一名并无医学专业知识的普通人,且没有其他证据认定被害人在交通事故发生时已经当场死亡,对被害人是否死亡无权认定",但这不妨碍他对被害人是否死亡产生自己的判断,并基于自己的判断做出了遗弃行为。如果被告人能够合理证明,其确实判断(如伤势非常重、头部流血、抽搐等)认为被害人救不活了而实施抛弃,这当然会影响其主观方面的认定。另一方面,法院没有对被害人的死亡结果和遗弃行为是否存在因果关系进行任何说明,只是认为被告人有义务救助,但故意杀人罪是结果犯,需要考察因果关系。否则,即使行为人主观上是故意的,也只能认定为故意杀人罪(未遂);行为人主观上是过失时,只能认定为"交通肇事逃逸"。根据本书的观点,对被告人的因果关系的证明,不需要达到"如果救助就十拿九稳地"避免结果发生,公诉机关应当通过被害人当时的情况、离医院的距离、路况、医院的施救设备等综合提供证据,法院必须通过这些证据来考量,如果被告人履行了结果回避义务,结果不发生的可能性是否能够达到50%以上。

---

[16]   甘肃省临夏回族自治州和政县人民法院(2016)甘2925刑初94号刑事判决书。

第八章　先前行为与共同犯罪

　　本章探讨先前行为型不作为犯的正共犯判断问题。既然先前行为在不真正不作为犯模式下处理,则需要从不真正不作为犯整体的角度出发来讨论正共犯的判断。在不真正不作为犯与共犯的问题上,通常是分为以下三种类型进行讨论:(1)针对作为犯的不作为的加功;(2)针对不作为犯的作为的加功;(3)不作为的共同实行。[1] 在第二种类型,讨论的是作为者能否构成共犯的问题。通说认为,既然不作为犯本质上属于一种身份犯罪,对于身份犯来说,即使没有该身份的也能成立共犯。所以,作为对不作为犯的加功,应当成立该不作为犯的帮助犯或者教唆犯。在第三种类型中,"一般认为,负有作为义务的数人在意思联络之下,没有一人履行作为义务,最终发生了结果的,成立不作为的共同正犯"。[2]

　　最为有争议的是第一种类型。根据我国刑法规定,共同犯罪中正犯与共犯的区分以行为人"所起的作用大小"为判断标准,不作为参与共同犯罪的场合亦无例外。[3] 基于作为和不作为在存在论上的巨大差异,不作为人参与作为犯罪时所起的作用应当如何评价,就成为刑法研究的经典疑问。近年来,不少佳作专注于各种具体理论的条分缕析,[4] 极大地扩张了知识视野,但鲜少对本国的判决加以探讨,憾为现有研究之共同疏漏。反观司法实践,似将学界的自娱自乐原样炮制,怠于在任一判决中引用、探讨

---

　　〔1〕 [日]桥爪隆:《有关不作为与共犯的几个问题》,王昭武译,《苏州大学学报》(法学版)2018年第1期,第125页。

　　〔2〕 [日]桥爪隆:《有关不作为与共犯的几个问题》,王昭武译,《苏州大学学报》(法学版)2018年第1期,第136页。

　　〔3〕 在共同犯罪中,德日等国采取的是分工分类法,我国则采取了作用分类法,两者看似不同。但是,许多学者认为,正犯形式上是实施了符合构成要件行为的人,实质上则是共同犯罪中的核心人物,是起着重要作用的人,这与我国对主犯的判断标准相同。本书亦赞同这一观点,在这个意义上认为正犯和主犯,共犯和从犯是相当的。

　　〔4〕 参见孙立红:《论共同犯罪中的不作为参与》,《法学家》2013年第1期;欧阳本祺:《论不作为正犯与共犯的区分》,《中外法学》2015年第3期;温登平:《以不作为参与他人的法益侵害行为的性质》,《法学家》2016年第4期;何龙:《不阻止他人故意犯罪的行为性质认定》,《中外法学》2017年第6期。

不作为正共犯区分理论来支撑其结论。

本书欲就不作为正共犯区分问题开展理论与实践的对话式、交互式研究。具体步骤如下：首先，对现有理论进行有效描述，阐明不同理论所处的阵营及其背后的价值立场，并以规范法学方法检验各种具体理论的逻辑自洽性。其次，借助理论维度对我国司法判决进行整体描述，分析我国判决更倾向于何种价值立场，以此确定我国的理论阵营。笔者将论证这样一个观点，选择与司法实践的价值立场具有亲缘性的理论，是推动理论和司法实践互动的关键。最后，围绕实践立场所确定的阵营及其核心概念构建具体理论，并就其主要推论展开论证。

第一节　三维度框架下的理论梳理

对理论进行有效描述是展开理论创新的前提。有效的描述绝不仅限于简单复述，[5]而要求达到模式化的高度。[6] 为此，笔者拟从基础立场－核心概念－根本主张三个维度，对目前的重要理论按照原则帮助犯阵营、原则正犯阵营和具体判断阵营进行梳理。

一、原则帮助犯阵营

原则帮助犯阵营的根本主张是，不作为参与作为的故意犯罪时原则上应当成立帮助犯，只在极其例外的情况下才会成立正犯。这一阵营拥有最多的支持者。

原则帮助犯阵营的基本立场是，在刑事治理体系中，作为犯处于核心地位，由刑法明确规定，是刑事违法行为的基本形态，不作为犯处于从属性地位，缺乏明文规定，是一种例外处罚形态。据此，在不作为的认定上应采取谨慎态度，[7]不作为要成立犯罪，必须等价于作为，适用作为的构成要

---

〔5〕 目前的研究都只借助于一个标准对理论进行简单分类，再逐个介绍具体理论。有的以法律后果为标准进行分类，有的以作为犯、不作为犯的正犯判断标准是否同一，或者以标准的核心要素究竟是义务还是因果支配来梳理理论。参见欧阳本祺：《论不作为正犯与共犯的区分》，《中外法学》2015 年第 3 期，第 718 页；何龙：《不阻止他人故意犯罪的行为性质认定》，《中外法学》2017 年第 6 期，第 1480、1490 页。

〔6〕 参见陈瑞华：《论法学研究方法》，法律出版社 2017 年版，第 41 页。

〔7〕 See Andrew Ashworth, Positive Obligations in Criminal Law, Oxford and Portland: Hart Publishing Ltd, 2013, pp. 16 - 18.

件,或者说与作为适用共同的构成要件。同样,在判断不作为是否成立正犯时,也要适用作为的正犯标准。[8] 在作为犯中,主流观点认为应当采取犯罪行为支配理论来判断正犯,所谓支配,是指正犯作为整个犯罪的"核心人物",将整个事态发展流程掌握在手中,而共犯是那些虽然对事件有影响,但并不具有"决定性"的角色。[9] 因此,不作为犯中的正犯也必须以"支配"为核心概念,着眼点在于是否"掌控事态发展流程"。

根据对"支配"的不同理解,原则帮助犯阵营中的理论可以分成两大类:一是以犯罪行为支配理论直接否定不作为的"支配"。当不作为参与犯罪,在某一故意行为的作为正犯支配着事实发生的时候,原则上来说,不作为者就只是"边缘人物",只能成立帮助犯。[10] 例如,耶赛克认为,对于实施了一个故意犯罪的行为人来说,保证人可能的阻止行为增加了作为犯的困难度和风险程度,保证人的不作为强化了构成要件的实现,因此,这种不阻止的行为具有帮助意义,只有当该作为人不再支配行为进程时,保证人才成立正犯。[11] 加拉斯认为,积极作为者通过作为直接导致构成要件结果,这迫使不阻止的行为停留在附属的地位上;当积极行为人控制了事件流程时,保证人借由不作为通往法益侵害结果的通道就被阻挡了,保证人属于消极地促成结果发生,成立帮助犯。[12]

二是从不作为犯的因果支配大小的角度来看。日本的主流观点认为,所谓对事态流程的支配,实质是对行为危险性以及因果性大小及其方式的评价。[13] 由于存在论视角下的不作为是什么也不做,在行为危险性上无须做出判断,所以关键落实在因果性大小上。有的认为,相对于作为直接引起结果而言,不作为人只是没有阻止结果发生,其在因果性的贡献上并

---

〔8〕　Vgl. Wilhelm Gallas, Beitraege zur Verbrechenslehre, Berlin: Walter de Gruyter, 1968, S. 186.

〔9〕　Vgl. Claus Roxin,Srafrecht AT Band 2, Besondere Erscheinungsformen der Straftat, Berlin: Beck, 2003, S. 9.

〔10〕　也有少部分学者根据犯罪行为支配理论,认为在存在实施干预的可能性时,单纯放任结果发生的不作为的情形,也具备犯罪行为支配,应论以正犯。相关介绍参见[德]乌尔斯·金德霍伊泽尔:《刑法总论教科书》,蔡桂生译,北京大学出版社2015年版,第406页。

〔11〕　Vgl. Hans-Joerg Schwab, Taeterschaft und Teilnahme bei Unterlassungen, Frankfurt: Peter Lang, 1996. S. 136.

〔12〕　Vgl. Claus Roxin, Srafrecht AT Band 2, Besondere Erscheinungsformen der Straftat. Berlin: Beck. S. 187f.

〔13〕　参见[日]甲斐克则:《正犯与共犯的区别——"因果区别模式"与"作用分担模式"的相生相克》,载第四届"中日刑事法研讨会"论文集,西北政法大学,2013年。

不重要,故应被评价为帮助犯,[14]"帮助性"是不真正不作为构造的实体。[15] 有的认为,不作为的因果性贡献并非完全不重要,在少数以不作为能够切实避免结果发生的场合,应当成立正犯;在仅仅使结果的发生变得困难的场合,或者说并非直接防止和避免结果发生,只是使得正犯的行为更为容易的场合,成立共犯。[16] 这一学说在我国也有众多拥趸。[17]

上述两种对"不作为支配"的阐释都并不完美。它们存在体系上、逻辑上的疑问。就犯罪行为支配理论而言,罗克辛在设计支配概念时,原本就是以作为犯为蓝本。犯罪行为支配的三种具体形态,行为支配、意志支配和组织支配都带有明显的存在论色彩,不作为犯天生就与其不相融合。直接将上述支配概念运用于不作为犯,当然会得出不作为缺乏支配的结论。耶赛克、加拉斯等学者的阐释看似一目了然,其实是循环论证。以因果支配大小作为区分标准,也值得商榷。

首先,持该观点的学者往往将不作为犯的既未遂区分、保证人认定、[18]正共犯区分问题均诉诸因果关系,这使得各要素的判断混乱不清,互相"拖累"。例如,在不作为帮助犯的认定上,保证人地位和因果关系是需要考虑的关键要素。西田典之和桥爪隆根据原则帮助犯理论认为,行为人没有达到对因果流程的支配程度,只达到"心理上、物理上的促进效果"时,构成共犯。但在保证人地位的成立上,他们又往往要求主体必须达到对因果流程的排他支配程度。为了缓解这一矛盾,他们不得不反过来对共犯的保证人地位之成立放松要求,但这又使得保

---

〔14〕 佐伯仁志:《刑法総論の考え方・楽しみ方》,有斐閣 2013 年版,第 432 页;松原芳博:《刑法総論》,日本評論社 2013 年版,第 433 页以下 ;岛田聪一郎:《不作為による共犯について(1)》,《立教法学》第 64 号(2003 年),第 57 页以下;山口厚:《刑法総論[第 2 版]》,有斐閣 2007 年版,第 362 页 。

〔15〕 参见[日]保条成宏:《児童虐待に対する刑事処罰とその限界(1):"不作為による帮助"の事案をめぐって》,载《中京法学》2003 年 38 卷 2 号,第 86 – 88 页。转引自何龙:《不阻止他人故意犯罪的行为性质认定》,《中外法学》2017 年第 6 期,第 1492 页。

〔16〕 参见[日]桥爪隆:《有关不作为与共犯的几个问题》,王昭武译,《苏州大学学报》(法学版)2018 年第 1 期;[日]西田典之:《不作为的共犯》,王昭武译,《江海学刊》2006 年第 3 期,第 31 页。

〔17〕 参见张明楷:《刑法学(上)》,法律出版社 2016 年版,第 438 页;周光权:《刑法总论》,中国人民大学出版社 2016 年版,第 367 页以下;温登平:《以不作为参与他人的法益侵害行为的性质》,《法学家》2016 年第 4 期,第 138 页;等等。

〔18〕 持该说的学者基本上也认为,保证人的判断同样要诉诸因果关系,不作为人对法益侵害的整个因果流程有所支配时才属于保证人。

证人地位面临回归形式法义务的指责。[19]

其次,该观点会导致对类似情形的差异评价。母亲不阻止猛犬伤害自己的女儿的,即使没有结果回避可能性,也应当认定为单独正犯,这一点,持原则帮助犯说的学者必然赞同。但他们同时认为,母亲不阻止第三人故意有责地伤害自己女儿的,因为没有结果回避可能性,只能认定为从犯。比较上述两种情形,行为人本身的不作为没有变化、客观的结果回避可能性也没有区别,行为人获得的法律评价却相差甚远,恐怕不无疑问。持该观点的学者亦未能就此贡献出强有力的解释。[20]

再次,即使在作为犯的共同正犯中,也"不要求各个共同正犯的参与均与结果引起之间存在结果避免可能性",[21]在不作为的共同犯罪中要求高度的结果回避可能性未免不妥。在作为人和不作为人有共同意思联络的情况下,不作为人将作为人的因果流程视为自己的因果流程,实在没有必要单独对不作为人的结果回避可能性进行衡量。对此,持该观点的学者认为,不作为参与共同犯罪仅限于那些不存在共同意思联络的情形,凡是共犯人之间有意思联络的,就必然存在"作为",也就不再在不作为犯的框架下讨论。[22] 这种将不作为附属于作为的立场推到极致,否定或者基本否定不作为与作为可能成立共同犯罪的做法不可能为实践所接受。

---

〔19〕　例如,X女明知Y男(姘居关系)正在责打其3岁的孩子,却装着若无其事的样子在厨房做晚饭,而没有制止Y男的暴行。判决举出了下述几点来认可X的作为义务:1.X具有亲权人地位;2.X深知B有遭受Y男暴力的危险,但仍然将B置于Y男的掌控之下;3.在当时的情况下,不可能由其他人来避免结果(札幌高判平成12年[2000年]3月16日判时1711号)。这里,值得注意的是第三点,在采取指向结果防止的一定措施之际,如果存在难以期待行为人之外的其他人采取该措施的情况,就认为已足,不再需要行为人对整个因果流程具有支配。这种做法实际上已经去掉了因果经过支配说的核心内容,即不再考虑是否对因果经过有支配,而只考虑了形式法义务(亲子)。换言之,已经去掉了对不作为帮助犯的保证人地位的要求。

〔20〕　桥爪隆认为要"慎重讨论";加拉斯认为,在存在第三人侵害的场合,不作为人通往结果的直接通道被阻挡了,但是,即使不是第三人侵害,在猛犬侵害的场合,不作为人也都面临同样的"被阻挡"的局面。具体参见[日]桥爪隆:《有关不作为与共犯的几个问题》,王昭武译,《苏州大学学报》(法学版),2018年第1期,第133页;Claus Roxin, Srafrecht AT Band 2, Besondere Erscheinungsformen der Straftat, Berlin: Beck. 2003, S. 187f.

〔21〕　[日]桥爪隆:《有关不作为与共犯的几个问题》,王昭武译,《苏州大学学报》(法学版)2018年第1期,第131页。

〔22〕　参见[日]西田典之:《不作为的共犯》,王昭武译,《江海学刊》2006年第3期,第27页;[日]桥爪隆:《有关不作为与共犯的几个问题》,王昭武译,《苏州大学学报》(法学版)2018年第1期,第133页。桥爪隆的观点略缓和,认为在不作为的共同犯罪仅限于极其例外的情形,即共犯人之间形成意思联络时完全没有依靠身体的动作。

二、原则正犯阵营

原则正犯阵营的根本主张是,不作为参与作为的故意犯罪时应当成立正犯,只在极为特殊的情况下成立共犯。

该阵营的基础立场是,在刑事治理体系中,虽然作为犯的数量更多更常见,但是不能据此认为,不作为犯是作为犯的子集。[23] 作为和不作为是刑法处罚犯罪的两种基本形态,不作为犯并不是作为犯的附属,也不能一概认为它违反了自由主义而必须被限制适用、严格适用。不作为犯的构成要件与作为犯的构成要件并不相同,不作为属于本来的不作为,而不是被伪装的作为;不作为适用的是要求保证人地位的构成要件,[24]包含了一种命令规范。不作为犯体现的是另一种处罚面向,犯罪的方式、情形都与作为犯不相同,其独特的构造要求人们对它采用特殊的标准来区分正共犯。基于这一立场,原则正犯阵营把理论建构的核心基点放在不作为犯最为重要的特征保证人(义务)上,判断正犯的关键是保证人,以及由此深入挖掘的"义务"概念。由于作为犯并不以保证人或者义务为核心,其与不作为犯无法共用一套区分标准,也不能进行相互比较。

该阵营中,围绕保证人、义务概念而建构的一体正犯理论和义务犯理论引人注意。前者认为,作为和不作为是 A 与非 A 的关系,不作为犯与作为犯的关键区别在于保证人地位,这使得作为犯的构成要件无法包含不作为犯。当不作为参与犯罪时,不可能将其认定为对作为犯的帮助。[25] 因为,帮助犯的成立只需要帮助行为与侵害结果之间存在因果关系就可以了,不需要具备其他的构成要件特征,而不作为犯的成立始终要求具备保证人地位。也就是说,只要主体是保证人,能够避免法益侵害,就满足了不作为正犯的条件。[26] 罗克辛的义务犯理论认为,在不法内涵上,负有特定义务之人比其他参与人有更特殊的地位,因此是义务

---

〔23〕 Vgl. Armin Kaufmann, Die Dogmatik der Unterlassungsdelikte, Göttingen: Schwartz, 1959, S. 291ff.

〔24〕 Vgl. Armin Kaufmann, Methodische Probleme der Gleichstellung des Unterlassens mit der Begehung, JuS. 1961, 173f.

〔25〕 Vgl. Armin Kaufmann, Die Dogmatik der Unterlassungsdelikte, Göttingen: Schwartz, 1959, S.291.

〔26〕 Vgl. Armin Kaufmann, Die Dogmatik der Unterlassungsdelikte, Göttingen: Schwartz, 1959, S.294.

犯的核心人物。[27] 义务犯的正犯性在于义务违反,与行为人在犯罪事件中是否具有行为支配无关。作为犯罪之行为构成的一部分,这些义务是行为人承担某类社会角色之表现,在其他的法律中已有具体规定,违反这些义务、制造了构成要件之结果或者没有避免法益侵害的,都应论以正犯。据此,在共同犯罪中,负有特定义务的不作为人参与犯罪的,也必然是正犯。

　　原则正犯阵营强调不作为犯的独立性,避免对不作为和作为这两个存在论上差异极大的概念进行比较,在逻辑上较原则帮助犯阵营更为顺畅。可是,一方面,它的体系性缺陷非常明显。犯罪的本质是法益侵犯,这是目前大陆法系占据绝对主流的观点,持原则正犯说的罗克辛也赞同这一点。然而,原则正犯阵营认为正犯判断的核心是有无义务,而不分析义务违反对法益的影响究竟有多大,不根据法益侵害这一目标对义务进行区分,不对义务进行比较。实际上,罗克辛将"义务"这一核心提炼出来,和支配进行对立时,就注定了他并不是以具体案件中对法益侵害的贡献大小来判断正共犯的。支配概念将重点放在因果流程上,天然地与法益侵害相关,而义务概念将重点放在主体身份,不同的主体身份如何对法益产生影响、产生多大的影响,实难不论自明。可见,原则正犯说的学者坚持"义务"为核心,主张所有义务对于正犯的判断都一视同仁,[28] 实质上抛弃了其教义学体系上的根本立场,并没有坚持以侵犯法益的贡献大小作为判断正共犯的标准。

　　另一方面,原则正犯阵营的一些结论难以为司法实践所接受。在多个不作为构成的共同犯罪的场合,原则正犯阵营认为无法比较各不作为的作用大小,不能区分正犯与共犯,这恐怕不符合事实。[29] 原则正犯阵营还过于扩大了正犯的范围,导致所有的教唆、帮助者都可能成为不作为正犯。例如,甲给入室强奸的乙望风,或者给乙递了一把撬锁的工具刀,被害人被

---

〔27〕　例如德刑第266条的背信罪,正犯并非通过实施特定的外部行为方式侵犯法益,而是通过违反行为构成中规定的特定义务(财产管理义务)而侵犯法益的;其他不具有这一财产管理义务的人无论如何也不可能成为本罪的正犯。再如,德刑第203条侵害私人秘密罪,本条处罚如下行为:行为人无权公开其作为医生、律师、公务员等而被委托或者向其公开的他人秘密,特别是属于个人生活领域的秘密或者企业或者商业秘密。这看起来是处罚某种特定的行为方式,但实际是处罚特定人违反特定义务的行为。Claus Roxin, Srafrecht AT Band 2, Besondere Erscheinungsformen der Straftat, Berlin: Beck. 2003, S. 106.

〔28〕　参见张明楷:《刑法学(上)》,法律出版社2016年版,第439页。

〔29〕　参见[日]大塚仁:《犯罪论的基本问题》,冯军译,中国政法大学出版社1993年版,第270页。

乙重伤而流血不止,甲并没有救助,根据原则正犯阵营的观点甲也要成立不作为正犯。再如,父亲看到他人杀害自己的子女而不予救助的是不作为的正犯,但在他人杀害其子女时父亲递上刀子的行为却只能成立帮助犯。[30]

三、具体判断(义务区分)阵营

具体判断阵营认为,不作为在共同犯罪中成立正犯还是共犯需要具体判断,不可能出现一边倒地成立正犯或者共犯的局面。根据具体判断的路径,该阵营又可以分为两派:

一是避开作为和不作为在存在结构上的区别,以其他要素作为正共犯区分标准。例如,那格勒的因果区分说认为应当从不作为与结果之间的因果关系入手,如果能够认定不作为是结果的原因,那么就是正犯;如果仅仅起到了条件作用,那么就是帮助犯。[31] 主观说则正好相反,认为凡是对结果设定条件,即等同于对结果设定原因,由于所有条件都等价,无法从因果关系区分正共犯,故只能考察行为人的主观方面,即以参与者对整体的事实发生采取的内心态度为准。[32] 因果区分说缺乏具体的内容,无法提供某个不作为是条件还是原因的客观判断标准,因而没有市场。[33] 主观说过去是德国法院的通说,但德国法院目前不再采取纯粹的主观说,而是转向了主观说与犯罪行为支配理论混同的标准。[34] 基于这些原因,在此不对这两个学说做进一步讨论。

二是以义务的不同类型作为区分正共犯的标准。义务区分说的根本主张是,部分类型的义务人参与共同犯罪时应构成正犯,部分类型的义务违反和作为犯相比,还是应当认定为从犯。义务区分说的立场较为独特,它否定不作为犯的附属性,反对原则帮助犯说将不作为犯纳入作为犯的轨道并受作为犯标准检验的做法;肯定不作为犯的独立性,但又认为不作为

---

〔30〕 参见欧阳本祺:《论不作为正犯与共犯的区分》,《中外法学》2015年第3期,第719页。

〔31〕 Vgl. Hans-Joerg Schwab, Taeterschaft und Teilnahme bei Unterlassungen, Frankfurt: Peter Lang, 1996, S. 89f.

〔32〕 参见[德]乌尔斯·金德霍伊泽尔:《刑法总论教科书》,蔡桂生译,北京大学出版社2015年版,第406页。

〔33〕 Vgl. Hans-Joerg Schwab, Taeterschaft und Teilnahme bei Unterlassungen, Frankfurt: Peter Lang, 1996, S. 90.

〔34〕 参见[德]约翰内斯·韦塞尔斯:《德国刑法总论》,李昌珂译,法律出版社2008年版,第292页;[德]乌尔斯·金德霍伊泽尔:《刑法总论教科书》,蔡桂生译,北京大学出版社2015年版,第400页。

犯和作为犯并非处在两条完全平行的轨道上,而是具有本质上的共同,两者交汇于共同的上位概念。正是由于存在这种本质上的共同,不作为犯和作为犯才能够放在一起进行比较。义务区分阵营认为在判断不作为的正共犯时应当从义务出发,同时还应以不作为犯与作为犯共同的上位概念对义务进行区分评价。

围绕"义务区分"这一核心概念,学者们就区分根据、如何区分等问题展开各自的理论建构。机能二分说是义务区分阵营的"前辈",认为保护法益的义务人在共同犯罪中将构成正犯,而监督危险源的义务人则成立共犯,这一学说目前仍然有诸多拥趸,[35]但其二分标准模糊、理论基础薄弱是不争的事实,[36]更重要的是,它没有找到不作为犯和作为犯在本质上的共同,不能回答不作为既然是独立的,又该在什么基础上和作为进行比较而分出正共犯的问题。由此,出现了另外两种有力的学说。

许迺曼的结果原因支配理论希望通过统一的正犯标准来整合作为犯与不作为犯,以便能够在承认不作为犯的独立性前提下,对两类犯罪展开比较。许迺曼利用了罗克辛所创造的支配概念。他认为支配既包括在作为的场合对犯罪行为的支配,也包括不作为的场合保证人对保护法益和危险源的支配。两种支配的内核是一样的:行为人对造成结果的重要原因有支配,并且这种支配的基础要素是所谓的"支配意志",它将社会意义的支配领域从虚无的因果关系中区分出来。[37] 在不作为的共同犯罪中,不作为人对结果原因的支配可区分为,不作为人是直接导致结果发生还是通过第三人自由决定的积极行为而间接导致结果的发生。前者系对被害人无助状态的支配,应成立正犯;后者系对危险源的支配,应成立帮助犯。据此,当父亲不救助溺水的孩子时,他对造成该结果的原因具有直接的支配,成立正犯;但在护士没有阻止自己看护的危险物品被用于一场谋杀时,其对结果原因的支配是通过一个自由的第三人行为所帮助获得的,只能认定为共犯。不作为者对于第三人有监督义务的,以第三人是否达到刑事责任年龄为限,未达到时不作为者成立间接正犯,而达到时成立教唆犯。[38]

---

〔35〕　参见[日]松宫孝明:《刑法总论讲义》,钱叶六译,中国人民大学出版社 2013 年版,第206 页。

〔36〕　参见许玉秀:《当代刑法思潮》,中国民主法制出版社 2005 年版,第 682 页。

〔37〕　Vgl. Schünemann, Grund und Grenzen der unechten Unterlassungsdelikte, Göttingen: Schwartz, 1971, S. 277ff.

〔38〕　Vgl. Hans-Joerg Schwab, Taeterschaft und Teilnahme bei Unterlassungen, Frankfurt: Peter Lang, 1996. S. 91f.

这一观点的内部逻辑出现了混乱：根据该理论，父亲 V 看见他的敌人 F 将 V 的儿子 S 推下深渊的，父亲对儿子的支配原则上成立正犯，但是，另一方面，这个结果是通过第三人自由的行为所导致的，按其观点又只能成立帮助犯。在既存在对无助法益的保护，又存在第三人自由行为时，都会发生上述疑问。究其原因，这类犯罪面临两个标准的适用，一个是不作为犯中的支配标准；一个是作为犯中的支配标准。[39] 许逎曼的一元正犯体系理论建立在罗克辛的多元正犯体系之上，表面上看，许逎曼用"支配"作为核心统领所有正犯，用"保证人身份犯"取代"义务犯"，但实际上，其支配概念是对"义务"进行"深化"后而得到的。在许逎曼的体系中，罗克辛所称的义务犯隐藏在了"保证人身份犯"的称谓之下，是一种特别的支配犯。也就是说，许逎曼看似在理论上实现了不作为和作为在支配项下的统一，但这种统一更多只是修辞意义上的，其对不作为犯的支配仍然是义务犯的本质。[40] 于是，当不作为参与作为犯罪，两种"支配"碰撞在一起时，许逎曼的理论无法回答哪种支配才成立正犯。

另一个努力是尝试抛弃存在论的立场，站在规范论的角度，用义务概念来解消作为和不作为的区别，或者说对两者进行统领。雅各布斯根据义务是否专属于主体，将义务分为积极义务和消极义务，以此区分组织管辖和体制管辖。[41] 组织管辖对应于消极义务，即所有人都要承担的义务。雅各布斯认为人在自由社会中可以实施任何自由的行动来扩大自己的生活圈，即组织圈，但同时法律也为人在组织圈中的自由行动划了界限，这个界限即不侵害他人，这样的义务因此多是消极的注意不侵害他人的义务。[42] 体制管辖对应于积极义务，即某些主体专属的义务。这里所称体制，指为维系一个社会所存在的体制，在这样的体制中被赋予角色的人，都有维护该体制的义务，旨在"保障团结"。父母子女之间的义务、公务员的义务皆属此类。雅各布斯认为，积极义务属于体制管辖，专属于行为人自

---

〔39〕 Vgl. Hans-Joerg Schwab, Taeterschaft und Teilnahme bei Unterlassungen, Frankfurt: Peter Lang, 1996. S. 111.

〔40〕 这一点，从罗克辛对许逎曼的支配犯体系的评价也可以得到证明。罗克辛认为，义务犯的实质是所谓的"保护支配"或者说是行为人对其社会范围之控制支配，义务犯的支配与传统支配的区别不能被抹杀，而许逎曼也在其支配犯体系中很好地注意到了这种区别。具体参见 Claus Roxin, Srafrecht AT Band 2, Besondere Erscheinungsformen der Straftat. Berlin: Beck. 2003, S. 108.

〔41〕 Vgl. Günther Jakobs, Die strafrechtliche Zurechnung von Tun und Unterlassen, Opladen: Westdeutscher 1996, S. 29ff.

〔42〕 雅各布斯把"组织"等同于"人的塑造"，只要可以满足自己的目的之手段，都可以说是"组织"的一部分，行为人操纵"组织"中的要素来满足自己的目的，所以应当承担相应的责任。

身,不论是作为还是不作为,行为人对这类义务的违反都应成立正犯。但监督危险源、前行为等义务属于消极的义务,应按照支配犯的要求,根据这些义务主体对犯罪事实的支配程度来判断正共犯。[43]

雅各布斯的学说,面临以下无法回避的诘问:一是将刑法的保护目的由法益更改为"体制"等其他价值,以及无视不作为和作为的存在论差异的做法,违反人们在犯罪论上的基本共识;二是在义务区分的根据上既不合理也不明确,所谓维护一个社会所存在的体制究竟是什么,何谓制度管辖,是说不清道不明的概念,即使雅各布斯对此也往往游移不定。[44]

四、小结

本部分通过基础立场—核心概念—根本主张三个维度,将目前的理论类聚为三个阵营。不同的立场决定了不同的核心概念,最终导致了各阵营根本主张的差异。原则帮助犯阵营认为不作为应当是作为的附属存在,是站在作为犯的轨道上,要求不作为犯向作为犯靠拢,以支配标准来要求不作为犯;原则正犯阵营和义务区分阵营则认为不作为犯具有独立性,但前者将不作为犯视为作为犯的对立面,并站在不作为犯的角度来区分正共犯;后者认为不作为犯和作为犯有同质性,并以此对义务违反进行区分评价。此外,本部分还对每一阵营中各个重要的理论以规范法学方法进行了评价,即以体系上是否协调一致、理论逻辑是否缜密、能否避免不公平不正义的结论等标准来衡量学说影响力和生命力。目前来看,无论是哪一阵营的具体理论建构都远未完善。

第二节 阵 营 选 择

一、实践发现的方法

从前述理论梳理来看,基础立场—核心概念—根本主张这三个维度是周延界定不同阵营的关键。从理论的演进、形成过程来看,基础立场是确定后两个维度的根本。笔者曾采取比较分析和历史分析方法,通过对德日

---

〔43〕 Vgl. Günther Jakobs, Strafrecht AT, 2. Aufl, Berlin: Walter de Gruyter, 1991, 29. Abschnitt, RN 102.

〔44〕 Hans-Joerg Schwab, Taeterschaft und Teilnahme bei Unterlassungen, Frankfurt: Peter Lang, 1996. S. 120f;[德]班德·许逎曼:《德国不作为犯法理的现况》,陈志辉译,载许玉秀、陈志辉合编:《不疑不惑献身法与正义》,台湾地区春风煦日学术基金 2006 年版,第 644 页以下。

刑法条文、教义学和司法实践的对比，分析两国在不作为犯问题上的立场由来，并站在我国的社会发展、刑法理论和实践上，推论我国的不作为犯定位：在我国，不真正不作为犯和作为犯没有必要达到"等价"的程度，只需要达到"相当"的程度，不真正不作为犯适用的是扩张的构成要件，是独立于作为犯的一种刑事处罚形态；我国应当期待不真正不作为犯在现代刑事治理体系中发挥更为广泛的作用。[45] 由此演绎，我国应充分考虑不作为犯的特性，以义务或者义务区分作为核心概念，进一步构建正共犯区分的具体理论。但是，这里不打算采取演绎路径。其一，不作为犯的定位是笔者在所观察到的事实上做出的一种应然的价值推断。当一种价值命题提出以后，就踏上了需要被不断证伪的命运。不能以该价值命题作为理论建构的大前提，相反，它才是需要被证明的对象。其二，以价值为大前提演绎的理论，被弃置的风险很大。当理论与实践的做法大相径庭时，后者不可能改弦易辙，而是会毫不犹豫地把理论丢弃到一边。

　　故此，本书拟探索实践所呈现的整体价值取向，以实践立场作为不作为正共犯区分的理论建构基点。只有与司法裁判的立场"存在逻辑上具有亲缘性的法教义学理论，才可能被司法实务所认可与接收，与它的运作逻辑相矛盾的理论，则自始就不会纳入考虑的范围"。[46] 这并非基于犬儒主义，而是因为整体司法判决实际上构筑了"一定时间和地点的社会秩序的图画"，[47] 在进行理论选择时具有决定性意义。具体来说，法官在没有教义学的系统指导下做出的判决，极大可能是一个法外要素互相博弈的最终呈现。这里所谓的法外要素，包括法哲学、法政策、宗教、社会、经济和生态的价值与目的，[48] 霍姆斯的表述则更为极端，认为"被意识到的时代需求、占主导地位的道德或政治理论，甚至法官和他的同行所持的偏见"等要素外在于法律，但却是用以确定法律含义的更为重要的内容。[49] 在对某个问题进行对峙的过程中，法官、律师和检察官各方引入的社会价值对最终判决作出了形塑，其中，教义学或者说理论服务于法官在价值衡量中所倾向做出的结论。[50] 易言之，一个理论最终是否能为司法实践所接受，转而

---

〔45〕　参见姚诗：《不真正不作为犯的边界》，《法学研究》2018 年第 4 期，第 109 页以下。

〔46〕　劳东燕：《正当防卫的异化与刑法系统的功能》，《法学家》2018 年第 5 期，第 86 页。

〔47〕　［美］罗斯科·庞德：《通过法律的社会控制》，沈宗灵译，商务印书馆 2010 年版，第 26 页。

〔48〕　Vgl. Karl Larenz, Methodenlehre der Rechtswissenschaft, 6. Aufl, Berlin: Heidelberg: Springer – Verlag, 1991, S. 224ff.

〔49〕　雷磊：《规范、逻辑与法律论证》，中国政法大学出版社 2016 年版，第 2 页。

〔50〕　参见［美］艾德华·H. 列维：《法律推理引论》，庄重译，中国政法大学出版社 2002 年版，第 9 – 12 页。

对司法实践进行指导,取决于该理论与"法外要素"的契合度。选择一个与司法实践完全不相容的立场和理论,即使其逻辑再完美,与实践相扞格也是徒劳无功。

要确定我国司法实践的立场,最为直接的方式是从所有判决理由中搜集能够反应其观点的表述,从中确定主流观点。可惜这一方式未能奏效。笔者收集 1995 年至 2018 年的不真正不作为犯判决共 119 份,[51] 涉及共同犯罪的有 40 份。在这 40 份判决中,基本找不到有理论观点倾向的判决理由。有的案件并不展开分析就直接认定了主从犯,有的判决在认定从犯时,以"在整个过程中所起的作用较小""起辅助作用""情节较轻"等作为理由;[52] 在认定不作为犯构成主犯时,则相应地以"起主要作用""地位、作用明显"等作为判决理由。[53] 但判决并没有交代其基于哪些因素做出上述判断。也就是说,这些判决实质上越过论证部分而直接跳到了结论。

从方法论来看,既然判决没有直接表态,只能通过具体事实来论断实践的阵营选择。论断过程的实质是"评价",需要完成从事实到评价的"飞跃"。而这一过程是否正确,取决于评价者是否考虑了"所有应考虑的情形",并且"赋予这些情形正确的重要性"。[54] 那么,哪些是应该考虑的重要情形? 如前文所述,基本立场—核心概念—根本主张三个维度能够周延划定理论阵营,从三维度之形成先后来看,基础立场固然是确立另外两个维度的历史根基和理论支柱,但从三维度的内在逻辑来看,只要能够确定核心概念和根本主张,就足以反推基本立场,进而决定阵营归属。详言之,要了解我国司法实践的价值选择,应当通过考察司法判决所呈现的整体核心概念究竟是义务还是支配、司法判决对于不作为参与共同犯罪倾向于认定作为犯还是不作为犯这两个因素来展开研究。

需要注意的是,在通过核心概念和根本主张两个维度确定了不作为正共犯区分的实践立场以后,还有必要进行一定的消极判断。某种实践立场

---

〔51〕　判决的搜集情况具体参见本书第二章第一节。

〔52〕　山东省青岛市黄岛区人民法院(2016)鲁 0211 刑初 193 号、上海市奉贤区人民法院(2011)奉刑初字第 879 号、河南省开封市中级人民法院(2010)汴刑终字第 60 号、广东省广州市中级人民法院(2012)穗中法刑一初字第 399 号、湖北省武汉市洪山区人民法院(2014)鄂洪山刑初字第 00279 号判决书,等等。

〔53〕　江苏省淮安市清河区人民法院(2013)河刑初字第 0388 号、广西壮族自治区河池市中级人民法院(2013)河市刑一终字第 78 号、吉林省长春市中级人民法院(2018)吉 01 刑终 69 号判决书,等等。

〔54〕　[德]英格博格·普珀:《法学思维小学堂》,蔡圣伟译,北京大学出版社 2011 年版,第 13、18 页。

之所以能够形成,是因为它承载了一定的社会功能,在这个意义上,存在就具有合理性。[55] 但当这一社会功能存在疑问,在公平正义的观念上被认为是错的,进而导致出现了大量无法容忍的判决结果,那么就不应坚持这一立场,而应从理论上论证这一立场的错误。最为典型的是正当防卫问题。赵军通过定量分析的方法,发现司法实践中苛刻地认定正当防卫的立场,肇生于警务驱动、控强辩弱的"政法协作型办案机制";[56] 陈璇和劳东燕指出这一立场与司法实践中维稳的功能导向、解决个案纠纷的任务导向有关。[57] 显然,所有这些"社会功能",与人权保护和公平正义的观念相违背,此时,在理论上予以纠偏才是正确的选择。但是,若通过消极判断,实践立场背后的社会功能并不面临这样的质疑,就应当基于前述理由,在维持该立场的基础上去建构理论。

二、我国司法实践的阵营取向

首先,在根本主张这一维度上,原则帮助犯阵营、原则正犯阵营和具体判断阵营的区别体现在不作为参与共同犯罪的正犯与共犯的比例上。若判决中认定正犯的比重极大,则我国司法实践可能契合原则正犯阵营;若该比重极小,则可能更符合原则帮助犯说;若这一比例居中,则可能倾向于具体判断的主张。笔者搜集的 40 个不作为参与共同犯罪的判决可分为三类:第一,涉及作为加功不作为犯的案件有 1 起,法院认为不作为人为主犯,作为人教唆帮助其不作为的构成从犯。[58] 这一结论在理论上并无争议。第二,涉及两个以上不作为共同犯罪的案件共有 14 起,其中 6 起案件法院明确区分了主从犯,另外 8 起案件法院认为各共犯人作用相当,不必区分主从犯。第三,涉及不作为加功作为的案件有 25 起,其中有 9 起案件对不作为人认定了主犯,16 起案件认定了从犯。

上述数据能够让我们得出以下结论:第一,有的学者推测,我国司法实践可能与日本一样,存在法官滥用裁量权而偏向认定主犯的现象,因此应通过采取原则帮助犯理论进行纠偏。[59] 但是从数据来看显然不是这样。

---

〔55〕 参见陈瑞华:《论法学研究方法》,法律出版社 2017 年版,第 44 页。

〔56〕 赵军:《正当防卫法律规则司法重构的经验研究》,《法学研究》2019 年第 4 期,第 169 页以下。

〔57〕 参见陈璇:《正当防卫、维稳优先与结果导向》,《法律科学》2018 年第 3 期,第 81 - 82 页;劳东燕:《正当防卫的异化与刑法系统的功能》,《法学家》2018 年第 5 期,第 85 页。

〔58〕 黑龙江省海伦市人民法院(2015)海刑初字第 25 号判决书。

〔59〕 参见温登平:《以不作为参与他人的法益侵害行为的性质》,《法学家》2016 年第 4 期,第 140 页。

第二,我国司法实践对于两个以上不作为人共同犯罪的,并非全部认定为正犯,而是既有正犯也有共犯,说明其认为不同义务类型的违反对于共同犯罪所起的作用大小不同,这与原则正犯阵营存在明显区别。第三,也是最为关键的,不作为参与作为犯罪的判决中,不作为主从犯的认定比例接近1∶2,这说明实践中既没有全盘采取原则正犯说,也没有全盘采取原则帮助犯说,而是要么偏向具体判断阵营,要么倾向于原则帮助犯阵营为主、各种阵营混合的做法。

其次,在核心概念这一维度上,可通过检测各阵营的核心概念在判决中的解释力度,亦即哪一概念能够更好地解释判决规律,来勾勒整体判决的立场。若实践中采取原则帮助犯的立场,以支配概念应该能够解释绝大部分判决结果;反之,若采取原则正犯、义务区分的立场,则从义务、义务区分的角度去解释判决将更为顺畅。分析如下。

(1)以"支配"梳理判决。一方面,从行为支配角度来看,在不作为参与作为犯罪的25个判决中,有3个案件明确指出不作为人"没有直接参与"或者说"没有实施"具体的构成行为,情节较轻,构成从犯。[60] 从理论上来解读"未直接参与",可以认为判决采取了犯罪行为支配理论:作为犯直接参与整个犯罪,支配了整个因果流程,而不作为"没有直接参与",因此缺乏所谓的行为支配。可是,更多的判决对于那些没有直接参与的案件也认定为主犯。例如,在蒋娇君等故意伤害案中,被告人莫亚放任蒋娇君伤害二人共同所生的儿子,一直旁观而没有参与的,判决认定为主犯;[61] 在兰某洋等故意伤害案中,两被告人在捆绑"小偷"后,村民将小偷殴打致死的,在这个过程中,兰某洋等并没有实施殴打行为,同样被认定为主犯;[62] 在孙某某等故意伤害案中,"孙某某肩负管理维护秩序和规范其他保安行为的双重职责,但是在本案中孙某某既没有对其先前行为产生的不良后果予以有效制止也没有对保安殴打乘客行为予以遏制,孙某某的不作为行为扩大了危害结果的发生",也被认定为主犯。[63] 可见,整体判决未能肯定行为支配。

---

〔60〕　例如,在夏某盗窃案中,法院认为夏某不履行保安职责,放任他人盗取公司财物,但没有直接参与,构成从犯。参见广东省深圳市中级人民法院(2010)深中刑二终字第611号判决书。另外两个案件参见广东省广州市中级人民法院(2012)穗中法刑一初字第399号、湖北省武汉市洪山区人民法院(2014)鄂洪山刑初字第00279号判决书。

〔61〕　广东省广州市萝岗区人民法院(2012)穗萝法刑初字第355号判决书。

〔62〕　广西壮族自治区河池市中级人民法院(2013)河市刑一终字第78号判决书。

〔63〕　吉林省长春市中级人民法院(2018)吉01刑终69号判决书。该案一审认定被告人有授意和指使其他被告人殴打被害人的行为,但二审并没有这样认定,仅就其不作为认定了主犯。

另一方面,从因果支配、结果回避可能性的角度来看,没有一个判决以不作为行为人履行义务所能避免结果发生的概率来确定其构成主犯还是从犯。实际上,很多案件中行为人有极高的结果避免可能性,法官也仅认定其为从犯。例如,在叶华诈骗案中,被告人没有制止交通肇事者冒用自己的身份,导致保险公司理赔。在这个案件中,被告人能够轻易地阻止该犯罪行为回避结果发生,但法院认定其成立从犯。[64] 再如,在熊某某、欧某某诈骗案中,被告人作为合约采购部经理和车间主管,明知他人在电子秤上弄虚作假,其履行职责并无困难,且履行职责就几乎可以确定阻止该犯罪的发生,但法院仍然将被告人认定为从犯。[65]

(2) 以"义务(义务区分)"梳理判决。司法实践中一半以上的判决将不作为人认定为从犯,显然没有采用原则正犯的立场,即并不主张只要有义务就认定正犯。值得考虑的是,判决是否呈现出依据不同义务来认定正共犯的规律。本书将判决按照义务类型进行了分类分析。

案例群一:关于场所管理的判决共有 3 个。在徐某某强奸案中,被害人和实施强奸行为者(被告人的外甥)均在被告人住所内夜宿,被告人对其外甥强奸行为未加阻止;[66] 在张杰等强奸案中,被告人为被害人提供住宿,但没有阻止他人在其住所内对被害人实施强奸行为;[67] 在杨某某组织卖淫案中,被告人作为涉案浴场的实际经营者,对于员工组织的卖淫行为不闻不问,按时收取经营收入。[68] 上述 3 个案件,法院均将被告人认定为从犯。

案例群二:关于监督他人的判决共 5 个,其中法院认定保证人为主犯的有 4 个,包括:蒲某某破坏生产经营案中,被告人身为组长有义务制止事态扩大,竟不履行职责,最终酿成恶性群体事件;[69] 隋某某销售假药案中,被告人作为法定代表人对其兄(总经理)销售假药行为予以纵容;[70] 孙某某故意伤害案中,被告人作为队长,没有制止其他保安对被害人的伤害;[71] 杨飞、高永贵危险驾驶案中,被告人作为驾校教练明知学员醉酒仍放任其驾驶。[72] 不过,在吴某甲故意杀人案中,被告人作为酒店保安经理,

---

〔64〕　浙江省金华市中级人民法院(2017)浙 07 刑终 691 号判决书。

〔65〕　湖南省株洲市天元区人民法院(2017)湘 0211 刑初 214 号判决书。

〔66〕　上海市奉贤区人民法院(2011)奉刑初字第 879 号判决书。

〔67〕　浙江省嘉兴市海盐县人民法院(2018)浙 0424 刑初 346 号判决书。

〔68〕　上海市闵行区人民法院(2018)沪 0112 刑初 1136 号判决书。

〔69〕　贵州省黔东南苗族侗族自治州施秉县人民法院(2015)施刑初字第 1 号判决书。

〔70〕　上海市第三中级人民法院(2018)沪 03 刑终 20 号判决书。

〔71〕　吉林省长春市中级人民法院(2018)吉 01 刑终 69 号判决书。

〔72〕　四川省成都市新都区人民法院(2013)新都刑初字第 289 号判决书。

在召集酒店员工处理突发事件期间,负有防止酒店员工对他人身体造成伤害的义务,但放任员工殴打被害人的,法院认为行为人没有直接参与殴打行为,构成从犯。[73] 总的来看,在监督他人类案件中,法院判定为主犯的占绝大多数。

案例群三:关于保护类义务,可以分为对人身的保护和对财产的保护。前者仅有 1 个判决,涉及亲子间保护义务,即前述蒋娇君等故意伤害案,被告人莫亚在蒋娇君伤害二人共同的孩子时仅在旁边观看。[74] 法院认定被告人莫亚构成主犯。人身保护类犯罪中,由于样本过少,还难以认定判决存在任何立场。后者共 13 个判决,均为有管理、保护财产义务的行为人不履行其职责,不阻止其他人盗窃所保护的财产的类型。其中有 10 个判决认定了从犯,3 个判决认定了主犯。从判决比例来看,似乎在财产犯罪中更偏向原则帮助犯理论,但是,这类判决中有如下两个重要的现象引人注意:一是关于“不作为”本身的认定。涉及财产保护类判决中,义务人在不作为之外都实施了一定的作为。当义务人事前和实施者进行过商议,事后收取了一定好处费的,法院均将谴责重点放在不履行职务上,认定其成立不作为犯,[75] 只有当义务人在共同犯罪中还积极实施了大量的作为时,判决才不再坚持其不作为犯的性质。[76] 从这一点来看,法院非常重视义务不履行在整个犯罪中的角色,这和原则帮助犯阵营只要有作为就认定为作为犯的做法截然不同。二是义务人所处的地位对正共犯的成立发挥着重要影响。义务人系保安、押车员、装卸工等具有一般监管职责的,往往成立从犯。义务人所处的监管地位比较高,或者与财产具有更紧密的关联时,往往成立主犯。例如,在吴涛等盗窃案中,被告人证实,如果自己不同意同案犯偷煤,后者就不能偷走煤。这一因素非常重要。偷煤不同于其他的盗窃行为,需要用挖掘机装载,进入厂区偷煤无论如何都会被发现,只有被告人不履行义务甚至进行一定程度的遮掩,才有可能使得犯罪顺利进行。[77] 再如,在逯某某职务侵占案中,被告人利用自己经手废旧物资外卖的职务

─────────────

〔73〕　湖北省武汉市洪山区人民法院(2014)鄂洪山刑初字第 00279 号判决书。

〔74〕　一些相关案件虽然涉及保护人身法益类型,但没有对不作为人进行起诉。例如在深圳联防队员强奸案中,丈夫躲在隔壁,没有对妻子进行保护(参见广东省深圳市宝安区人民法院(2012)深宝法刑初字第 1778 号判决书)。丈夫由于缺乏作为可能性和期待可能性,并未被认定为犯罪。

〔75〕　广东省深圳市中级人民法院(2010)深中法刑二终字第 611 号、河南省开封市中级人民法院(2010)汴刑终字第 60 号、广东省韶关市浈江区人民法院(2015)韶浈法刑初字第 333 号、新疆维吾尔自治区昌吉回族自治州中级人民法院(2014)昌中刑终字第 124 号判决书,等等。

〔76〕　江苏省淮安市清河区人民法院(2013)河刑初字第 0388 号判决书。

〔77〕　宁夏回族自治区石嘴山市中级人民法院(2014)石刑终字第 21 号判决书。

便利,与同案犯商议、配合,在检查车辆时故意不作为,与同案犯共同侵占本单位财物。[78] 被告人的职务与财产具有非常紧密的联系,成立主犯。在骆某某等盗窃案中,这一特点体现得更为明显。法院重视骆某某作为公司护矿队长这一重要的监管职责,以及其前期参与的磋商,认定其不作为成立正犯,但对于普通护矿人员、负有一般监管义务的宋某,即使其参与了磋商,也认定为从犯。[79]

案例群四:涉及先前行为保证人的有三个判决,一是兰某洋等故意伤害案,兰某洋、兰某欢二人控制身份不明的被害人后,未承担其应当承担的保护被害人责任,未能有效阻止其他人群殴被害人,致其死亡。法院认定二被告人为主犯(作用较小的主犯)。二是南某某故意伤害案,被告人与其他同案犯在与被害人发生冲突后,被害人逃离。被告人跟随其他同案犯到达第二现场后,明知可能会发生伤害结果但并未阻止。法院认定被告人成立从犯。[80] 三是范某某故意杀人案,范某某打伤被害人后没有阻止他人殴打和焚烧被害人。法院认定范某某成立从犯。此类型的案件数量较少,且互相冲突,未能呈现明显的判决规律。

综上,通过对核心概念、根本主张这两个维度的分析,可了解司法实践的阵营选择。首先,从主从犯的判决比例分析可以初步推断,司法实践中没有一边倒地采用原则帮助犯说和原则正犯说。其次,以原则帮助犯说的核心概念"支配"来梳理司法判决是"梳不通"的,极少数的判决似乎向支配靠拢,但更多的判决体现了完全不同的思路和相反的判决结果,以"义务"概念来梳理司法判决更是如此。不过,根据不同的义务对判决分类后,可观察到各类案例群在多数情况下能够呈现出较一致的结论或者至少是判决规律。具体而言,在监督他人类义务中,倾向于成立正犯;在监督危险源如场所管理类义务中,法院没有争议地认为义务人成立从犯;在保护财产法益类犯罪中存在判决规律,法院重视对义务履行的独立评价,并且是否成立正犯与义务人所处的地位有关。但是,保护人身法益的义务和先前行为义务类型中,暂时没有发现相关判决规律。综合上述内容,可以推断实践中的主张最接近义务区分阵营。

三、消极判断

我国司法实践倾向于义务区分阵营,说明其认可不作为犯具有独立于

---

〔78〕 新疆维吾尔自治区昌吉回族自治州中级人民法院(2014)昌中刑终字第 124 号判决书。

〔79〕 内蒙古自治区乌拉特中旗人民法院(2014)乌中刑初字第 62 号判决书。

〔80〕 青海省玉树州囊谦县人民法院(2015)囊刑初字第 01 号判决书。

作为犯的价值和特质。站在义务角度、重视义务履行对正共犯判断之影响的立场,承载着通过推进不作为犯罪的处罚来强化社会治理的社会功能。这种社会功能本身没有问题,并不违反公平正义的基本理念。不作为犯是否被期待发挥更重要的作用,取决于不同的社会发展阶段。传统刑法以"暴力犯罪"作为核心,且强调严格的罪刑法定,不作为自然难以和作为相比。但现代以来,犯罪的整体形态分布发生了变化,暴力犯罪依然存在,同时更为"文明"的犯罪急剧增多,通过打击不作为犯罪来保障社会安全的需求持续上升。根据不同时代的犯罪特点,对不同犯罪形态的打击力度进行调整,这是对刑事司法的必然要求。诚然,对这一功能的过度诉求可能会出现问题。例如,对于行为人追赶小偷,致其跌倒受伤后没有救助而离开的,也认定为不作为的故意杀人罪或者过失致人死亡罪,这就有违背基本的法感情嫌疑,学者应当思考如何正确划定保证人地位的成立标准才能避免民众的普遍质疑。但是,对共同犯罪中不作为参与的法律评价进行调整,并未关系到罪与非罪、合法与违法的基础问题,不同阵营只是侧重于不同的经验事实,或者对同样的经验事实赋予了不同的比重,进而得出了自己的价值主张。基于此,笔者认为没有理由反对采用义务区分阵营。

第三节 面向法益侵害的义务区分理论

在确定我国应采取义务区分阵营之后,需要建构具体理论。一方面,该理论应当遵循义务区分阵营的基本体系逻辑,即以作为和不作为的实质共性来指导义务区分;另一方面,既然阵营的确定来自实践立场,该理论的逻辑推论就应当与经验现象外洽,[81] 最大限度尊重既有实践规律,并能够解释实践中模糊不清的地带。

一、基本观点

根据我国刑法第 26 条和第 27 条,我国对于主犯和从犯的判断,是以行为人在共同犯罪中起主要作用,还是次要作用或者辅助作用为标准。据此,不论是作为的共同犯罪,还是不作为参与作为、作为参与不作为的犯罪,都需要通过比较各行为人在共同犯罪中所起的作用、贡献来区分主从犯。比较基点、如何比较是解决问题的关键。

---

〔81〕 参见林毅夫:《论经济学方法》,北京大学出版社 2005 年版,第 12 页。

本书提倡面向法益侵害的义务区分理论。首先,关于作为和不作为的比较基点。基于大陆法系"犯罪是行为、犯罪的本质是法益侵害"这一主流认识,不论是作为犯还是不作为犯,对犯罪的贡献大小都应当理解为行为对法益侵害的贡献大小,在这个意义上,作为和不作为即使在存在论上千差万别,但有实质的共性,即都借助改变或不改变因果流程,对法益施加影响。据此,"应当充分考察各个行为人的行为危险性或者风险性在因果链的流程中具有什么程度的强弱以及大小问题",[82]在不作为犯中,就是考虑其不作为的危险性在因果流程中可能发挥的作用。

其次,关于不作为的贡献之衡量方法。在作为犯中,作为的形态千变万化,每一个样态的行为在因果流程中发挥着何种作用、程度如何、与其他作为的强弱关系如何,都无法事先确定,需要放在个案中进行实质具体的判断。但是,在不作为犯中则完全不同。不作为犯的行为形态表面上看只有一种,即不作为,但是,这并非不作为的行为实质。不作为并非单纯的什么也不做,而是不履行特定义务的行为,由于义务的种类是有限的,则不作为的行为样态也是预设的、有限的。从存在论来看,不作为在因果流程中没有任何位置,但实际上不作为并非游离于因果流程之外,而是根据义务类型的不同,被法律预设了其原本应该在因果流程中所起的作用,在作为犯制造了河的本流之后,有的义务被期待在河的本流发挥阻断作用,有的则仅被期待截断河的支流。义务的不同反映了其在因果链的流程中所起的作用不同,也导致了行为危险程度的不同。总之,应根据义务类型来推断正共犯。

笔者的观点与支配阵营中强调因果支配大小的学说存在明显的区别,笔者认为对不作为所贡献的作用大小之考察蕴含在义务本身,义务和法益的发生关联的方式中,就预设了不同的义务在因果流程中的贡献大小。但后者认为义务的不同对法益侵害没有影响,而是强调"结果回避可能性"来评价不作为犯对因果流程的贡献,要求在每个具体案件中进行具体判断。如前文所述,依靠结果回避可能性来判断正共犯注定是失败的。

二、一般规则

根据义务与法益的关联方式和程度的不同,面向法益的义务区分理论存在两个具体规则。一般规则是,以各义务原本被期待在因果流程中所处的位置来判断不作为对法益侵害的作用大小。

---

〔82〕 〔日〕甲斐克则:《正犯与共犯的区别——"因果区别模式"与"作用分担模式"的相生相克》,载第四届"中日刑事法研讨会"论文集,西北政法大学,2013 年。

首先,在义务内容是保护人身法益的情况下。作为人通过作为引发了因果流程之后制造了"河的本流",保护人身法益的义务人是因果流程中的一道全面屏障,无论作为者采取何种方法,义务人都必须与其"对冲"、全面切断"河的本流"。义务人与作为人的因果贡献是相当的,应当成立主犯。例如父母一方对未成年子女进行伤害、杀害,另一方不加阻止的,应当将不作为人认定为主犯;当这种侵害是第三人实施时,父母与该第三人存在共同犯罪的故意时,其不予以保护的也应当构成主犯;当父母只是在内心希望结果发生,与该第三人没有共同犯罪的故意时,成立同时犯;当父母明知第三人在侵害自己的未成年子女,但因为恐惧、害怕,缺乏作为可能性时,不构成犯罪。[83] 在夫妻存在保护义务的场合也是如此。实际上,即使在极度强调去规范化的日本,相关判决也显示出对保护人身法益类主体要素的看重。法院判断正共犯时,不可能只考虑结果回避可能性大小而不考虑主体(义务)在整个事件中的角色。例如,在东京高等裁判所平成2020年6月11日判夕1291号中,被告人对次子B(3岁)实施暴力,并将其赶出屋外。其后,与被告人处于恋爱关系的X来访,表明要参与此事的态度。被告人对X说,"不要动手!"在听到X说"不会打脸"之后,就没有再说什么,而是走到了同一房间的厨房水池边。此后,X对B实施了将其后脑勺撞地的暴力行为,导致B死亡。期间,被告人并没有阻止X的行为。东京高等裁判所将该案评价为"不作为的共同正犯"。[84] 应当说,行为人的主体要素本身在判决中得到了充分的考虑。

其次,在义务内容是保护财产时,由于义务主体和财产法益之间存在

---

〔83〕 具体而言,在基于恐惧、害怕的场合,如果导致不作为人缺乏作为可能性,那么不构成犯罪;如果仍然具有作为可能性,则仍然能够成立正犯。首先,作为可能性是保证人履行义务的可能性。在不作为犯中,作为可能性与期待可能性的判断资料相同,既需要以社会的一般观念为标准,也需要考虑保证人的个人能力。因此,欠缺期待可能性时,也就意味着欠缺作为可能性。当行为人面对第三人的犯罪行为,产生了恐惧、害怕,而这种恐惧害怕使得法规范无法期待他实施阻止犯罪的行为时,行为人也就欠缺作为可能性,因此不构成犯罪。其次,如果行为人的恐惧、害怕没有达到欠缺期待可能性的程度,因而仍然具备作为可能性时,并不影响行为人成立正犯。例如,在母亲因为害怕受到同居男友的责骂、责打而没有阻止后者伤害、杀害自己的孩子时,虽然存在害怕,但根据附随情况和母亲的个人能力来看,仍然具有作为可能性时,根据本书的理论,就应当认为其因为没有履行义务而成立正犯。诚然,这种情况和一般的正犯有责任程度上的区别,但是,由于不作为犯的处罚一般轻手作为犯,因此,对母亲论以不作为的正犯也能够做到罪刑相适应。

〔84〕 [日]桥爪隆:《有关不作为与共犯的几个问题》,王昭武译,《苏州大学学报》(法学版)2018年第1期,第134页。

不同的紧密程度,情况较人身保护更为复杂,不能一概而论。义务人处于对财物有全方位控制的地位时,或者说所处的位置对于整个犯罪来说至为关键的情况下,实施财产犯罪者必须以不作为人为核心来筹划犯罪,此时不作为人当然属于正犯;反之,像保安、仓库管理员等义务主体,其并未对财产具有完全的支配,仅仅是财产安全保护中的某道防线,其不阻止他人盗窃的,实质上相当于为窃贼打开大门,为实行犯提供便利、契机,这一义务内容自始决定了其在整个犯罪过程中起配合作用,当然成立从犯。诚然,这类义务主体,也可能因为与其他参与人一起积极策划、商议,在财产犯罪的过程中献计献策而被认定为主犯,但在这个过程中,其积极作为已远大于其不履行职务对法益侵害的贡献程度,宜认定为作为犯罪。总之,要衡量义务人的财产保护义务之内容,将其和作为者的行为进行比较,确定义务人在整个因果流程中处于"本流"还是"支流",实际上发挥着什么作用。

最后,监督危险源的情况下,当危险源是实施犯罪行为的人时,或者说当该危险源是开启了河的本流的犯罪者时,义务人被期待起到阻止该犯罪人行为的作用,这一作用同样属于切断"河的本流",因此,该义务人也应当是主犯。例如,上级对于下级在职责范围内的犯罪有阻止的义务,父母对于未成年子女犯罪亦然,不阻止时均成立正犯。当危险源是被第三人用于犯罪的工具、为第三人的犯罪提供契机或便利时,义务人所起的作用仅限于切断该工具与第三人之间的关联,这种关联显然属于"河的支流",应当认为义务人成立共犯。例如,义务人对于枪支等危险品有阻止用于犯罪的义务,或者场所管理人对于借助场所发生的犯罪有阻止义务,不履行该义务时均成立共犯。从前述总结的案例群一、二来看,笔者的理论主张能够较好地解释司法实践中体现的规律。

关于一般规则,需要说明以下几点:

第一,通过不同义务类型进行正共犯区分判断,是以不作为人具备保证人地位为前提的。也就是说,在具体案件中,需要首先根据保证人理论来判断行为人是否具有义务,在此基础上再考虑其构成正犯还是共犯,这两层判断是先后进行的:前者涉及的是"应不应该"在刑法中处罚某种义务的不履行;后者必须根据不作为对结果发生的重要性大小,即根据义务在法益侵害流程中的作用大小来判断。笔者在保证人地位上赞同结果原因支配说,故通过判断不作为人是否对造成结果的重要原因存在事先的支配(这种事先的支配与犯罪行为支配理论中的支配显然不同)来决定是否成立保证人地位。进一步地,再判断该保证人地位对于法益的影响属于"河的本流"还是"支流",来考虑其构成正犯还是从犯。在保证人地位上采取结果原因支配说,但在正犯判断上采取义务种类区分说,这并不矛盾,反而可以避免以结果原因支配说同时作为正犯判断标准的不足。[85]

第二,本书强调的义务区分不同于义务区分阵营的任何一种理论。本书以法益侵害作为上位概念,以义务在因果流程中的位置所决定的对法益之预期影响为判断标准。虽然在分析过程中借助了机能二分说,但显然避免了学界对机能二分说提出的"仅仅是一种分类,缺乏法理依据"的质疑,也避免了机能二分说"一刀切"导致的不合理结论。[86] 此外,还存在其他质疑,在此一并回应。一是如何合理区分保护法益和监督危险源的保证人。诚然,"刑法上的保证人义务的本质在于,无论是从哪种关系来推导保证人义务,最终都会指向结果的发生这一点。"[87]但是,本书在正共犯的判断上强调的是义务主体如何与结果发生关联,即义务的产生根据是来源于行为人和被保护的法益之间的关系,还是来源于行为人和侵害源之间的关系。[88] 对于泳池救生员来说,救生员的职责是对在水中遇到危险的泳客进行救助,其义务的产生来源于与被保护者之间的关联,而不是与水这种危险源的联系。救生员并不能像对狗、对枪支、对危险腐蚀品那样,对水这种危险源进行控制、管理。除了救生员之外,消防员也应当属于保护法益型保证人。消防员无法扑灭火时,显然对火缺乏支配,但此时仍然存在救人的义务。二是机能二分说"人为地导致同一构成要件划分

---

[85]　一些持结果原因支配说、因果经过支配说的学者,都认为不作为的正犯判断标准实质上就是不作为犯保证人地位的判断标准。关于这一做法,有不少学者明确表示赞同并给出了理由。例如,欧阳本祺认为,"在判断单独不作为犯的正犯性时要考虑的关键问题还是作为义务的有无。甚至可以说,在单独不作为犯的场合,正犯性的标准、实行行为性、作为义务三者属于同一个问题",学者对不作为犯的作为义务的论述都立足于不作为"正犯"来展开(参见欧阳本祺:《论不作为正犯与共犯的区分》,《中外法学》2015 年第 3 期,第 730 页)。笔者不同意这一看法。以结果原因支配说为例,倘若认为对结果的重要原因有支配既是成立保证人地位的支配,也是正犯要求的支配,那么就会使得其理论自相矛盾。例如,行为人对于枪支的管理,原本是具有保证人地位的。但是在其他人利用该枪支来犯罪的场合,对于结果的发生来说,该枪支是否不再属于"重要"原因? 继而行为人在这一场合也不再具有保证人地位? 在因果经过支配说中也是如此,将保证人地位和正犯捆绑在一起,又完全站在存在论的立场的话,最终将会淡化不作为的本质,使得保证人这个概念的认定不再确定。

[86]　例如,在"甲目睹自己的孩子乙暴力殴打小女孩丙,丙的父亲丁待在现场观望,甲和丁都未阻止乙的暴行"的场合,根据机能二分说可能得出不合理结论,但根据本书的观点,甲和丁两者都成立止犯。

[87]　[日]神山敏雄:《不作為をめぐる共犯論》,成文堂 1994 年版,第 177 页。

[88]　参见[日]桥爪隆:《有关不作为与共犯的几个问题》,王昭武译,《苏州大学学报》(法学版)2018 年第 1 期,第 130 页。

为分别适用于保护者保证人和监督者保证人的构成要件"的问题。[89]　在笔者的理论观点中,这一质疑也不成立。不作为犯构成要件的成立必须根据保证人地位的有无来判断,构成要件在此并没有划分为两类。至于正共犯的判断,还需要考察义务本身和法益的关联程度,不论在保护法益还是监督危险源类型的不作为中,都既有正犯也有共犯。

三、特殊规则

先前行为人参与共同犯罪的,也需要借由该义务与法益的关联方式和程度来判断正共犯。不过,先前行为具有特殊性,无法适用前述一般规则。

不作为的本质是义务违反,由于其他义务和法益之间存在事先的关联,其关联方式和程度能够被预测。但是先前行为是一个事件,先前行为与所要保护的法益或者危险源之间仅存在单向的创出和被创出关系,缺乏建立相互关系的基础。先前行为人与最终法益侵害的关联方式和程度是随机的。也正因为如此,先前行为难以根据机能二分说的分类进行定位。有的学者认为它是监督危险源的类型,[90]有的则认为是保护法益的类型,[91]有的认为它表面上是监督危险源,实质上起到了保护法益的作用。[92]还有的认为它既可能是保证人类型,也可能是监督危险源类型。[93]　应该说,先前行为的"事件"属性决定了它与法益的关联无法被明确归类。

笔者认为,先前行为型义务既然由行为人的行为所创设,其义务违反的作用大小就取决于先前行为本身对法益侵害的贡献。具体而言,在先前

---

〔89〕　[日]松生光正:《不作為による関与と犯罪阻止義務》,《刑法雑誌》1996 年 36 卷 1 号,154 页。转引自何龙:《不阻止他人故意犯罪的行为性质认定》,《中外法学》2017 年第 6 期,第 1489 页。

〔90〕　当行为人实施了一个可能造成法益侵害的行为时,就是向社会引入了某一种本不应当存在的危险,因此行为人有监督该危险,使其不发展成法益侵害的义务。

〔91〕　林德(Lund)认为,监督义务型保证人必须一直支配危险源,将危险源隔离在法益之外,使该危险源不至于给法益带来损害;保护义务型保证人作为社会机制所选定的特定法益保护人,自始至终都在被保护人的领域内起作用。这样就将两种类型的保证人区隔开来,前者在"外部"活动,而后者在"内部"活动。当行为人实施了一个过失先前行为时,确实制造了一个危险源,既是"过失",说明行为人并不是有意识地将风险置于自己的支配中,因此在行为过程中对风险的产生或者升高不可能进行"监督"。但是,行为人没有救助那些因其行为而受危害的法益,所以行为人违反了保护法益的保证人义务。参见许玉秀:《当代刑法思潮》,中国民主法制出版社 2005 年版,第 683 - 685 页。

〔92〕　例如,就交通肇事撞伤路人事件来说,罗克辛认为,此时先前行为义务表面上是行为人在控制自己制造的危险之扩大,但由于该危险已经发生在被害人领域、给被害人法益带来影响,和法益之间有了联系,所以实际上是救助义务。Vgl. Claus Roxin, Srafrecht AT Band 2, Besondere Erscheinungsformen der Straftat, Berlin: Beck. 2003, S. 760.

〔93〕　Vgl. Harro Otto, Grundkurs Strafrecht, neubearbeitete, 6. Aufl, Berlin: Walter de Gruyter, 2000, S. 168f.

行为人开启了法益侵害流程之后,其本只需要按照先前行为构成何种犯罪来承担责任即可,但在责任主义原则下,对先前行为的刑法处理必然会出现法益保护的漏洞。为了弥补这一漏洞,在风险分配的思想指导下,以刑事政策的需求来作为先前行为人回避结果发生的实质根据就成了不得不为的选择。具体而言,其承担义务的根据是:行为人是因果流程启动的始作俑者,其在道义上最应当、在现实上也最为可能消除自己造成的影响。这里所强调的消除影响,实质是消除先前行为本身制造的法益侵害危险。可见,先前行为型义务与制造危险的前行为是一体两面的,后者的违法性来自于前者,先前行为的违法程度不同,其义务的违法程度也就相应变化。实际上,不少学者对先前行为的本质有同样的认识。例如,布哈姆森认为先前行为应按作为犯来处理,认为先前行为人开启因果流程之后,直到结果回避可能性丧失,实行行为才完全结束,这里实行行为的违法性当然地取决于先前行为的违法性;[94]金德霍伊泽尔站在管辖说的立场上,认为先前行为属于监督类型的保证人,基于风险支配而产生,应当像作为犯一样来区分正共犯。[95]

联系司法实践中关于数个先前行为人共同不作为的判决,也可以发现以先前行为本身的违法程度来认定正共犯的做法。张中立、廖付容等故意杀人案、颜克于等故意杀人案、陈法春等故意杀人案中,多被告人追打被害人,致其跳入水中后不救助,导致被害人溺亡的,法院根据之前追打这一违法过程中被告人的违法程度大小来判断主从犯。[96] 而在无法区分先前行为的违法程度大小时,则不区分主从犯。例如,在刘国安等故意伤害案中,三人为报复而追赶被害人,致其翻下护栏落水,被告人没有救助。由于三被告人作用相当,因此未予区分主从犯。此外,傅锐林等故意杀人案、朱凯明等过失致人死亡案也是如此。[97] 在数个先前行为人共同不作为的场合作此判断,这说明先前行为型义务违反对法益的贡献并非一样,而是取决

〔94〕 Vgl. Joerg Brammsen, Die Entstehungsvoraussetzungen der Garantenpflicht, Berlin: Duncker&Humblot, 1986, S. 394ff.

〔95〕 参见[德]乌尔斯·金德霍伊泽尔:《刑法总论教科书》,蔡桂生译,北京大学出版社2015年版,第406页。

〔96〕 例如,在张中立、廖付容等故意杀人案中,法院以其中一个被告人并非致被害人落水的直接行为人、没有对被害人进行殴打等理由,认定其构成从犯,而其他追打被害人的行为被认定为主犯。参见浙江省高级人民法院(2014)浙刑一终字第148号判决书。其余参见浙江省湖州市南浔区人民法院(2007)湖浔刑初字第280号判决书、江苏省常州市戚墅堰区人民法院(2009)戚刑初字第25号判决书。

〔97〕 参见广东省东莞市第一人民法院(2013)东一法刑初字第1888号判决书、浙江省嘉兴市嘉善县人民法院(2013)嘉善刑初字第165号判决书。

于先前行为自身的违法性。既然如此,在先前行为参与作为犯罪的场合也宜认为,先前行为对最终法益侵害的造成作用影响越大,越可能被认定为正犯,反之则应被认定为从犯。

在先前行为参与作为犯罪的场合,判断不作为人对法益侵害结果的贡献,可以根据先前行为客观上发生作用的途径,将先前行为分为保护法益和监督危险源两种类型。一方面,若行为人的先前行为类型性地引发了他人实施新的犯罪,则前行为人必须因此承担阻止新的犯罪的义务。例如,行为人 P1 和 P2 共同实施伤害 V 的行为,P1 的伤害行为激发、促进了 P2 实施更进一步的杀人行为时,P1 就产生了结果回避义务,但 P1 的先前行为对最终的法益侵害结果仅起到帮助作用,所以 P1 对于 P2 实施的故意杀人罪而言仅成立不作为的帮助犯。另一方面,当前行为人使被害人陷入无法抵抗侵害的状态,而实行犯利用该状态实施新的犯罪时,前行为人的行为即符合保护法益的先前行为类型,应对被害人承担保护义务。例如,行为人 P1 将被害人 V 打伤,致使 V 无法保护自己,此时 P2 对 V 实施强奸或者杀害行为,P1 有阻止义务。本书初步认为,P1 的先前行为使 V 完全丧失自我保护能力时,应当认定为与 P2 所起的作用相当,成立正犯,而 P1 只是削弱了 V 的自我保护功能时,当属为 P2 的犯罪行为提供了帮助,成立帮助犯。

第九章　先前行为与罪数

我国的罪数理论尚不成熟,在不作为犯领域对罪数的研究就更少。这一理论研究的落后也遏制了我国对实质法义务理论的研究。例如,在先前行为能否包括犯罪行为的问题上,有学者指出,倘若认可犯罪行为属于先前行为、产生作为义务的话,那么会"一罪变数罪",导致过度处罚。[1] 反过来说,假如能够解决"一罪变数罪"的问题,那么先前行为就可能包含犯罪行为,人们对先前行为实质法理根据的既有认识也就可能发生变化。这说明,罪数的认定具有重要意义。为了讨论的方便,本书局限于考察"先前行为针对身体法益的犯罪,不作为针对生命法益的犯罪"的场合。结合犯罪的主观要件,可以再细分为"故意或过失实施先前行为,过失不作为的",以及"故意或过失实施先前行为,故意不作为的"几种情形。以下进行具体分析。

首先,故意或过失地实施先前行为,过失不救助法益的场合。典型的例子是故意或者过失地实施了伤害他人身体的行为,过失不救助被害人,导致被害人死亡。这里,根据先前行为的类型,可能存在两种情况:

第一,行为人故意或者过失伤害他人身体,给他人造成了如果不及时救助就会导致死亡的危险,行为人不救助的。由于先前行为保证人地位是刑事政策的权宜之选,因此,在不承认先前行为保证人地位也可以周全保护法益的场合,就没有必要再讨论这类犯罪的成立。在该情形正是如此,由于可将法益侵害结果充分归责给前行为,无须成立先前行为保证人地位。在德国,大多数学者都对这一点表示赞同。例如,甲醉酒驾驶,撞倒路人乙,甲欲下车查看时,同车的丙表示愿意代劳。丙查看乙后认识到乙必须马上接受救助,否则很可能死亡,但丙返回对甲说乙无碍,于是两人开车离开,乙因未获救助而死亡。鲁道夫认为,对甲而言,一行为触犯道路交通的危险罪(《德国刑法》第315条c)和过失致人死亡罪(《德国刑法》第222条)。丙不救助的行为和甲自己疏忽没有救助的行为都不能切断其撞倒路

---

〔1〕　许玉秀、陈兴良、黎宏等教授都表示过这样的观点。

人引发的因果流程;但是,甲因疏忽而不救助的行为并不成立不作为的过失致人死亡罪和不救助罪(《德国刑法》第 323 条 c),因为该可能性已经被作为的过失致人死亡罪之成立所排除。[2] 同样,故意致人重伤后,因疏忽大意而没有救助导致他人死亡的,也仅成立故意伤害(致死)罪一罪,无须再成立不作为的过失致人死亡罪。

第二,行为人故意或者过失伤害他人身体,给他人造成的伤害并不会导致死亡,但剥夺了他人自我保护的能力,导致被害人因介入因素死亡。例如,行为人伤害被害人后,即使不送医也不会令其死亡,但被害人因受伤而躺在马路上无法动弹,被后车碾压致死。如果介入因素并不异常,例如,马路上车来车往,被碾压的可能性高,则被害人的死亡结果和行为人的前行为之间具有直接的因果关系,仍然能够评价为故意伤害致死或者过失致人死亡罪。但若介入因素异常,此时被害人的死亡结果和行为人的前行为没有直接的因果关联,不宜像第一种情形那样认定为故意伤害致死或者过失致人死亡,而应就前段行为评价为普通故意伤害罪,同时,由于行为人产生结果回避义务,其后段不作为的行为则再评价为不作为的过失致人死亡罪。本书认为,这里并不存在重复评价,应当两罪并罚。

其次,在故意实施先前行为,故意不救助法益的场合。例如,行为人故意伤害被害人致其重伤后,明知被害人会流血而死,仍然离开。存在以下两种情形:

第一,行为人故意实施先前行为时对最终的法益侵害结果没有故意。此时,若行为人故意伤害行为与死亡结果之间缺乏直接关联性,伤害行为没有造成不救助就可能死亡的重伤的,则前一部分伤害行为成立故意伤害罪。在轻伤的情况下,仅处 3 年以下有期徒刑;在重伤(不至死亡)的情况下,处 3—10 年有期徒刑。后一部分不作为成立不作为的故意杀人罪,其宣告刑在一般情况下轻于作为的故意杀人。此时,由于不作为侵犯的法益包含作为侵犯的法益,且行为人主观上均为故意,可以考虑按故意杀人罪处理。若行为人故意伤害他人时对死亡结果有预见可能性,行为结束后又故意不救助被害人的,成立故意伤害(致死)罪和不作为的故意杀人罪之竞合,[3] 虽然两罪的法定刑相当,但后者罪质更重,宜以后者定罪处罚。需要注意的是,由于故意伤害(致死)罪的法定刑为十年以上有期徒刑、无

---

[2] Vgl. Hans-Joachim Rudolphi, Fälle zum Strafrecht, AT 4, Berlin: Beck, 1996, S. 196.

[3] Vgl. Claus Roxin, Strafrecht AT Band 2, Besondere Erscheinungsformen der Straftat, Berlin: Beck, 2003, S. 776.

期徒刑和死刑,因此以不作为的故意杀人罪定罪处罚时,也应当在这一区间内量刑。

第二,行为人故意实施先前行为时对最终的法益侵害结果持故意。一般情况下,直接将结果归责于前行为,以故意犯罪处理即可。[4]即不存在法益保护漏洞的情况下,没有必要将不作为形态的犯罪推到前台。例如,在王迪故意杀人案中,被告人王迪驾车搭载与其有不正当男女关系的邓某1,二人从辽宁省开原市来到东辽县白泉镇鸿盛小区5号楼1单元402室王迪所租房屋内。二人发生两次性关系后又发生口角,邓某1声称自杀,王迪取来早在车中准备好的阿普唑仑片,为邓某1接好水,邓某1将王迪拿来的阿普唑仑片整瓶吞下。后王迪并未实施拨打120急救电话等有效救助措施,而是离开所租房屋,次日才返回。25日17时许,邓某1醒来,趁王迪不备,从屋内跑出,请求邻居帮忙报警,后被公安机关送到辽源市中心医院救治。[5]在本案中,王迪在实施了故意杀人的行为之后,没有救助被害人,后一阶段构成不作为的故意杀人。此时,直接将结果归责给前一行为,以作为的故意杀人罪处理即可。本案一审以不作为的故意杀人罪处理,并不妥当。

但是,在特殊情况下,不认定先前行为型不作为犯就会出现法益保护漏洞的场合,不作为犯就应当"从后台显现出来"。举例而言,若甲以杀人的故意向乙开枪,击中乙的腹部,此时甲幡然悔悟,欲将乙送医,但路过的丙极力劝阻甲实施救助,乙终因流血过多而死亡。倘若不认可甲的保证人地位,则甲只成立一个作为的故意杀人罪,根据共犯从属性原则,丙将无法构成犯罪。但是,若甲另成立不作为的故意杀人罪,则丙可因教唆而承担刑事责任。[6]

最后,过失实施先前行为,故意不履行结果回避义务的场合。以过失致人重伤后故意不救助被害人,致其死亡为例。如果过失的先前行为与最终的法益侵害结果缺乏直接关联性,即先前行为并未产生如不实施救助,被害人很可能死亡的危险,死亡结果由介入因素导致,那么行为人可能成

---

〔4〕 例如,法院判决中明确指出行为人此时没有义务阻止犯罪结果发生。德国学者奥托也表示,阻止犯罪结果发生是合法的,刑事可罚性应建立在对符合构成要件结果之犯罪计划上。Vgl. Claus Roxin, Srafrecht AT Band 2, Besondere Erscheinungsformen der Straftat, Berlin: Beck, 2003, S. 777.

〔5〕 吉林省辽源市中级人民法院(2016)吉04刑终105号判决书。

〔6〕 德国学者罗克辛认为,此时成立作为的故意杀人和不作为的故意杀人罪的法条竞合(Gesetzeseinheit),不作为的故意杀人罪属于不罚的后行为(Die straflose Nachtat)。

立过失致人重伤罪和不作为的故意杀人罪,二罪并罚。如果先前行为与最终的法益侵害结果有直接关联性,则行为人有如下几种归责可能。

第一,不考虑过失犯罪,仅成立不作为的故意杀人罪。对于最终的法益侵害结果(生命法益)而言,仅评价过失行为并不能达到对法益的保护目的,而将不救助的行为认定为不作为的故意杀人罪已经足够对法益进行保护。而且,若基于先前行为要求行为人履行救助义务,同时又要求行为人承担先前行为造成的法益侵害结果,无形中对行为人进行了双重处罚。本书认为,该方法仅对行为人定一个不作为犯罪确实能够做到全面评价,也不会造成法益保护之漏洞。但是该方法并没能在理论上说明为什么能够否定过失犯罪的成立。实际上,罪数理论需要考虑的正是在既构成过失致人死亡罪,又成立不作为的故意杀人罪时应当如何处理。

第二,成立过失致人重伤罪和不作为的故意杀人罪,二罪并罚。这种方式采用了禁止溯及理论,认为死亡结果归于不作为之后,即不能再归责于前一过失行为。但这种观点也存在疑问。关于禁止溯及理论的具体含义还不甚清楚,例如,是否出现了故意犯罪之后就不能将法益侵害结果归责给前一过失行为? 有学者认为它并不能切断因果关系,因为不能在确立了故意行为之责任时简单地否定前一过失行为与结果之间的违法关联或者归责性关系。[7] 笔者认为,至少当后一故意犯罪是不作为犯时,不能简单采用禁止溯及理论中断前一过失行为和法益侵害结果之间的归责关联。因为不作为犯是被拟制的犯罪,在不作为的情况下,行为人并没有介入该自然因果流程,最终的法益侵害结果是由前一过失行为引起和实现的,整个过程并没有被中断。举例来说,若行为人在宿舍过失点燃床单后离开,而宿舍管理员恰好检查发现,明明可以灭火却不灭火的,宿舍管理员可能成立不作为的放火罪,而行为人也难逃失火罪的责任。

第三,成立过失致人死亡罪和不作为的故意杀人罪,二罪构成法条竞合中的补充关系,以不作为的故意杀人罪处罚。为了加强刑事保护,法律常会规定,某些侵害法益行为的预备阶段或者其他较轻的行为阶段也应当受到处罚。此时应该适用补充关系理论。例如,竞合的法条规定的是同一犯罪的不同发展阶段之间时,预备应让位于未遂,未遂则让位于既遂;危险犯和实害犯之间存在补充关系;过失犯与故意犯之间存在补充关系,等等。补充关系的处理原则是,如果行为人已经实施了真正的或者更严重的侵

---

〔7〕 Vgl. Claus Roxin, Srafrecht AT Band 2, Besondere Erscheinungsformen der Straftat, Berlin: Beck, 2003, S. 719.

害,并因此应受刑罚处罚,则不再适用补充性的法条。[8] 德国判例采用这种方法。如有判例认为,若过失致人重伤后故意不救助导致被害人死亡的,过失的作为犯形式就与故意的不作为形成补充关系,只有在不能处罚不作为的故意杀人罪时才能适用过失致人死亡罪。根据笔者对先前行为的界定,先前行为人本身的"身份"无法为不作为提供不法,行为人的"不救助"是对其先前行为所产生的不法的巩固,在因法益保护需要而必须补充归责时,"不救助"的行为才浮现出来。因此,先前行为和最终法益侵害结果之间的归责不可能被这种补充归责关系所阻断,而是必然存在。基于此,笔者同意第一种方法。

---

　　[8]　[德]冈特·施特拉腾韦特、洛塔尔·库伦:《刑法总论Ⅰ——犯罪论》,杨萌译,法律出版社 2006 年版,第 437－438 页。

参 考 文 献

一、中文文献：

（一）著作及译著类

1. 陈兴良. 1992. 共同犯罪论. 北京：中国社会科学出版社.
2. 陈兴良. 2001. 本体刑法学. 北京：中国人民大学出版社.
3. 陈兴良. 2004. 刑法哲学. 北京：中国政法大学出版社.
4. 陈瑞华. 2017. 论法学研究方法. 北京：法律出版社.
5. 冯军. 1996. 刑事责任论. 北京：法律出版社.
6. 冯军. 2009. 刑法问题的规范理解. 北京：北京大学出版社.
7. 高铭暄. 1989. 中国刑法学. 北京：中国人民大学出版社.
8. 高铭暄. 1993. 刑法学原理（第1卷）. 北京：中国人民大学出版社.
9. 高行云. 2021. 历史社会学的逻辑：双科学视角下的理论探索. 成都：四川人民出版社.
10. 何秉松. 2000. 刑法教科书（上卷）. 北京：中国法制出版社.
11. 何庆仁. 2010. 义务犯研究. 北京：中国人民大学出版社.
12. 黄常仁. 2001. 刑法总论——逻辑分析与体系论证. 增订版. 作者自版.
13. 黄仲夫. 2001. 刑法精义. 台湾五南图书出版公司.
14. 黎宏. 1997. 不作为犯研究. 武汉：武汉大学出版社.
15. 黎宏. 2007. 刑法总论问题思考. 北京：中国人民大学出版社.
16. 黎宏. 2012. 刑法学. 北京：法律出版社.
17. 黎宏. 2016. 刑法学总论. 北京：法律出版社.
18. 李金明. 2008. 不真正不作为犯研究. 北京：中国人民公安大学出版社.
19. 李光灿等. 1987. 论共同犯罪. 北京：中国政法大学出版社.
20. 林东茂. 2007. 刑法综览. 修订5版. 台北：一品文化出版社.
21. 林山田. 1986. 刑法通论. 台北：台湾三民书局.
22. 林毅夫. 1996. 论经济学方法. 北京：北京大学出版社.
23. 林钰雄. 2006. 新刑法总则. 作者自版.
24. 刘凤科. 2007. 刑法在现代法律体系中的地位与特征. 北京：人民法院出版社.
25. 刘士心. 2008. 不纯正不作为犯研究. 北京：人民出版社.
26. 栾莉. 2007. 刑法作为义务论. 北京：中国人民公安大学出版社.
27. 雷磊. 2016. 规范、逻辑与法律论证. 北京：中国政法大学出版社.
28. 马克昌. 2003. 刑法学. 北京：高等教育出版社.
29. 王作富. 1988. 中国刑法研究. 北京：中国人民大学出版社.
30. 肖中华. 2000. 犯罪构成及其关系论. 北京：中国人民大学出版社.
31. 谢绍华. 2011. 先行行为论. 北京：中国人民公安大学出版社.

32. 熊选国. 1992. 刑法中行为论. 北京：人民法院出版社.

33. 许成磊. 2009. 不纯正不作为犯理论. 北京：人民出版社.

34. 许玉秀. 1999. 刑法的问题与对策. 台北：春风煦日出版社.

35. 许玉秀. 2005. 当代刑法思潮. 北京：中国民主法制出版社.

36. 张明楷. 2005. 刑法格言的展开. 北京：法律出版社.

37. 张明楷. 2007. 外国刑法纲要. 2 版. 北京：清华大学出版社.

38. 张明楷. 2016. 刑法学. 5 版. 北京：法律出版社.

39. 张明楷等. 2003. 刑法新问题探究. 北京：清华大学出版社.

40. 张五常. 2010. 科学说需求. 北京：中信出版社.

41. 张五常. 2010. 卖橘者言. 北京：中信出版社.

42. 中央政法干部学校刑法教研室. 1957. 中华人民共和国刑法总则讲义. 北京：法律出版社.

43. 周光权. 2007. 刑法总论. 北京：中国人民大学出版社.

44. 周光权. 2008. 刑法各论. 北京：中国人民大学出版社.

45. ［德］克劳斯·罗克辛. 2005. 德国刑法学总论（第 1 卷）. 王世洲译. 北京：法律出版社.

46. ［德］克劳斯·罗克辛. 2013. 德国刑法学总论（第 2 卷）. 王世洲等译. 北京：法律出版社.

47. ［德］卡尔·拉伦茨. 2000. 法学方法论. 陈爱娥译. 台北：五南图书出版公司.

48. ［德］施特拉腾韦特、库伦. 2004. 刑法总论 I——犯罪论. 杨萌译. 北京：法律出版社.

49. ［德］韦塞尔斯. 2008. 德国刑法总论. 李昌珂译. 北京：法律出版社.

50. ［德］耶赛克，魏根特. 2001. 德国刑法教科书（总论）. 徐久生译. 北京：中国法制出版社.

51. ［德］雅各布斯. 1997. 行为责任刑法. 冯军译. 北京：中国政法大学出版社.

52. ［德］约翰内斯·韦塞尔斯. 2008. 德国刑法总论. 李昌珂译. 北京：法律出版社.

53. ［德］冈特·施特拉腾韦特、洛塔尔·库伦. 2006. 刑法总论 I——犯罪论. 杨萌译. 北京：法律出版社.

54. ［德］克劳斯·罗克辛. 2012. 德国最高法院判例总论判例. 何庆仁，蔡桂生译. 北京：中国人民大学出版社.

55. ［德］英格博格·普珀. 2011. 法学思维小学堂. 蔡圣伟译. 北京：北京大学出版社.

56. ［德］乌尔斯·金德霍伊泽尔. 2015. 刑法总论教科书. 蔡桂生译. 北京：北京大学出版社.

57. ［美］约书亚·德雷斯勒. 2009. 美国刑法精解. 四版. 王秀梅译. 北京：北京大学出版社.

58. ［美］艾德华·H. 列维. 2002. 法律推理引论. 庄重译. 北京：中国政法大学出版社.

59. ［美］罗斯科·庞德. 2010. 通过法律的社会控制. 沈宗灵译. 北京：商务印书馆.

60. ［英］杰弗里·塞缪尔. 2020 比较法理论与方法概论. 苏新言译. 北京：法律出版社.

61. ［日］大谷实. 刑法讲义总论. 2008. 新版 2 版. 黎宏译. 北京：中国人民大学出版社.

62. ［日］西田典之. 2006. 日本刑法各论. 刘明祥，王昭武译. 北京：中国人民大学出版社.

63. ［日］西田典之. 2007. 日本刑法总论. 刘明祥，王昭武译. 北京：中国人民大学出版社.

64. ［日］曾根威彦. 2005. 刑法学基础. 黎宏译. 北京：法律出版社.

65. ［日］山口厚. 2009. 从新判例看刑法. 二版. 付立庆、刘隽译. 北京：中国人民大学出版社.

66. ［日］山口厚. 2018. 刑法总论. 付立庆译. 北京：中国人民大学出版社.

67. ［日］松宫孝明. 2013. 刑法总论讲义. 四版. 钱叶六译. 北京：中国人民大学出版社.

68. ［日］日高义博. 1992. 不作为犯的理论. 王树平译. 北京：中国人民公安大学出版社.

69. ［日］川端博. 2003. 刑法总论二十五讲. 余振华译. 北京：中国政法大学出版社.

70. ［日］大塚仁. 1993. 犯罪论的基本问题. 冯军译. 北京：中国政法大学出版社.

（二）编著及文集类

1. 陈忠槐. 1989. 论我国刑法中的不作为犯罪. 全国刑法论文荟萃（1981 届—1988 届）. 中国人民公安大学出版社.

2. 高金桂. 2001. 不纯正身份犯之"身份"在刑法体系上之定位问题/台湾刑事法学会. 共犯与身份. 台北：学林文化出版社.

3. 黎宏. 2009. "客观处罚条件"的中国理解/2009 年中日刑事法研讨会论文集.

4. 李晓龙. 2002. 论不纯正不作为犯作为义务之来源. 高铭暄、赵秉志，主编. 刑法论丛（5）.

5. 林维. 1999. 交通肇事逃逸行为研究/陈兴良，主编. 刑事法判解. 北京：法律出版社.

6. 牛传勇. 2006. 王兴佰、韩涛、王永央故意伤害案——共同故意伤害犯罪中如何判定实行过限行为. 熊选国，主编. 刑事审判参考(52). 北京：法律出版社.

7. ［德］班德·许逎曼. 2006. 德国不作为犯法理的现况/许玉秀，陈志辉，合编. 不移不惑献身法与正义——许逎曼教授刑事法论文选辑. 台北：春风煦日学术基金.

8. ［德］班德·许逎曼. 2006. 刑法罪责理论的现状. 王皇玉译/许玉秀、陈志辉. 不移不惑献身法与正义——许逎曼教授刑事法论文选辑. 台北：春风煦日学术基金.

9. ［德］班德·许逎曼. 2006. 过失犯在现代工业社会的捉襟见肘. 单丽玟译/许玉秀、陈志辉. 不移不惑献身法与正义——许逎曼教授刑事法论文选辑. 台北：春风煦日学术基金.

10. ［德］班德·许逎曼. 不纯正不作为犯及以不作为实施犯罪之形式. 王莹译/梁根林，主编. 刑法体系与犯罪构造（当代刑法思潮论坛第一卷）. 北京：北京大学出版社.

11. ［德］乌伟·迪特里希森. 2018. 法教义学的道路. 雷磊译/舒国滢主编. 法理(4). 北京：商务印书馆.

12. ［日］甲斐克则. 2013. 正犯与共犯的区别——"因果区别模式"与"作用分担模式"的相生相克, 第四届"中日刑事法研讨会"论文集（西北政法大学）

13. 曲新久. 论间接故意之不纯正不作为犯. 陈兴良主编. 刑事法评论, 1998 (3). 中国政法大学出版社.

（三）期刊类

1. 陈兴良.论共同犯罪中的实行过限.法学杂志,1989（6）.

2. 陈兴良.作为义务:从形式的义务论到实质的义务论.国家检察官学院学报,2010(3).

3. 陈兴良.不作为犯论的生成.中外法学,2012(4).

4. 陈兴良.刑法教义学与刑事政策的关系:从李斯特鸿沟到罗克辛贯通.中外法学,2013.（5）.

5. 陈志辉.义务犯.月旦法学教室,2004（23）.

6. 陈志辉.身份犯的实质不法内涵.台湾本土法学,2006(84).

7. 陈志辉.身份犯之正犯认定——以德国义务犯理论为中心.政大法学评论,2012（6）.

8. 陈璇.论过失犯的注意义务违反与结果之间的规范关联.中外法学,2012（4）.

9. 陈璇.正当防卫、维稳优先与结果导向.法律科学,2018(3).

10. 车浩.假定因果关系、结果避免可能性与客观归责.法学研究,2009(5).

11. 冯江菊."交通肇事罪"之逃逸解析.山东理工大学学报(社会科学版),2008(6).

12. 何龙.不阻止他人故意犯罪的行为性质认定.中外法学,2017(6).

13. 何荣功.不真正不作为犯的构造与等价值的判断.法学评论,2010（1）.

14. 侯国云.交通肇事罪司法解释缺陷分析.法学,2002（7）.

15. 洪兆承.评保证人地位法理基础之规范化.东吴法研论集,2006(2).

16. 洪福增.刑法理论之基础.台湾刑事法杂志社,1977.

17. 黄荣坚.论保证人地位.法令月刊,1994（2）.

18. 柯耀程.特别犯.月旦法学教室,2005(30).

19. 劳东燕.刑事政策与刑法解释中的价值判断.政法论坛,2012（4）.

20. 黎宏.行为无价值论批判.中国法学,2006(2).

21. 黎宏."见死不救"行为定性分析——兼论不真正不作为犯的作为义务的判断.国家检察官学院学报,2011(4).

22. 黎宏.排他支配设定:不真正不作为犯论的困境与出路.中外法学,2014（6）.

23. 李川.不作为因果关系的理论流变与研究进路.法律科学,2016(1).

24. 李晓龙.论不纯正不作为犯的等价性.法律科学,2002（2）.

25. 梁根林.责任主义原则及其例外——立足于客观处罚条件的考察.清华法学,2009（2）.

26. 劳东燕.正当防卫的异化与刑法系统的功能.法学家,2018(5).

27. 林亚刚.论"交通运输肇事后逃逸"和"因逃逸致人死亡".法学家,2001(3).

28. 林亚刚、黄鹏.等价性在不纯正不作为犯罪中理论地位研究.西部法学评论,2014(4).

29. 刘士心.不纯正不作为犯的等价性问题研究.法商研究,2004（3）.

30. 刘士心.不纯正不作为犯罪中先行行为引起的义务研究.北方法学,2007(6).

31. 刘淑莲.交通肇事逃逸行为的作为性质.法学杂志,2005（2）.

32. 刘幸义.侵占罪的特定关系问题.台湾本土法学杂志,2002（4）.

33. 卢有学."三鹿奶粉"系列案定性探疑.西南政法大学学报,2009（5）

34. 吕英杰.监督过失的客观归责.清华法学,2008（4）.

35. 吕英杰.论客观归责与过失不法.中国法学,2012（5）.

36. 聂昭伟、吴郁槐.共同犯罪中的实行过限与一体转化.人民司法,2009（4）.

37. 欧阳本棋. 论不作为犯与共犯的区分. 中外法学, 2015 (3).

38. 齐文远、李晓龙. 论不作为犯中的先行行为. 法律科学, 1999(5).

39. 苏彩霞. 遗弃罪之新诠释. 法律科学, 2001 (1).

40. 孙立红. 论共同犯罪中的不作为参与. 法学家, 2013(1).

41. 王昭武. 实行过限新论. 法商研究, 2013 (3).

42. 王莹. 论犯罪行为人的先行行为保证人地位. 法学家, 2013 (2).

43. 王钢. 自杀的认定及其相关行为的刑法评价. 法学研究, 2012(4).

44. 温登平. 以不作为参与他人的法益侵害行为的性质. 法学家, 2016(4).

45. 夏强. 过限犯认定问题研究. 法制与社会发展, 2002 (4).

46. 许玉秀. 保证人地位的法理基础. 刑事法杂志, 2007.42(2).

47. 杨建军. 不纯正不作为犯的等值性. 河南师范大学学报, 2005 (7).

48. 闫二鹏. 身份犯本质刍议. 当代法学, 2007 (5).

49. 尹明灿、李晓明. 故意杀人罪实证研究. 中国刑事法杂志, 2009 (6).

50. 杨兴培、李芬芳. 见死不救旁观者是否构成犯罪及救助义务探析. 东方法学, 2013 (3).

51. 姚诗. 医患关系的刑法解读——保证人理论下的责任划分. 东吴法学, 2008(17).

52. 姚诗. 先前行为归责模式述评. 刑事法评论, 2011(28).

53. 姚诗. 先前行为与实行过限下的知情共犯人责任. 法学研究, 2013 (5).

54. 姚诗. 不真正不作为犯的边界. 法学研究, 2018(4).

55. 姚诗. 交通肇事逃逸的规范目的与内涵. 中国法学, 2010(3)

56. 叶良芳. 实行过限之构成及其判定标准. 法律科学, 2008 (1).

57. 于改之. 不作为犯罪中"先行行为"的本质及其产生作为义务的条件——兼论 刑法第 133 条因逃逸致人死亡的立法意蕴. 中国刑事法杂志, 2000(5).

58. 张明楷. 严格限制结果加重犯的范围与刑罚. 法学研究, 2005(1).

59. 张明楷. 行为无价值论的疑问——兼与周光权教授商榷. 中国社会科学, 2009(1).

60. 张明楷. 不作为犯中的先前行为. 法学研究, 2011 (5).

61. 张明楷. 事后抢劫的共犯. 政法论坛, 2008(1).

62. 张明楷. 正当防卫的原理及其运用. 环球法律评论, 2018 (2).

63. 赵丰琳、史宝伦. 共犯过限的司法认定. 法律适用, 2000 (8).

64. 郑进. 论不作为犯罪中先前行为引起的义务. 人民检察, 1997 (4).

65. 赵军. 正当防卫法律规则司法重构的经验研究. 法学研究, 2019(4).

66. 郑逸哲. 侵占罪构成要件乃纯正不作为构成要件. 月旦法学杂志, 2004 (9).

67. [德]雅各布斯. 罪责原则. 许玉秀译. 刑事法杂志, 1996(2/40).

68. [日]桥爪隆. 有关不作为与共犯的几个问题. 王昭武译. 苏州大学学报(法学版), 2018 (1).

69. [日]山口厚. 出于不作为的杀人罪. 付立庆译. 刑事法判解, 2009 (1).

70. [日]西田典之. 不作为的共犯. 王昭武译. 江海学刊, 2006(3).

（四）报纸类

1. 刘荣庆. 2002. 吵架了, 就可以不管妻子吗?. 检察日报. 2002 年 4 月 30 日第 7 版.

（五）中文网站类

1. 朱峰. 2008. 某某公司集团被控生产销售伪劣产品案开庭审理［EB/OL］. 2008 –
12 – 31.［2009 – 04 – 30］http://www. chinamil. com. cn/site1/xwpdxw/ 2008 – 12/31/
content_1604488. htm.

2. 朱峰. 2009.律师称某某公司原董事长判决书部分内容不可接受［EB/OL］. 2009 –
01 – 25.［2009 – 04 – 30］http://www. chinanews. com. cn/gn/news/2009/01 – 25/15417
79. shtml.

3. "盗窃不成改抢劫同伙不作为是否同罪" http://www. njlsw. cn/html/ anlidaquan/
xingshianli/ 200805/10 – 10455. html ,最后访问时间 2013 年 6 月 28 日.

4. "三青年入室抢劫 4. 2 万 67 刀杀死一家三口",http://info. secu. hc360. com /2006/
10/ 101637106615. shtml,最后访问时间 2013 年 1 月 17 日.

5. "恋人相约自杀男子中途反悔　违约者被判刑三年",http://news. 163. com/41118/
3/15EKOV5V0001122B. html. 最后访问时间 2019 年 7 月 13 日.

6. ［日］福田平. 德国刑法学和日本刑法学的关系:历史的考察. 樊文译. http://www.
iolaw. org. cn/showarticle. asp? id = 3754.

（六）判决书类

(2015)鄂红安刑初字第 00030 号等 100 余份判决书。

二、外文文献:
（一）外文著作类

1. Armin Kaufmann. 1959. Die Dogmatik der Unterlassungsdelikte. Göttingen: Schwartz.

2. Bernd Schünemann. 1994 . Die Strafrechtliche Verantwortlichkeit der Unternehmen-
sleitung im Bereich von Umweltschutz und technischer Sicherheit. Breuer/Kloepfer/
Schroeder(Hrsg.). Umweltschutz und technische Sicherheit im Unternehmen.

3. Bloy. 1985. Die Beteiligungsformals Zurehnungstypusim Strafrecht. Berlin: Duncker &
Humblot.

4. Claus Roxin. 2003. Srafrecht AT Band 2 , Besondere Erscheinungsformen der Straftat.
Berlin: Beck.

5. Christoph Landscheidt. 1985. Zur Problematik der Garantenpflichten aus verantwortlicher
Stellung in Bestimmten Raumlichkeiten. Berlin: Duncker & Humblot.

6. Franz Wieacker. 1970. Zur praktische Leistung der Rechtsdogmatik. in: FS fuer Hans
Georg Gadamer. Band Ⅱ.

7. Georg Freund. 1998. Strafrecht Allgemeiner Teil. Berlin: Springer-Verlag.

8. Günther Jakobs. 1996. Die strafrechtliche Zurechnung von Tun und Unterlassen. Opladen:
Westdeutscher.

9. Hans-Joachim Rudolphi. 1996. Fälle zum Strafrecht, AT4. Berlin:Beck.

10. Hans-Joerg Schwab. 1996. Taeterschaft und Teilnahme bei Unterlassungen. Frankfort:
Peter Lang GmbH.

11. Harro Otto. 1999. Die Strafrechtliche Haftung für die Auslieferung gefährlicher Producte /
Thomas Weigend , Georg Kuepper. Festschrift fuer Joachim Hirsch zum 70. Geburstag
am 11. April 1999. Berlin; New York: de Gruyter.

12. Harro Otto. 2000. Grundkurs Strafrecht. Neubearbeitete, 6. Aufl. Berlin: Walterde Gruyter.

13. Harro Otto. 1986. Die Entstehungsvoraussetzungen der Garantenpflichten. Berlin: Duncker und Humblot.

14. HarroOtto. 1999. Die Strafrechtliche Haftung für die Auslieferung gefährlicher Producte/ Thomas Weigend, Georg Kuepper. Festschrift fuer Joachim Hirsch zum 70. Geburstag am Berlin; New York: de Gruyter.

15. Jescheck, Weigend. 1996. Lehrbuch des Strafrechts Allgemeier Teil. 5. Aufl. Berlin: Duncker & Humblot.

16. Jesús – Maria Silva Sánchez. 2001. Zur Dreiteilung der Unterlassungsdelikte / Bernd Schünemann, Hans Achenbach, Wilfried Bottkeeds. Festschriftür Claus Roxin zum 70. Geburtstag am 15. Mai. Berlin; New York: de Gruyter.

17. Joerg Brammsen. 1986. Die Entstehungsvoraussetzungen der Garantenpflichten. Berlin: Duncker und Humblot.

18. Jürgen Welp. 1968. Vorangegangenes Tun als Grundlage einer Handlungs- äquivalenz der Unterlassung. Berlin: Duncker & Humblot.

19. Karl Larenz. 1991. Methodenlehre der Rechtswissenschaft, 6. Aufl. Berlin, Heidel-berg: Springer-Verlag.

20. Kristian Kühl. 2000. Strafrecht Allgemeiner Teil, neubearbeitete 3. Aufl. Muenchen: Franz Vahlen GmbH.

21. Marco Deichmann. 1994. Grenzfälle der Sonderstraftat-Zum Problem der Subjekts- qualification durch besondere persönliche Merkmale bei den Aussage-und Verkehrsdelikten. Berlin: Dunker & Humblot GmbH.

22. Mayer, M. E. 1923. Der Allgemeine Teil des Deutschen Srafrechts, Heidelberg.

23. Michael Kahlo. 1990. Das problem des Pflichtwidrigkeitszusammenhanges bei den unechten Unterlassungsdelikten, Berlin: Duncker & Humblot.

24. Thomas Hillenkamp. 1996. 32 Problemeaus dem Strafrecht, AT. Muenchen: Luchterhand.

25. Wilhelm Gallas. 1968. Beitraege zur Verbrechenslehre, Berlin: Walter de Gruyter.

26. Schunemann. 1971. Grund und Grenzen der unechten Unterlassungs-delikte. Göttingen: Schwartz.

27. Günther Jakobs. 1991. Strafrecht AT, 2. Aufl, Berlin: Walter de Gruyter.

28. Harro Otto. 2000. Grundkurs Strafrecht, neubearbeitete, 6. Aufl, Berlin: Walter de Gruyter.

29. Joerg Brammsen. 1986. Die Entstehungsvoraussetzungen der Garantenpflicht, Berlin: Duncker & Humblot.

30. 内藤谦. 1976. 刑法修改和犯罪论(下). 有斐阁.

31. 佐伯仁志. 2013. 刑法総論の考え方・楽しみ方. 有斐阁.

32. 松原芳博. 2013. 刑法総論. 日本評論社.

33. 川端博: 1997. 刑法总论讲义. 成文堂.

34. 井田良. 2005. 刑法总论的理论构造. 成文堂.

35. 井田良. 2008. 讲义刑法学・总论. 有斐阁.

36. 福田平, 大塚仁. 1986. 对谈刑法总论(上). 东京: 有斐阁.

37. 堀内捷三. 1978. 不作为犯论. 东京：青林书院新社.
38. 林幹人. 2008. 刑法总论. 2 版. 东京：东京大学出版会.
39. 平野龙一. 1980. 刑法总论Ⅱ. 东京：有斐阁.
40. 前田雅英. 2003. 刑法总论讲义. 3 版. 东京：东京大学出版会.
41. 山口厚. 2005/2007/2016. 刑法总论. 补订版. 东京：有斐阁.
42. 山口厚. 2008. 新判例から見た刑法. 有斐阁.
43. 島田聡一郎. 2003. 管理・監督過失における正犯性、信頼の原則、作為義務. 山口厚, 编. クローズアップ刑法総論. 成文堂.
44. 山中敬一. 2008. 刑法概説Ⅰ（总论）. 东京：成文堂.
45. 神山敏雄. 1994. 不作為をめぐる共犯論. 成文堂.
46. 齊藤彰子. 2015. 作為正犯者による犯罪実現過程への不作為による関与について. 川端博等, 编. 理論刑法学の探求⑧. 成文堂.
47. 曽根威彦, 松原芳博. 2008. 刑法总论. 东京：成文堂.

（二）外文论文类

1. 島田聡一郎. 2003. 不作為による共犯について(1). 立教法学,(64).
2. 丸山雅夫. 2003. 結果加重犯の構造. 現代刑事法,(4).
3. 保条成宏. 2003. 児童虐待に対する刑事処罰とその限界(1)："不作為による幫助"の事案をめぐって. 中京法学(38).
4. 松生光正. 1996. 不作為による関与と犯罪阻止義務. 刑法雑誌(36).
5. David Howarth. 2005. Proximity and assumption of responsibility in negligence［Case and Comment］. The Cambridge Law Journal. 64.
6. Graham Hughes. 1958. Criminal Omissions. The Yale Law Journal. 67(4).
7. JacoboDopico Gómez-Aller. 2008. Criminal Omissions：A European Pespective. New Criminal Law Review, Vol. Ⅱ(3).
8. Paul H. Robinson. 1984. Imputed Criminal Liability. The Yale Law Journal, 93(4).
9. Peter M. Agulnick, Heidi V. Rivkin. 1998. Criminal Liability for Failure to Rescue：A Brief Survey of French and American Law. Touro International Law Review, spring.
10. Stewart. 1997. How Making the Failure to Assist Illegal Fails to Assist：AnObservation of Expanding Criminal Omission Liability, AJCL (25).
11. Andrew Ashworth, Eva Steiner. 1990. Criminal Omissions and Public Duties：the French Experience. 10 Legal Stud. 153.
12. Andrew Ashworth. 2013. Positive Obligations in Criminal Law, Oxford and Portland：Hart Publishing Ltd.
13. Jakobs. 2002. Vorangegangenes Verhaltenals Grundeines Unterlassungs-delikts-Das Problem der Ingerenz im Strafrecht［EB/OL］. 2000 – 02 – 16［2009 – 04 – 30. http://www. akademienunion. de/_files/akademiejournal/2002 – 2/AKJ_2002 – 2 – S – 08 – 10_jakobs. pdf.
14. Bloy. 1987. Anstiftung durch Unterlassung? JA.
15. Brammsen. 1993. Strafrecht Rückrufpflichtenbeifehlerhaften Produkten? GA.

（三）国外判决

BGHSt 34,82,84.

BGHSt 37,106,115.

BGHSt 37,104.

BGHSt 44,196.

BGHSt 7,211,212.

BGHSt 11,353.

BGHSt 25,163; RGSt 75, 328.

BGH 4 StR 157 – 00 – 23_ Mai 2000.

BGH2 StR 582/99 2000.

BGH NStZ 1981,219; BGH NStZ 1985,27.

BGH NStZ 1985 S.24.

BGH NStZ 1985 S.24.

BGH, 15.04.1997, 4 StR 116/97.

BGH, 37, 160.

BGH 14, 280,281.

OLG Stuttgart NJW 1998, 3132.

Sutradhar v. Natural Environment Research Council.

Territory v. Manton,8 Mont.95; 19 P.387（Mont.1888）.

大判大正 4 年(1915 年)2 月 10 日刑录 21 辑 90 页.

广岛高冈山支判昭和 48 年[1973 年]9 月 6 日判时 743 号 112 页.

札幌高判平成 12 年[2000 年]3 月 16 日判时 1711 号.